JN274301

さらば！共謀罪

心に手錠はかけられない

監修　足立昌勝

社会評論社

まえがき

足立昌勝

「共謀罪は粉砕されたよ」と話したところ、日本刑法学会の理事の一人は、「解散によって廃案になっただけであり、政権交代によってそれが続いているにすぎない」と答えた。

ここに、日本刑法学会の現代的認識の甘さが現れている。

共謀罪法案をめぐる闘いにおいて、日本刑法学会に所属するほとんどの会員は傍観者を決め込み、積極的発言をしなかった。場合によって、政治状況の中で共謀罪法案が成立してしまっても仕方がないという態度である。

果たしてこれが学者のとるべき態度であろうか。刑法研究者は、いま存在する刑法のあり方について、さまざまな側面から研究している。しかし、近代刑法の枠内において、譲ることのできない一面もあるはずである。罪刑法定主義の原則化、行為原理＝侵害原理、責任原則などの近代刑法原則は、絶対に譲ることはできない。もしそれらが侵害される場合には、研究者の良心として、反対の論陣を張り、絶対に阻止しなければならないはずである。

かつての日本は暗い過去を経験した。その時代には、治安維持法が猛威をふるい、すべての思想・心情が一定の価値の方向へ強制され、それに従わない者は弾圧された。その際、当時の刑事法学者はいかなる態度を取っていたのであろうか。当時ですら、罪刑法定主義は刑法上の原則と認められ、それを承認していたにもかかわらず、権力の横暴に異を唱えず、その猛威に従ってきた。権力の横暴に異を唱えようとしなかった共謀罪法案をめぐる学会の状況は、戦前の状況のようである。学問の自由は、権力からの自由である。自己の学問的確信に反することについては異を唱え、その導入を阻止する努力をしなければならない。それを怠れば、研究者自らが学問の自由を放棄することにつながってしまう。今回の共謀罪法案をめぐる闘いは、法制審議会刑事法部会での学者委員の非科学的・背信的行動から端を発したものである。

ところで、昨年8月の総選挙の結果、自公政権は崩壊し、新たに民主党政権が誕生した。民主党は、政策における政治主導を打ち出している。それを貫徹するならば、各省にある審議会の委員の選任方法から改善しなければならない。

現在までのところ、審議会でのそのような動きはない。審議会は動いているというのに。公訴時効の廃止や大幅延長を決めた法制審議会刑事法部会は、11対3で、公訴時効の廃止等を議決した。この審議会の委員の人選についても、従来どおりの方法で進められ、法務省に対するイエスマンのみが選任され、民主党が昨年発表した対案については、一顧だにされなかったようである。

ダムや道路などの箱物についてのパフォーマンスはすばらしいが、民主党政権は、政策について、どのような力を注いでいるのかが見えてこない。民主党は、マニフェストで公約したこと、INDEXで主張していたことは、政策化への努力を怠ってはならない。国民は、そこのところをしっかりと見ているだろう。

2010年5月

目次

第２部　このようにつぶしてきた共謀罪（２０００〜２０１０年）

１　我、かく闘えり

２　治安管理に抗して

3　21世紀初めの10年　南から北から

第3部　国会見聞記

執筆者一覧 ［執筆順］

足立昌勝（あだち まさかつ） 関東学院大学法学部教授
石橋新一（いしばし しんいち） 破防法・組対法に反対する共同行動
藤田五郎（ふじた ごろう） 山谷労働者福祉会館活動委員会
鈴木 卓（すずき すぐる） 全国専門新聞労働組合協議会
山脇哲子（やまわき せいこ） 弁護士
山下幸夫（やました ゆきお） 弁護士
山際永三（やまぎわ えいぞう） 映画監督／人権と報道・連絡会
寺中 誠（てらなか まこと） アムネスティ·インターナショナル日本 事務局長
田原 牧（たはら まき） 東京新聞記者
ZAKI（ざき） ミュージシャン
西村仁美（にしむら ひとみ） ルポライター
星川 淳（ほしかわ じゅん） グリーンピース・ジャパン 事務局長
武内更一（たけうち こういち） 弁護士
大洞俊之（おおぼら としゆき） 立川自衛隊監視テント村
見城赳樹（けんじょう たけき） 都教委包囲ネット
板垣 宏（いたがき ひろし） 迎賓館・横田爆取デッチ上げ弾圧裁判被告団
平野良子（ひらの よしこ） 在日アジア労働者と共に闘う会
岡田靖雄（おかだ やすお） 精神科医
土屋 翼（つちや たすく） 国家賠償請求訴訟ネットワーク 事務局長
筒井 修（つつい おさむ） 福岡地区合同労働組合
永井みゆき（ながい みゆき） 関西救援連絡センター
川口浩一（かわぐち こういち） 全国金属機械労働組合港合同
全日建運輸連帯労組関西地区生コン支部
石田康博（いしだ やすひろ） 名古屋大学職員
「つぶせ！破防法・共謀罪」静岡県連絡会
佐々木通武（ささき みちたけ） 争議団連絡会議／地域共闘交流会
滝口 誠（たきぐち まこと） 国鉄千葉動力車労働組合
中野七郎（なかの しちろう） 全金本山労働組合
平岡秀夫（ひらおか ひでお） 民主党 衆議院議員
松野信夫（まつの のぶお） 民主党 参議院議員（05年時、衆議院議員）
辻 惠（つじ めぐむ） 民主党 衆議院議員
福島みずほ（ふくしま みずほ） 社会民主党党首 参議院議員
佐藤陽治（さとう ようじ） 破防法・組対法に反対する共同行動
永嶋靖久（ながしま やすひさ） 弁護士

共謀罪攻防の流れ

・1994年11月　国際組織犯罪に関する世界閣僚会議（ナポリ）が条約検討を提唱

・1998年10月　▼共同行動が国連組織犯罪条約学習会

・1999年　▼組対法3法・団体規制法反対闘争

・2000年4月　『共同通信』が「条約・共謀罪検討」の小さな記事

7月　▼国連組織犯罪条約反対・組対法改悪阻止を掲げた初めての集会

11月　国連総会が国連組織犯罪条約を採択

・2001〜02年　▼テロ資金供与防止条約［カンパ禁止法］との闘い

・2002年9月　法制審議会に共謀罪新設諮問―5回の審議で答申

▼法制審・法務省抗議闘争

・2003年3月　小泉政権が共謀罪法案・国連組織犯罪条約締結案を国会上程

▼以降、谷あり山ありの共謀罪制定阻止闘争

連続的に行なわれた国会前での反対運動（06年6月）

・2004年3月　4月　衆・参外務委が短時間の審議で国連組織犯罪条約締結承認
4月　サイバー法と合体して新たな共謀罪法案［現法案］
・2005年6月　4月　サイバー犯罪条約締結承認
6月　与党が共謀罪法案審議入りを強行
7月　▼23人の議員呼びかけで星陵会館集会
9月　総選挙で与党圧勝（衆院再可決可能に）
10月　衆院法務委審議が参考人質疑を終え、採決の危機
▼ハンスト・弁護士会決議など全力で対決
・2006年4月　衆院審議で与党が修正案を濫発して強行採決へ突進
▼国会内外貫いて連日の激突、マスコミなどの批判
5月　19日法務委の強行採決を官邸・河野議長介入で中止［以降、自・民間で協議が続く］
6月　与党が民主党案丸呑み詐欺に失敗（以降、法案審議できず）
夏　法務省HPと日弁連が場外論争（日弁連の

05年，06年，07年と３度にわたって行なわれた国会前ハンスト

条約批准各国調査で法務省の嘘が判明）

秋　▼教育基本法改悪反対闘争とジョイントした反撃

12月　▼質問趣意書に法務省が満足に回答しえず、審議入り阻止

・2007年1月　安倍首相が「テロ等謀議罪」制定を指示、自民党案作成するが、国会に提案できず

8月　鳩山法相が「サミットまでに共謀罪制定」を指示

ウイルス作成罪、三浦和義さん逮捕、組対法の新左翼初適用など、先取り攻撃が激化

・2008年5月　鳩山法相が共謀罪とサイバー法・証人買収罪などの「切り分けも」と答弁

▼サミット前制定策動・威厳態勢との対決

6月　G8サミットで鳩山法相が条約批准できないことを米・イタリア政府に謝罪

10月　FATF対日審査報告（マネロン共謀処罰不十分、国連条約未批准と批判）

▼「死んだ振り」作戦、「瞬間解凍」作戦との対決

・2009年7月　衆院解散で3度目の共謀罪法案廃案

春の攻防を勝ち抜いてうたいあげるZAKIさん（06年10月30日）

第1部

共謀罪をつぶさなければならない理由

共謀罪をつぶさなければならない理由

共謀罪法案粉砕の歴史的意義

関東学院大学教授
足立 昌勝

はじめに

２００９年８月30日に行われた総選挙の結果、自民党１１９議席、公明党21議席で、与党合計でも、１４０議席しか達せず、３０８議席を獲得した民主党が政権を担当することになった。

民主党は、政権公約となるマニフェストを発表し、選挙を戦った。そのマニフェストの元となったのが『民主党政策集ＩＮＤＥＸ２００９』であり、そこにおいて、民主党は、「共謀罪を導入せずに国連組織犯罪防止条約を批准」することを明言していた。

その『ＩＮＤＥＸ２００９』では、次のように述べている。(1)

「政府は、国連組織犯罪防止条約を批准するための国内法整備として、共謀罪を新設する法案を繰り返し国会に提出してきましたが、民主党は、共謀罪に反対する国民の広範な世論と連携して法案の成立を阻んできました。共謀罪は、団体の活動として犯罪の遂行を共謀した者を処罰するものですが、犯罪の実行の着手、準備行為がなくても相談しただけで犯罪となること、およそ国際性とは無縁な犯罪や重大犯罪とまではいえないようなものを含め６１９もの犯罪が対象となることなど、わが国の刑法体系を根底から覆しかねないものです。条約は『自国の国内法の基本原則に従って必要な措置をとる』ことを求めているにすぎず、また、条約が定める重大犯罪のほとんどについて、わが国では現行法ですでに予備罪、準備罪、幇助犯、共謀共同正犯などの形で共謀を犯罪とする措置がとられています。したがって、共謀罪を導入しなくても国連組織犯罪防止条約を批准することは可能です。」

地道に続けられた学習会、ここからはじまった

この選挙の結果を受け民主党政権が誕生したことにより、共謀罪法案そのものは廃案となることが明らかになった。

そもそも、共謀罪は、２０００年に締結された国連跨国組織犯罪条約[2]を批准するための国内法整備の一環として提案されたものであり、当初、法務省は、「国内には、共謀罪を必要とする立法事実は存在しない」と説明していた。それにもかかわらず、その後の審議では、暴力団のような組織犯罪に対する対策として必要であるとの主張が、いわゆる「有識者」によってなされるようになった。

政府から提案された原案における共謀罪の要件は、次の3点である（資料190頁参照）。

①法定刑の長期が四年以上の懲役又は禁錮に当たる罪の遂行を共謀すること。

②その遂行は、団体の活動として行なわれること。

③その遂行は、それを実行するための組織により行なわれること。

このような共謀罪に対しては、「そこでいう団体が組織犯罪に限定されず、市民運動や労働運動などすべての団体が含まれてしまい、犯罪の基本は法益・権利を侵害することであるにもかかわらず、共謀は二人以上の者の意思の合致で処罰され、内心の自由に反している」との批判が出されていた。

しかし、衆議院法務委員会での審議を通じて、与党（自民党・公明党）は、政府原案の修正を提案し、それでの解決を図ろうとしていた。

1　共謀罪法案の本質

（1）法案は、当時のオウム真理教団や住専などの取締りを理由に1999年に成立した「組織的犯罪処罰法」を改正し、上記の要件で共謀罪を新設し、共謀だけでの処罰を認めようとしている。衆議院法務委員会における法務省の答弁では、その対象となる犯罪の数は、619にも達するという。

ところで、1764年にチェザーレ・ベッカリーアが『犯罪と刑罰』の中で「犯罪の尺度は社会に

共謀罪法案（抜粋）

一条加えるだけで 619の共謀罪を新設

（組織的な犯罪の処罰及び犯罪収益の規制等に関する法律の一部改正）

第三条　組織的な犯罪の処罰及び犯罪収益の規制等に関する法律（平成十一年法律第百三十六号）の一部を次のように改正する。

第六条の次に次の一条を加える。

（組織的な犯罪の共謀）

第六条の二　次の各号に掲げる罪に当たる行為で、団体の活動として、当該行為を実行するための組織により行われるものの遂行を共謀した者は、当該各号に定める刑に処する。ただし、実行に着手する前に自首した者は、その刑を減軽し、又は免除する。

一　死刑又は無期若しくは長期十年を超える懲役若しくは禁錮の刑が定められている罪　五年以下の懲役又は禁錮

二　長期四年以上十年以下の懲役又は禁錮の刑が定められている罪　二年以下の懲役又は禁錮

2　前項各号に掲げる罪に当たる行為で、第三条第二項に規定する目的で行われるものの遂行を共謀した者も、前項と同様とする。

※第三条第二項…団体に不正権益を得させる罪

共謀罪が適用される法律名・罪名一覧

619罪種に増える以前に法務省から出された557罪種。何が増えたのかも公表されないうちにどんどん増えていく。

【刑法】　内乱（首謀者）　内乱（謀議参与、群衆指揮）　内乱（諸般の職務に従事したもの）　内乱予備・陰謀　内乱等幇助　外患援助　外患誘致等予備・陰謀　私戦予備・陰謀　加重逃走　被拘禁者奪取　加重逃走援助　騒乱（首謀者）　騒乱（指揮助勢）　現住建造物等放火　他人所有非現住建造物等放火　自己所有非現住建造物等放火　他人所有現住建造物等放火　建造物等放火　消火妨害　差し押さえ等に係わる自己の物に関する特例　差し押さえ等に係わる自己の物に関する特例　激発物破裂（自己所有非現住建造物損壊）　激発物破裂（現住建造物損壊）　激発物破裂（他人所有現住建造物損壊）　ガス等漏出致傷　ガス等漏出致死　現住建造物等浸害　非現住建造物等浸害　水防妨害　往来妨害致傷　往来妨害致死　汽車等往来危険　艦船往来危険　汽車転覆　汽車艦船転覆　往来危険汽車等転覆致死　あへん煙吸食器具輸入等　税関職員によるあへん煙輸入等　あへん煙吸食場所提供　水道汚染　浄水汚染等致傷（6月以上）　浄水汚染等致死　水道毒物等混入　水道毒物混入致死　水道損壊等　通貨偽造、行使　外国通貨偽造、行使　通貨偽造等準備　詔書偽造等　有印公文書偽造等　有印虚偽公文書作成　公正証書原本不実記載　偽造公文書行使　有印私文書偽造　偽造私文書行使　電磁的記録不正作出、供用　公電磁的記録不正作出、供用　有価証券偽造等　偽造有価証券行使　支払用カード電磁的記録不正作出等　不正電磁的記録カード所持　御璽偽造、不正使用　公印偽造、不正使用　偽証　虚偽鑑定等　虚偽告訴等　強制わいせつ　強姦　準強制わいせつ　準強姦　強制わいせつ致死傷　強姦致死傷　[illegible]　墳墓発掘死体損壊　特別公務員職権濫用　特別公務員暴行陵虐　特別公務員職権濫用致死　特別公務員職権濫用致傷（6月以上）　単純収賄　受託収賄　事前収賄　第三者供賄　加重収賄　事後収賄　あっせん収賄　殺人　自殺関与、同意殺人　傷害　傷害致死　危険運転致傷　危険運転致死　業務上過失致死傷等　同意堕胎致死傷　業務上堕胎　業務上堕胎致死傷　不同意堕胎　不同意堕胎致傷（6月以上）　保護責任者遺棄　遺棄等致死　遺棄等致傷（3月以上）　逮捕監禁　逮捕監禁致傷（3月以上）　逮捕監禁致死　未成年者略取誘拐　営利目的等略取誘拐　身代金目的略取誘拐等　国外移送目的略取等　被略取者収受　身代金目的略取者幇助　営利目的被略取者収受　身代金目的被略取者収受　電子計算機損壊等業務妨害　窃盗　不動産侵奪　強盗　事後強盗　昏酔強盗　強盗致傷　強盗致死　強盗強姦　強盗強姦致死　詐欺　電子計算機使用詐欺　背任　準詐欺　恐喝　横領　業務上横領　盗品運搬等　公用文書毀棄　私用文書毀棄　建造物等損壊　建造物等損壊致傷　建造物等損壊致死　自己の物の損壊等　自己の物の損壊等　境界損壊

【特別刑法】　・あへん法（昭和29法71）　けしの栽培等　営利目的による前項の罪　あへん等の譲り渡し、譲り受け又は所持　営利目的による前項の罪　あへん等の吸食　けしの栽培等の予備　けしの栽培等に要する資金等の提供等　・意匠法（昭和34法125）　偽証等の罪　・一般会計における債務の承継等に伴い必要な財源の確保に関する法律（平成10法137）　偽りその他不正の行為によるたばこ特別税の免税等　・印紙犯罪処罰法　偽造変造・消印除去　使用・交付・輸入・移入　・沖縄の復帰に伴う特別措置に関する法律（昭和46法129）　偽りその他不正の行為による関税等の払戻し受け　偽りその他不正の行為による地方消費税の払戻し受け　・外国為替及び外国貿易法（昭和24法228）　無許可役務取引き等　・外国ニ於テ流通スル貨幣紙幣銀行券証券偽造変造及模造ニ関スル法律（明38法66）　偽造・変造（金銀貨、紙幣等）　偽造変造（金銀貨以外の貨幣）　輸入（金銀貨、紙幣等）　知情行使収受　予備　・会社更生法　詐欺更生罪　第三者の詐欺更生罪　・海底電信線保護万国連合条約罰則（大正5法20）　海底電信線の損壊による通信の損　等　・火炎びんの使用等の処罰に関する法律（昭和47法17）　火炎びんの使用　・化学兵器の禁止及び特定物質の規制等に関する法律（平7法65）　化学兵器使用による毒性物質等の発散　毒性物質等の発散により人の生命等に危険を生じさせる罪　化学兵器の製造　化学兵器の所持、譲り渡し又は譲り受け　化学兵器の製造の用に供する目的による毒性物質等の製造等　化学兵器使用による毒性物質等の発散の予備　・核原料物質、核燃料物質及び原子炉の規制に関する法律（昭和32法166）　特定核燃料物質の取り扱いによる人の生命、身体又は財産危険　核爆発を生じさせる罪　・覚せい剤取締法（昭和26法252）　覚せい剤の輸出入又は製造　営利目的による前項の罪　覚せい剤の所持、譲り渡し又は譲り受け　営利目的による前項の罪　覚せい剤の使用等　営利目的による前項の罪　管理外覚せい剤の施用等　営利目的による覚せい剤研究者についての施用等の制限違反等　覚せい剤の輸出入又は製造の予備　覚せい剤原料の輸出入又は製造の予備　覚せい剤の輸出入又は製造に要する資金の提供等　覚せい剤原料の輸出入又は製造に要する資金等の提供等　・ガス事業法（昭和29法51）　ガス工作物の損壊等によるガス供給妨害　・株式会社の監査等に関する商法の特例に関する法律（昭和49法22）　会計監査人の汚職の罪　・関西国際空港株式会社法（昭和59法53）　関西国際空港株式会社の役員等による加重収賄　・関税暫定措置法（昭和35法36）　偽りその他不正の行為による関税の受還付等　・関税法（昭和29法61）　輸入禁制品の輸入等　輸入禁制品の外国貨物を置く場所の制限規定違反　偽りその他不正の行為による関税の免税等　・議院における証人の宣誓及び証言等に関する法律（昭和22法225）　偽証の罪　・揮発油税法（昭和32法55）　偽りその他不正の行為による揮発油税の免税等　・協同組織金融機関の優先出資に関する法律（平5法44）　協同組織金融機関の財産を危うくする罪　不実文書行使罪　預合いの罪　超過発行の罪　・金融機関等の更正手続の特例等に関する法律（平8法95）　詐欺更正罪　第三者の詐欺更正罪　・金融機関の再生のための緊急措置に関する法律（平10法132）　資産の査定の虚偽報告　・金融機関の合併及び転換に関する法律（昭43法86）　設立委員の特別背任罪　設立委員の受託収賄　受託収賄等　・金融先物取引法（昭63法77）　仮装取引等違反　金融先物取引所役員等の加重収賄　金融先物取引所役員等の加重収賄　・経済関係罰則ノ整備ニ関スル法律（昭19法4）　会社組合の職員の加重収賄　職務上の秘密の漏泄・窃用　・競馬法　日本中央競馬会等の以外の者による競馬等　競馬会等の加重収賄　・下水道法（昭和33法79）　公共下水道等の施設の損壊等による下水の排除の妨害　・決闘罪ニ関スル件（明22法34）　決闘　・公海に関する条約の実施に伴う海底電線等の損壊行為の処罰に関する法律（昭43法102）　海底電線の損壊による電気通信の妨害　海底パイプライン等の損壊による石油等の輸送等の妨害　・鉱業等に係わる土地利用の調整手続等に関する法律（昭25法292）　偽証等の罪　・鉱業法（昭和25法289）　鉱業権によらない鉱物の採掘等　鉱業権によらないで採掘された鉱物の運搬等　・航空機工業振興法（昭33法150）　偽りその他不正の手段による交付金等の受交付等　・航空機の強取等の処罰に関する法律（昭45法68）　航空機の強取等　航空機強取等致死　航空機の運航阻害　・航空の危険を生じさせる行為等の処罰に関する法律（昭和49法87）　航空機の危険を生じさせる罪　航行中の航空機を墜落させる等の罪　上記の罪の致死罪　業務中の航空機の破壊等の罪　上記の罪の致死罪　業務中の航空機に爆発物を持ち込む罪　業務中の航空機に銃砲等を持ち込む罪　・航空法（昭27法231）　機長の職務に関する罪（旅客の救助等に必要な手段を尽くさなかったとき）　・公衆等脅迫目的の犯罪行為のための資金の提供等の処罰に関する法律（平14法67）　資金の提供　資金収集　・公職選挙法（昭25法100）　中央選挙管理委員会の委員等の買収・利害誘導　公職の候補者等の買収・利害誘導　多数人買収及び多数人利害誘導罪　公職の候補者等による多数人買収及び多数人利害誘導罪　候補者及び当選人に対する買収・利害誘導　中央選挙管理委員会の委員等による候補者及び当選人に対する買収・利害誘導罪　新聞紙、雑誌の不正利用罪　公職の候補者等による買収の罪　おとり罪　選挙運動総括主宰者等によるおとり罪　選挙の自由妨害　職権濫用による選挙の自由妨害（候補者選挙人等）　選挙事務関係者等に対する暴行罪等　多衆の選挙妨害罪（首謀者）　多衆の選挙妨害罪（指揮者又は率先助勢者）　虚偽事項の公表（当選を得させない目的）　政見放送又は選挙公報における虚偽事項の公表罪　中央選挙管理委員会の委員等による投票偽造、増減罪　選挙人等の偽証罪　・高速自動車国道法（昭32法79）　高速自動車国道の損壊等による高速自動車国道の効用の阻害等　高速自動車国道の効用阻害等による自動車転覆等　高速自動車国道の効用阻害等致傷　高速自動車国道の効用阻害等致死　・小型自動車競走法（昭25法208）　小型自動車競走施行者以外の者による小型自動車競走等　小型自動車競走の選手による加重収賄　・国際観光振興会法（昭34法39）　国際観光振興会の役員等による加重収賄　・国際的な協力の下に規制薬物に係わる不正行為を助長する行為等の防止を図るための麻薬及び向精神薬取締法等の特例等に関する法律（平3法94）　業として行う不法輸入等　不正収益等隠匿　・国民生活安定緊急措置法（昭48法121）　割当て又は配給等の認定等違反　・細菌兵器（生物兵器）及び毒素兵器の開発、生産及び貯蔵の禁止並びに廃棄に関する条約の実施に関する法律（昭57法61）　生物兵器使用による生物剤等の発散　生物剤等の発散により人の生命等に危険を生じさせる罪　生物兵器の製造　生物兵器の所持等　・最高裁判所裁判官国民審査法（昭22法136）　審査事務関係者等の買収・利害誘導　審査の自由妨害　職権濫用による審査の自由妨害　・裁判官弾劾法（昭22法137）　虚偽申告の罪　・サリン等による人身被害の防止に関する法律（平7法78）　サリン等の発散　サリン等の発散の予備　サリン等の製造等　サリン等の発散の用に供する目的での前項の罪　・自衛隊法（昭29法165）　治安出動命令を受けた者による争議行為等　自衛隊の所有し、又は使用する武器の損壊等　防衛秘密漏洩の罪　防衛出動命令を受けた者による争議行為等　・資産の流動化に関する法律（平10法105）　発起人、取締役等の特別背任罪　特定社債権者集会の代表者等の特別背任罪　特定目的会社財産を危うくする罪等　不実文書行使罪　預け合いの罪　超過発行等の罪　発起人、取締役等の汚職の罪　会計監査員の汚職の罪　特定目的会社荒し等に関する贈収賄罪　社員等の権利等の行使に関する利益供与の罪　・市町村の合併の特例に関する法律（昭40法6）　合併協議会設置請求の署名権者等に対する暴行等　宣誓関係人の虚偽陳述　・実用新案法（昭34法123）　偽証等の罪　・私的独占の禁止及び公正取引の確保に関する法律（昭22法54）　虚偽の陳述又は鑑定の罪　・自転車競技法（昭34法209）　競輪施行者以外の者による自転車競争　競輪の選手による加重収賄　・児童買春、児童ポルノに係わる行為等の処罰及び児童等の保護に関する法律（平11法52）　児童買春周旋　児童買春勧誘　児童買春等目的人身売買等　児童買春等目的人身の略取による国外移送　・児童福祉法（昭22法164）　児童に淫行をさせる行為　・社債等の振替に関する（平13法75）　加入者集会における発言等に関する不正請託による財産上の利益収受罪　前項の利益供与等　・銃砲刀剣類所持等取締法（昭33法6）　けん銃等の発射　けん銃等の輸入　営利目的によるけん銃等の輸入　けん銃等の所持　適合実包等と共にするけん銃等の携帯等　けん銃等の譲り渡し、貸し付け、譲り受け、借り受け　営利目的による前項の罪　偽りの方法によるけん銃等の許可受け　けん銃実包の輸入　営利目的によるけん銃実包の輸入　けん銃実包の所持　けん銃実包の譲り渡し、譲り受け　猟銃の所持　けん銃等の輸入の予備　けん銃等の輸入に要する資金等の提供　・酒税法（昭28法6）　酒類等の無免許製造等　偽りその他不正の行為による酒税の免税等　・出入国管理及び難民認定法（昭26法319）　集団密航者を入国等させる罪　営利目的による前項の罪　営利目的による集団密航者輸送等　集団密航で入国した外国人の収受等　営利目的による集団密航で入国した外国人の収受等　営利目的による外国人蔵匿罪　・主要食料の需給及び価格の安定に関する法律（平6法113）　米穀の割当て又は配給等の規定に基づく命令違反等　・証券取引法（昭23法25）　不実の書類、広告・不正取引行為等の罪　証券協会・取引所・証券金融会社の役職員に関する収賄罪　・消費税法（昭63法108）　偽りその他不正の行為による消費税の免税等　・商標法（昭和34法127）　侵害の罪　偽証等の罪　・商品取引所法（昭25法239）　商品市場の取引等における風説流布等　取引所等の役員に関する贈賄収受等　・商法（明32法48）　発起人・取締役等の特別背任罪　社債権者集会代表者等の特別背任罪　会社財産を危うくする罪　不実文書行使罪　預合いの罪　超過発行の罪　発起人・取締役等の汚職の罪　会社荒らし等に関する贈収賄罪　株主の権利の行使に関する威迫による利益収受等　・消防法（昭23法186）　消防用警報等損壊　火災報知器等損壊　危険物の漏出等致死傷　業務上必要な注意の懈怠による危険物の漏出等致傷　・職業安定法（昭22法141）　暴行・脅迫等による職業紹介等　・深海底鉱業暫定措置法（昭57法64）　無許可深海底鉱業等　無許可深海底鉱業の罪に係わる深海底鉱物資源の運搬等　・新幹線鉄道における列車運行の安全を妨げる行為の処罰に関する特例法（昭39法111）　運行保安設備の損壊等の罪　・真珠養殖等調整暫定措置法　真珠養殖等調整組合に役員等による加重収賄　・森林法（昭26法249）　保安林の区域内における森林窃盗　森林窃盗の贓物運搬等　他人の森林への放火　自己の森林への放火　前項の罪（他人の森林に延焼したとき）　保安林に係わる前2項の罪　・水道法（昭32法177）　水道施設の損壊等による水の供給の妨害　・スポーツ振興投票の実施等に関する法律（平10法63）　指定試合の結果を予想させて利益を図る罪　試合関係者の収賄罪　・政治資金規制法（昭23法194）　届出前の寄付等　報告書の不提出等　・政党助成法（平6法5）　偽りその他不正な行為による政党交付金の受交付（政党の役職員等）　報告書不提出等　・石油ガス税法（昭40法156）　偽りその他不正の行為による石油ガス税の免税等　・石油需給適正化法（昭48法122）　割当て又は配給等の政令等違反　・石油税法（昭53法25）　偽りその他不正の行為による石油税の免税等　・船員職業安定法（昭23法130）　暴行、脅迫等による船員の職業紹介等　・船員法（昭22法100）　船舶に危険がある場合における船長の処置義務違反　・船舶安全法（昭8法11）　船級協会役職員の加重収賄　・臓器の移植に関する法律（平9法104）　臓器売買等の罪　・相続税法（昭25法73）　偽りその他不正の行為による相続税等の免税　・組織的な犯罪の処罰及び犯罪収益の規制等に関する法律（平11法136）　組織的な常習賭博　組織的な賭博場開張図利　組織的な殺人　組織的な逮捕及び監禁　組織的な強要　組織的な身の代金目的略取等　組織的な信用毀損及び業務妨害　組織的な威力業務妨害　組織的な詐欺　組織的な恐喝　組織的な建造物等損壊　組織的な殺人等の予備　不法収益等による法人等の事業経営の支配を目的とする行為　犯罪収益等隠匿　・租税特別措置法（昭32法26）　偽りその他不正の行為による石油税の受還付等　・対人地雷の製造の禁止及び所持の規制等に関する法律（平10法116）　対人地雷の製造　対人地雷の所持　・大都市地域における住宅及び住宅地の供給の促進に関する特別措置法（昭50法67）　個人施行者等による加重収賄　・大麻取締法（昭23法124）　大麻の栽培又は輸出入　営利の目的による前項の罪　大麻の所持、譲り受け又は譲り渡し　営利の目的による前項の罪　大麻の使用等　営利の目的による前項の罪　・たばこ税法（昭59法72）　偽りその他不正の行為によるたばこ税の免税等　・地価税法（平3法69）　偽りその他不正の行為による地価税の免税　・地方自治法（昭22法67）　違法署名運動　選挙人等の偽証罪　・地方税法（昭25法226）　法人等の都道府県税の脱税に関する罪　事業税の脱税に関する罪　遊興税の脱税に関する罪　偽りその他不正の行為による貨物割の免税等　偽りその他不正の行為による受還付　偽りその他不正の行為による市町村民税の脱税　免税証の不正受給による免税軽油の引き取りに関する罪　免税証の譲り受けによる免税軽油の引き取りに関する罪　軽油引取税に係わる脱税に関する罪　・地方道路税法（昭30法104）　偽りその他不正の行為による地方道路税の免税等　・中間法人法（平13法49）　理事等の特別背任罪　清算人等の特別背任罪　・中小企業投資育成株式会社法（昭38法101）　中小企業投資育成株式会社の取締役等による加重収賄　・中部国際空港の設置及び管理に関する法律（平10法36）　指定会社の役員等の収賄罪等　・電気事業法（昭39法170）　電気工作物の損壊等による発電等の妨害　・電波法（昭和25法131）　無線通信の業務に従事する者の遭難通信の不取扱等　無線通信による虚偽の遭難通信の発信　無線通信による日本国憲法等を暴力で破壊することを主張する通信の発信　無線通信の損壊等による無線通信の妨害　・投資信託及び投資法人に関する法律（昭26法198）　設立企画人等の背任罪　投資法人債権者集会の代表者等の背任罪　設立企画人等の規約不実記載等　不実文書行使罪　預け合いの罪　投資口の過剰発行　執行役等の収賄罪　会計監査人等の収賄罪　利益収受等　威迫を伴う投資主の権利行使に関する利益供与要求等　・当せん金付証票法（昭23法144）　当せん金付証票の転売等　・盗犯等ノ防止処分ニ関スル法律（昭5法9）　常習特殊窃盗　常習特殊強盗　常習累犯窃盗　常習累犯強盗　常習強盗傷人・常習強盗強姦　・道路運送法（昭26法183）　自動車道における自動車の往来危険　一般乗合旅客自動車運送事業者の事業用自動車の転覆等　事業用自動車転覆等致傷　事業用自動車転覆等致死　往来危険による一般乗合旅客自動車運送事業者の事業用自動車の転覆等　往来危険による事業用自動車転覆等致傷　往来危険による事業用自動車転覆等致死　・道路交通法（昭35法105）　信号機の損壊等による道路における交通危険　交通事故の場合の措置規定違反　・都市計画法（昭43法100）　特別施行者等による加重収賄　・都市再開発法（昭44法38）　個人施行者等による加重収賄　・土地改良法（昭24法195）　土地改良区の役員等による加重収賄　・土地区画整理法（昭29法119）　個人施行者等による加重収賄　・特許法（昭34法121）　侵害の罪　偽証罪の罪　・日米相互防衛援助協定等に伴う秘密保護法（昭29法166）　我が国の安全を害すべき用途に供する目的による防衛秘密の探知等　防衛秘密の漏示者が国の安全を害すべき用途に供する目的による防衛秘密の探知等の陰謀等　・日本国とアメリカ合衆国との間の相互協力及び安全保障条約第6条に基づく施設及び区域並びに日本国における合衆国軍隊の地位に関する協定の実施に伴う刑事特別法（昭27法138）　偽証の罪　軍用物を損壊する等の罪　合衆国軍隊の機密を侵す罪　合衆国軍隊の機密を侵す罪の陰謀等・日本国と大韓民国との間の両国に隣接する大陸棚南部の共同開発に関する協定の実施に伴う石油及び可燃性天然ガス資源の開発に関する特別措置法（昭53法81）　特定鉱業権によらない天然資源の採掘等　特定鉱業権によらない天然資源の採掘等の罪に係わる天然資源の運搬等　・日本たばこ産業株式会社法（（昭59法69）　日本たばこ産業株式会社の取締役等による加重収賄罪　・日本中央競馬会法（昭29法205）　日本中央競馬会の役員等による加重収賄　・日本電信電話株式会社等に関する法律（昭59法85）　取締役等の加重収賄罪　・熱供給事業法（（昭47法88）　熱供給施設の損壊等による熱供給の妨害　廃棄物の処理及び清掃に関する法律（昭45法137）　一般廃棄物の無許可収集等　・売春防止法（昭31法118）　対償の収受等（困惑等により売春をさせた者）　場所の提供業　売春をさせる業　場所の提供業に要する資金等の提供　売春をさせる業に要する資金等の提供　・破壊活動防止法（昭27法240）　内乱、外患誘致、外患援助の教唆等　内乱の予備・陰謀、内乱等幇助、外患誘致・外患援助の予備・陰謀の教唆等　政治目的のための放火の罪の予備等　・爆発物取締罰則（明17布告32）　爆発物使用　使用未遂　製造・輸入・所持・注文　脅迫・教唆・煽動・共謀　幇助のための製造・輸入等　製造・輸入・所持・注文（第1条の犯罪の目的でないことが証明できないとき）　犯罪告知義務違反　犯人蔵匿・隠避、證憑湮滅　・破産法（大11法71）　詐欺破産罪　過怠破産罪　準債務者の詐欺破産罪　準債務者の過怠破産罪　第三者の詐欺破産罪　・阪神・淡路大震災の被災者等に係わる国税関係法律の臨時特例に関する法律（平7法11）　偽りその他不正の行為による法人税の受還付（法人の代表者等）　・人質による強要行為等の処罰に関する法律（昭53法48）　人質による強要等　加重人質強要　加重人質強要（航空機の強取等の罪を犯した者による人質強要）　人質殺害　・ヒトに関するクローン技術等の規制に関する法律（平12法146）　人クローン胚等の移植　・人の健康に係わる公害犯罪の処罰に関する法律（昭45法142）　有害物質の排出による公衆の生命又は身体危険致死傷　業務上過失による有害物質の排出による公衆の生命又は身体危険致死傷　・武器等製造法（昭28法145）　銃砲の無許可製造　営利の目的による銃砲の無許可製造　猟銃の無許可製造　・物価統制令（昭21勅118）　統制額違反　不当高価・暴利　抱合せ等　・文化財保護法（昭25法214）　重要文化財の無許可輸出　所有者以外の者による重要文化財の損壊等　所有者以外の者による史跡名勝天然記念物の滅失等　・放射性同位元素による放射線障害の防止に関する法律（昭32法167）　放射線の発散による人の生命又は身体危険　放射線の発散による人の生命又は身体危険致死　・法人税法（昭40法34）　偽りその他不正の行為による法人税の免税等（法人の代表者等）　・法人特別税法（平4法15）　偽りその他不正の行為による法人特別税の免税等（法人の代表者等）　・法人ノ役員処罰ニ関スル法律（大4法18）　法人の業務執行社員等による刑事訴追等免脱目的の法人消滅　・暴力行為等処罰ニ関スル法律違反（大15法60）　加重傷害　常習的傷害　常習的暴行・脅迫・毀棄　・保険業法（平7法105）　保険管理人等の特別背任罪　相互会社の社債保権者集会代表者等の特別背任罪　保険管理人等による会社財産を危うくする罪　保険管理人等による不実文書行使罪　保険管理人等による預合いの罪　保険管理人による超過発行の罪　保険管理人等の利益収受罪　相互会社の会計監査人の収賄罪等　収賄罪、利益供与等罪　保険管理人等に対する威迫による利益収受　・補助金等に係わる予算の執行の適正化に関する法律（昭30法179）　偽りその他不正の手段により補助金等の受交付等　同上（国又は地方公共団体において違反行為があったとき）　・麻薬及び向精神薬取締法（昭28法14）　ジアセチルモルヒネ等の輸出入、製造　営利の目的による前項の罪　ジアセチルモルヒネ等の製剤、小分け、譲り渡し、譲り受け、交付、所持　営利の目的による前項の罪　ジアセチルモルヒネ等の施用等　営利の目的による前項の罪　ジアセチルモルヒネ等以外の麻薬の輸出入、製造等　営利の目的による前項の罪　ジアセチルモルヒネ等以外の製剤、小分け、譲り渡し、譲り受け、交付、所持　営利の目的による前項の罪　麻薬の施用等　営利の目的による前項の罪　向精神薬の輸出入、製造、製剤、小分け　営利の目的による前項の罪　営利の目的による向精神薬の譲り渡し、譲り渡し目的の所持　麻薬の輸出入又は製造等の予備　麻薬の輸出入又は製造等に要する資金等の提供等　・民事再生法（平11法225）　詐欺再生罪　第三者の詐欺再生　・モーターボート競争法（昭26法242）　施行者以外の者によるモーターボート競争等　モーターボート競争会等の役員等による加重収賄　・有限会社法（昭13法74）　取締役等の特別背任罪　・有線電気通信法（昭28法96）　有線電気通信設備の損壊等による有線電気通信の妨害　・郵便法（昭22法165）　郵便用物件を損傷する等の罪　切手類を偽造する等の罪　・輸出入取引法（昭27法299）　輸出組合等の役員等による加重収賄　・輸入品に対する国内消費税の徴収等に関する法律　偽りその他不正の行為による国内消費税の受還付　・流通食品への毒物の混入等の防止等に関する特別措置法（昭62法103）　流通食品への毒物の混入等　流通食品への毒物の混入等致死傷　・旅客鉄道株式会社及び日本貨物鉄道株式会社に関する法律（昭61法88）　旅客会社又は貨物会社の取締役等による加重収賄　・労働基準法（昭22法49）　強制労働　・労働者派遣事業の適正な運営の確保及び派遣労働者の就業条件の整備等に関する法律（昭60法88）　有害労働目的の労働者派遣　・湾岸地域における平和回復活動を支援するため平成2年において緊急に講ずべき財政上の措置に必要な財源の確保に係わる臨時措置に関する法律（平3法2）　偽りその他不正の行為による法人臨時特別税の免税（法人の代表者等）　偽りその他不正の行為による石油臨時特別税の免税等

与えた損害である」と述べたように、刑法は、結果が発生した既遂の処罰を原則とし、犯罪の実行に着手したが結果が発生していない未遂を例外的に処罰し、特に重大な法益については、犯罪の準備を行う予備を例外中の例外として処罰しているにすぎない。客観的には誰も見ることの出来ず、知ることのできない行為者の意思や決意は、単独では、決して処罰されることはない。

刑法では、殺人や強盗など8つの罪にのみ予備罪の成立が認められているに過ぎない。それ以外の犯罪では、行為の実行に着手しない限り犯罪は成立しない。また、予備罪が成立する8つの罪についても、その行為の共謀だけでは処罰されず、処罰のためには、それに基づく何らかの準備行為が必要である(3)。

法案は、このような場合、共謀の事実だけでの処罰を認めるものであり、刑法の処罰範囲をはるかに拡大している。そのための要件とされている「団体の活動」や「組織による遂行」では、共謀処罰の根拠としては不当であり、処罰の拡大現象への歯止めとはならない。2人以上の者が集まれば団体であり、その中での実行部隊は組織である。それは、通常の小さな会社や小さなNGO・NPOにも当てはまる。

また、法定刑で4年以上の自由刑が定められている罪については共謀罪の成立を認めるので、既遂しか成立しない犯罪や既遂と未遂が処罰されるが、予備が処罰されない犯罪の共謀が処罰されることになる。予備や未遂の段階では処罰されないのに、なぜそれより害悪の少ない共謀が処罰されるのであろうか。その正当化根拠はどこにあるのであろうか。その点についての説明は、どこからも、誰からもなされていない。

法案は、組織的犯罪処罰法の中で共謀罪を新設しているが、それは、非常に多くの犯罪が対象とされ、実質的には刑法の改正と同価値であり、刑法では容認されないほど、処罰時期をはるかに早めるものである。

2005年（平成17年）7月21日（木曜日）　16版　第2社会　34

第3部　共謀罪　㊤

新・治安維持法

処罰の対象拡大の恐れ

実際に犯罪を行っていなくても、犯罪について話し合っただけで摘発対象となる共謀罪。「超監視社会を招く」とも批判される法律をなぜ導入しようとするのか。それは、何をもたらすのか。郵政民営化法案をめぐる騒ぎの陰で、ひっそりと国会審議が始まった共謀罪の問題点を考える。

◇

「このような法案の審議に立ち会うとは夢にも思わなかった。共謀罪は現代の治安維持法と断じて間違いない」

共謀罪新設を盛り込んだ関連法案の本格審議が始まった今月十二日の衆院法務委員会。弁護士出身の民主党・辻恵議員（近畿比例区）は質疑の冒頭、憤りを隠そうともせず切り出した。

辻議員が引き合いに出した治安維持法は、社会運動や思想を取り締まり、処罰するために制定された戦前の法律。一九二五年の公布当初は共産党を摘発対象にしたが、三年後、「結社の目的遂行のためにする行為」の規定が加えられ、性格は一変した。

法の適用対象が一挙に広がり、労働組合の活動や文化運動、治安維持法の被告に対する弁護士の弁護活動まで、「共産党の目的のための行為」とみなされ、処罰されるようになった。

故三浦綾子さんが小説「銃口」のモデルとした北海道綴方教育連盟事件（四〇―四一年）では、進歩的な作文教育の推進が「目的遂行罪」に当たるとして、連盟の教師らが逮捕された。

■2人で「団体」

内心の自由を侵害する恐れ、そして乱用の余地を残す規定のあいまいさ―の二点から、共謀罪と治安維持法は類似している。共謀罪は、テロ防止対策を定めた国際組織犯罪防止条約の国内法化という位置付けなのに、対象を「国際的な犯罪集団」に限定していない。二人以上の「団体」の共謀であれば処罰対象となってしまう。

政府側は衆院法務委の答弁で「対象は暴力団などによる国際的な組織犯罪。一般の団体への適用はない」と繰り返すが、辻議員の疑念は消えない。「一般に適用しないのなら、団体の要件を厳密に規定するべきだ」と。

■組合活動委縮

日弁連や自由法曹団などは、共謀罪によって危惧される事例を想定している。

高層マンションの建設に反対する住民組織が建設資材の搬入阻止を計画したところ、威力業務妨害の共謀容疑で逮捕される―。そんなことも起こりかねない。

自由法曹団事務局の大崎潤一弁護士（東京）はこう言う。「反戦ビラを投函した人間に住居侵入罪を適用したように、すでに法律の恣意的運用はまかり通っている。法案が成立したら、捜査当局に大きな武器を与えることになる」と。

道労連執行委員を務める吉根清三さん（札幌）には忘れられない記憶がある。タクシー会社の労組委員長だった九三年、支店長を丸一日監禁したとして逮捕されたことだ。

夏季一時金の支給を求める組合に対し、会社は賃金カットを逆提案して団体交渉を拒否。組合が実力行使で団交に持ち込んだ時に、「事件」は起きた。公判で「団交は組合の正当な権利。支店長は二度も途中退室しており監禁ではない」と反論したが、札幌地裁で執行猶予付きの有罪判決が言い渡された。

吉根さんは訴える。「不誠実な会社には『押しかけ団交』も戦術となるのに、共謀罪ができたら団交を決める会議自体が予防的に（事前に）摘発されかねない。話し合いが原則の組合活動を委縮させてしまう」

（報道本部の本間誠也と今川勝照が担当します）

> 🔍 共謀罪　現行法では犯罪が実際に行われた場合にのみ共謀者を罪に問えるが、共謀罪は複数の人間による犯罪の「合意」自体を処罰対象とする。適用罪種は重大犯罪に限らず、強要や公選法、消費税法など600以上。合意が摘発対象となるため、内心の自由の侵害が懸念される。

『北海道新聞』2005年７月21日

（２）　跨国組織犯罪条約の批准に伴う国内法のあり方を審議するための法制審議会刑事法特別部会は、２００２年９月13日の第１回から12月18日までに５回の会議が開催され、最後の会議で採決が行われた。最初に弁護士の委員及び幹事が提出した修正案が採決され、賛成１、反対13で否決された。ついで、事務局作成の修正案が採決され、賛成13、反対１で可決された。

風聞するところによれば、この部会は、委員15名、幹事８名で構成されていた。そのうち学者委員は、宮澤浩一慶応義塾大学名誉教授（部会長）、川端博明治大学教授、椎橋隆幸中央大学教授、芝原邦爾学習院大学教授、中森義彦京都大学教授、西田典之東京大学教授、山中敬一関西大学教授であり、弁護士会推薦で、安冨潔慶応義塾大学教授も加わっていた。また、幹事として、井田良慶応義塾大学教授と佐伯仁志東京大学教授も委嘱されていた。

学者委員の数は実に８名に及び、委員総数の過半数を占めていた。これらの委員は、採決から明らかなように、すべて修正案に賛成し、弁護士委員提出の修正案に反対している。

ところで、これらの者たちの体系書を読んでみると、既遂処罰が原則であり、構成要件に規定されている場合のみ未遂も処罰できるとし、予備罪処罰はまったくの例外であるという。また、思想そのものの不処罰も認めている。これらの考え方を基本とした場合、予備よりもはるか前に行われる共謀段階での処罰を認めることはありえないことである。しかし、彼らは、共謀罪法案に賛成し、自らの原則を踏みにじってしまった。

果たしてこれらの者たちを研究者・学者と認めることができるのであろうか。研究者・学者は、自己の学問的良心に基づき学説を立て、体系書を書いているはずである。その見解と矛盾する場合には、自己の見解を改説しない限り、絶対に賛成することはない。彼らは、どのような頭で共謀罪法案を推進しているのであろうか。

彼らのとった行動は、徹底的に批判されなければならない。彼らの講義を受けている学生達がかわいそうである。彼らの真実がどこにあるかが分からずに、うそを真実と教えられているのである。まずもって、彼らは学生の前で、自己の学説の愚かさを自己批判すべきである。

この問題は、法制審刑事法特別部会の委員・幹事を委嘱する法務省の在り方にもかかわっている。法務省は自己に都合のよいものだけを集め、御用学者の集団に審議を委ねている。これでは、最初から結論が見えているのと同じである。

民主党は、官僚制度の解体と政治支配の確立を掲げている。これは、国の政策決定に携わる審議会の人選にこそ反映されなければならない。従来の自民党的体質で移植された委員・幹事ではなく、民主党からみた中立的人選を実行すべきである。

また、このような御用学者の背信行為を許さないためには、議事録の顕名化を図らなければならない。御用学者たちは、名前が公表されないことをよしとして、自己の学説と矛盾したことを主張してきたのである。このようなことを許さないためにも、顕名化は絶対に必要である。

2　法律案批判

(1)　与党修正案批判

２００６年４月21日、与党側は、衆議院法務委員会において、共謀罪の創設を認める組織的犯罪処罰法６条の２の修正案[4]を提案し、野党が強く抗議するにもかかわらず、その趣旨説明を強行した。修正案は、①団体の活動について、目的規定を設けたこと、②いわゆる「オーバートアクト」の導入という二つの内容を含んでいる。

①は、団体の活動について目的規定を設け、さも限定したかのような外観を呈している。しかし、それは、「団体」の目的ではなく、「団体の活動」の目的である（「その共同の目的」でいう「その」は「活動」を指していることに注意）。団体については、すでに2条に定義規定があり、又、３条１項本文で、団体の活動についての一般的定義規定がおかれている。団体としては別の目的があっても、当該活動の目的が、一号や二号で規定されているような罪（長期４年以上の罪）または別表第一の罪を実行することにある場合に該当することになる。団体の目的は、その規約等にはっきりと書かれているが、活動の目的はそれほど明確ではない。活動主体としての組織がその目的を決めるであろう。その目的は客観的に見えるものではなく、きわめて主観的なものである。したがって、それらの罪に当たる目的を有する活動か否かについての客観的基準はなく、その判断は、取締当局の主観的判断に委ねられることになる。

一号や二号で規定されているような罪または別表第一の罪を「実行することにある団体」として目的規定をおいても、そもその団体の活動として、規定されている罪の遂行を共謀しているのであり、当然その目的は認定されることになる。これは、同義反復であり、なんらの限定にもなっていない。

また、最近における判例の傾向は、目的立証に関する挙証責任の転換を図っている。当局により目的があると認定された場合、被告人側が目的の不存在を立証しなければならなくなる。

さらに、別表第一を加え、公務執行妨害罪を活動目的とするものも含まれている。これによって、直接的には処罰範囲が拡大されるわけではないが、公務執行妨害に該当する行為というのは、通常、政府批判を行なう側が当局の弾圧により公務執行妨害とされるのであり、非常に主観的認定をされてしまう。このようなことを活動の目的とする場合、規定されている罪の共謀が処罰対象とされるのであり、多くの市民運動や労働組合など政府批判を行なう団体が完全に含まれることになる。特別国会で刑事局長が「含まれることはない」とした答弁とはまったく異なる結果となるであろう。

この別表第一を活動目的に加えたことにより、まったく変な構造となってしまった。別表第一の四号で、公務執行妨害罪が対象とされている。そこでは、括弧書きで、「裁判、検察又は警察の職務を行う公務員による次に掲げる罪に係る審判又は捜査の職務の執行を妨害する目的で犯されたものに限る。」との限定が付けられ、イからへまでの罪が規定されている。そのうち、イでは、「第六条の二（組織的な犯罪の共謀）の罪」が含まれている。これは、今問題の共謀罪の規定である。共謀罪の捜査が行われているときの公務執行妨害罪が対象に含まれることになってしまう。これでは、括弧書きは限定にはなっていないといわざるを得ない。

②は、オーバートアクトの導入であるが、通常「顕示行為」といわれるものである。これは、従来いわれていた「ためにする行為」と基本的には変わっていない。しかし、問題はその規定ぶりにある。すなわち、処罰の対象としての構成要件は、「遂行を共謀したこと」であり、「共謀に係る犯罪の実行に資する行為が行われたこと」ではない。後者をも構成要件に含めるとすれば、別の規定ぶりであろう。「行なわれた場合において」とは、「遂行を共謀した者」が、「資する行為」を行った場合に処罰することを意味しているのであって、構成要件は、「共謀の遂行」で充足されている。つまり、後者は客観的処罰条件であり、後者に該当することは処罰の条件に過ぎなくなる。したがって、構成要件的にはなんらの限定もされていないと同じであり、非常に危険な規定である。

このことは、そもそも訴追を目的とせず、弾圧だけを目的とする捜査活動においては、構成要件の充足だけで捜査を開始することはできるので、非常に好都合である。つまり、そのような捜査活動は、処罰を目的としていないので、処罰条件を必要としないからである。

さらに、「資する行為」の解釈はまったく主観的なものであることも指摘しなければならない。その解釈は、一方的に当局の手に委ねられる危険性がある。その主観的解釈と前者の指摘があいまって、限定されたような外観を呈していながら、実はなんらの限定も加えていないことと同じであろう。

刑法における決意から結果発生への段階的処罰構造を無視し、既遂すなわち結果発生しか処罰しない犯罪の共謀を処罰するという共謀罪の根本的欠陥は、どのような修正案を提示しても是正されるものではない。

（2） 与党再修正案批判

（1） 与党再修正案

２００６年5月12日午前、衆議院法務委員会理事会で、与党は、再修正案を民主党に提出した。その内容は、次のとおりである。

第６条の２　次の各号に掲げる罪に当たる行為で、組織的な犯罪集団の活動（組織的な犯罪集団（団体のうち、その共同の目的がこれらの罪又は別表第一（第一号を除く。）に掲げる罪を実行することにある団体をいう。）の意思決定に基づく行為であって、その効果又はこれによる利益が当該組織的な犯罪集団に帰属するものをいう。）として、当該行為を実行するための組織により行なわれるものの遂行を共謀した者は、その共謀をした者のいずれかによりその共謀に係る犯罪の実行に必要な準備その他の行為が行われた場合において、当該各号に定める刑に処する。ただし、死刑又は無期若しくは長期五年以上の懲役又は禁錮の刑が定められている罪に係るものについては、実行に着手する前に自首した者は、その刑を減軽し、又は免除する。

傍線を付した部分が再修正されたところであり、全部で4カ所ある。

この修正により、与党は、共謀の主体を組織犯罪集団に限定し、市民運動、労働組合などは含まれることがないことを明らかにしたというであろう。しかし、これはうそである。この再修正された部分を厳格に検討すれば、このことは明らかになる。

個人用の座り込みグッズ

（２）「組織的な犯罪集団」

括弧の中は、二つに分かれているが、これは、組織的な犯罪集団を説明したものである。

ここで、便宜上、外の括弧を大括弧とし、内の括弧を小括弧と呼ぶことにする。

まず大括弧では、小括弧を除くと、「組織的な犯罪集団の活動（組織的な犯罪集団の意思決定に基づく行為であって、その効果又はこれによる利益が当該組織的な犯罪集団に帰属するものをいう。）として、」となり、この括弧では、組織的な犯罪集団の活動を説明している。

次に、小括弧では、「組織的な犯罪集団（団体のうち、その共同の目的がこれらの罪又は別表第一（第一号を除く。）に掲げる罪を実行することにある団体をいう。）」として、組織的な犯罪集団を定義している。

ここでは、たくさんある団体のうち、「その共同の目的がこれらの罪又は別表第一（第一号を除く。）に掲げる罪を実行することにある団体」を「組織的な犯罪集団」としている。

これは、その共同の目的がこれらの罪を実行することにある団体とし、あたかもこれらの罪の実行を目的とする団体に限定したかの外観を呈している。しかし、果たしてそうであろうか。もしそのように読むならば、「共同の」は不必要である。つまり、「団体のうち、その目的がこれらの罪を実行することにある団体」であれば、団体の目的として犯罪の実行を掲げていることが要件となるだろう。しかし、ここではそうではなく、「団体のうち、その共同の目的」とされている。では、この「共同の目的」は何を意味しているのであろうか。それは、一定の目的を有する団体のうち、何かを実行する組織の目的を指すのではないか。その組織の共同の目的がこれらの罪を実行することであれば、その組織はこの条文に該当することになる。本文で、「組織的な犯罪集団」と規定し、「組織的な犯罪団体」とはされていないことに注意する必要がある。

株式会社を例にとってみよう。会社は定款でその目的を定めている。したがって、ここで言う組織的な犯罪団体ではない。しかし、ある営業課が販路拡大のためダンピングを行なってでも売ることを相談し、それを実行に移すことを決定した場合には、その営業課の共同の目的がダンピング罪に該当することになるであろう。このように考えると、これは、団体の目的で制限したものではなく、団体のうち、そこに存在する組織の共同の目的で足りることになるだろう。これでは、限定を加えたことにはならない。

このことは、大括弧にある「組織的な犯罪集団の意思決定に基づく行為」についても言えることである。小括弧で、団体の目的としての犯罪団体に限定されているとすると、団体の意思決定となり、それなりの機関決定が必要になる。会社であれば、取締役会の決定が必要になるだろう。しかし、ここではそれが要求されているのではなく、団体の集団性が要求されているにすぎず、先に述べた組織性で足りることを示しているだろう。そのように考えると、この「意思決定」は、行為としての「共

お坊さんとミュージシャンのコラボで「共謀罪反対」

謀」と基本的に変わらないものとなる。つまり、この犯罪集団は、意思決定で共謀するのであり、何も意思決定が先行して存在しなければならないことにはならない。共謀の存在そのものが組織としての意思決定であるという認定は十分に可能であろう。

さらに、小括弧には、別表第一の掲げる罪も対象とされている。ここに含まれるものとしては、公務執行妨害罪がある。なぜ、長期四年以上の罪では足りず、公務執行妨害罪まで、対象犯罪に含める必要があるのだろうか。

小括弧が団体の目的を定めているものとすれば、公務執行妨害罪の実行を目的とする団体が存在することになる。そのような団体は日本に存在するのであろうか。このような質問に対しては存在しないと答えるに決まっている。存在しないものを対象に含めることはそれなりの根拠があるのだ。まさに、それは、小括弧が団体の目的ではなく、団体に属する組織の目的を定めているものだからだ。行為の実行を共謀するに際し、その際に発生する警察官とのぶつかり合いにおいて、それの排除を容認していれば、公務執行妨害の実行を目的とすることになるのではないか。果たしてこのような判断をしてまでも、公務執行妨害の罪の実行を対象に含める必要はあるのだろうか。

対象集団を広げることとは、捜査の主観性を考慮すれば、運動への捜査機関の安易な介入を招くことになる。

（３）「必要な準備その他の行為」

次の問題は、「その共謀をした者のいずれかにより……行われた場合において」についてである。当初の修正案は、この部分について、「資する行為が行われた場合において」であった。つまり、「資する行為」を「必要な準備その他の行為」と再修正したのである。これについては、民主党案が「その犯罪の予備をした」としたことと無関係ではない。この民主党案を考慮し、それに近づけるためにこのように再修正したのであろう。内容的にはかなりの進歩である。「その他」とされたことについて、かなりの意見が出ているが、その前段階として、「必要な準備」を入れたことにより、それに見合う程度の要件を満たした行為が存在しなければ、「その他の行為」には該当しなくなったのである。よくなったときはそれなりの評価を加えるのが正しいと思う。

しかし、「必要な準備」といったとき、それはどの程度の準備を指すのであろうか。準備は非常に広い概念である。その意味では、それも考え方によっては、制限したことにはならないといい得るであろう。ここでの問題は、このような字句の問題ではない。構造の問題である。この部分は、犯罪の成立には無関係であり、裁判となったときに、裁判所が有罪判決を出すために必要なことを定めたに過ぎない。つまり、有罪判決には必要であるが、そうでない場合には必要ではなく、犯罪の成立には無関係であることに注意しなければならない。

犯罪は、「罪の遂行を共謀した」ことにより成立する。犯罪が成立すれば、捜査は可能である。客観的処罰条件の存在は必要ではない。

与党の修正案、再修正案は、すべてこの構造をとっている。これでは、「罪の遂行の共謀」により犯罪は成立するので、その段階で捜査が可能となり、被疑者は逮捕されることになる。まして、要件が非常に主観的であるがゆえに、さらに、その危険性は強くなってしまう。

このことは、犯罪の成否に無関係であるが、マスコミ報道では、これをあたかも犯罪の成否に関係あるかのように書かれ、主張されている。これでは、起草者の意図を誤解していることになる。マスコミは書かれた言葉の中からその真意を見出すべきであり、話された言葉と矛盾する場合には、その矛盾を書かれた言葉の観点から追求すべきであろう。現在のマスコミは、不勉強のせいであろうか、そのような観点が抜け落ち、話された言葉に重点を置いている。これは、国会での審議でもいえることである。法律の言葉は、言葉として意味を持っている。その言葉こそ大切である。その意味を確定し、その真意をただすことこそが大切であろう。

オーバートアクトを、客観的処罰条件としてはならない。犯罪の成立に必要だと言葉で説明するならば、それを書き言葉で担保すべきである。すなわち、「必要な準備その他の行為」の存在が犯罪の成立に必要であるならば、犯罪構成要件の部分を、「罪を共謀し、その実行に必要な準備その他の行為を行った者は」とすべきである。こうすることにより、行為の存在が構成要件となるのである。

（4）「自首減免」

内心の自由を侵害する共謀罪は、刑法の持つ基本的枠組みを根本から否定するものであり、共謀罪をどのように限定したとしても、その欠陥が正当化されるものではない。

与党の再修正案は、スパイ社会を招くと批判された自首減免規定に手を加え、「死刑又は無期若しくは長期５年以上の懲役若しくは禁錮の刑が定められている罪」については、実行に着手する以前に

北海道新聞　2006年（平成18年）5月15日（月曜日）

「共謀罪」法案　続く攻防

適用範囲「評価」と「懸念」

法学者に聞く

衆院法務委員会で採決をめぐり与野党の攻防が続く共謀罪の新設。「国際テロや組織犯罪防止に不可欠な法律」か。「人の心を監視し、自由を侵す危険な法律」なのか。賛否それぞれの立場に立つ法学者二人に聞いた。

■賛成派■

藤本　哲也　中央大教授

（刑事政策）

創設は「世界標準」

——なぜ、共謀罪新設の必要があるのですか。

国会でも二〇〇三年に承認された国際組織犯罪防止条約を締結するため、国内法を整備して共謀罪を新設しなければなりません。この条約は国際的なテロ、マネーロンダリング（資金洗浄）など、国際的な組織犯罪を防止するために〇三年に発効しました。

——海外の法整備はどうなっていますか。

今年四月の時点で、米、英など百十九カ国が共謀罪を創設し、条約の締結を済ませました。組織犯罪は綿密な計画を立て、実行性も高い。対抗するために、共謀段階から処罰するのは現代における刑事法の国際的な流れ、「世界標準」です。先進諸国は早期に締結することでリーダーシップを示した。国会で条約締結を承認したということは、共謀罪の必要性を認めたということです。にもかかわらず、先進諸国の中で日本だけが共謀罪を創設するかの議論にとどまっている。国の信頼、国際的な威信にかかわる問題です。

——政府案に対し、与党、民主党がそれぞれ修正案を出しています。

いずれの修正案にも「思想・良心の自由」「労働組合その他の団体の正当な活動」などを担保する配慮規定が盛り込まれました。共謀罪の規定を厳格に解釈することにつながるので、評価します。国民の一般的な社会生活上の行為に当てはめることはなく、表現・言論の自由が制約されるようなことはないと示されました。

——与党修正案に対し、民主党案はさらに対象となる犯罪、適用対象などを限定しています。

与党修正案に賛成です。民主党案は対象犯罪を「五年超の懲役・禁固に当たる罪」としたり、国際犯罪に限定したりしていますが、これは条約の規定に反します。国内の暴力団の抗争事件の共謀など、条約を締結した他の国で共謀罪に問われることが、日本では問われない。日本は外国から相手にされなくなります。

——実行前に自首すると、刑を減免する規定が「密告社会」を招いたり、共謀罪を捜査当局が恣意的に運用、判断するのでは、と国民は不安に思っています。

自首減免規定には、共謀罪を未然に防ぐ効果が期待できるのではないでしょうか。また、配慮規定は評価していますが、法案が成立した場合には、省令などの運用規定を通じて、運用する行政、司法が人権に十分配慮することは当然必要なことです。

（聞き手・勝田香織里）

■反対派■

足立　昌勝　関東学院大教授

（近代刑法成立史）

捜査側に都合良い

——与党は修正案で、適用対象をより限定し「組織的な犯罪集団」と明文化しました。

この「組織的な犯罪集団」については、補足の説明で「団体のうち、その共同の目的が（略）罪を実行することにある団体」とされています。解釈次第では、本来は犯罪とは無関係な団体が、ある一部門や一時点の言動をもとに当局に「罪を実行するために共同した」として「組織的犯罪集団」と判断される懸念はまだ消えません。

——その後の配慮規定でも「労働組合その他」の活動を妨げないと明言されていますが…。

この種の規定は人権を侵害する恐れがある法律でよく用いられます。決して乱用を戒める拘束力にはなりません。

——対象が六百以上にも及ぶ「懲役・禁固四年以上の罪」との規定では、与党側は譲りません。

国際組織犯罪防止条約でそう指定されている、というのが政府・与党側の論拠。ですが、日本の刑法は犯罪を広くとらえて法定刑を決めている。例えば、出来心の万引から凶器を用意した盗みまですべての窃盗が「十年以下」。だから条約通りに当てはめると、多くの犯罪が対象になる。諸外国では刑が細分化されていて、日本のように対象が広がらない。条約との整合性をとるなら、この部分だけ「留保」し、国内法で対応すると表明すれば問題はありません。

——そもそも共謀罪は日本の刑法体系を崩す、との指摘があります。

現在、日本の犯罪には三つのタイプがあります。第一は「既遂」で初めて処罰される犯罪で、大半がこれにあたる。第二は「既遂」に加え「未遂」でも処罰される犯罪。第三のタイプは既遂、未遂のほか「予備」段階で罰せられるもので、殺人、強盗などひと握りの重大犯罪が対象です。「共謀」は予備の前の段階。つまり共謀罪が導入されたら、予備や未遂で罰せられない大多数の犯罪が、それ以前の共謀で摘発されることになります。

——具体的にどんなことが起きるでしょう。

例えば東京で三年前、公園のトイレに「戦争反対」と落書きしただけで建造物損壊で逮捕・起訴された事件がありました。あのケースで仮に事前の話し合いがあったとすれば、その集団をどう判断するかにもよりますが、落書きをしなかった人も根こそぎ逮捕される恐れがある。建造物損壊には予備罪も未遂罪もないのに、共謀罪で摘発できる。捜査する側には常に都合の良い法律です。

（聞き手・三浦辰治）

■「共謀罪」をめぐる各案の比較■

	原法案	与党修正案		民主党修正案（４月27日提示）
		今年２月提示	５月10日提示	
適用対象	団体	共同の目的が罪を実行することにある団体	組織的な犯罪集団	組織的犯罪集団が国際的な犯罪にあたった場合
「共謀」の処罰に必要な行為	なし	犯罪の実行に資する行為	犯罪の実行に必要な行為	犯罪の予備行為
対象犯罪	懲役・禁固４年以上の犯罪（619種類）	同左	同左	懲役・禁固５年以上の犯罪（306種類）
配慮規定	なし	思想・良心の自由を侵すようなことはあってはならず、かつ団体の正当な活動を制限するようなことはあってはならない	思想・良心の自由並びに結社の自由その他日本国憲法の保障する国民の自由と権利を不当に制限するようなことがあってはならず、かつ労働組合その他の団体の正当な活動を制限するようなことがあってはならない	思想・信教・集会・結社・表現・学問の自由・勤労者の団結・団体行動をする権利その他日本国憲法の保障する国民の自由と権利を、不当に制限するようなことがあってはならず、会社、労働組合その他の団体の正当な活動を制限するようなことがあってはならない

『北海道新聞』2006年５月15日

自首した場合には、その罪を減軽又は免除すると修正した。

その真意はどこにあるのであろうか。民主党案では、自首減免規定が適用されるのは、「死刑又は無期の罪」である。与党再修正案は、これに引きずられたのであろうか。まったく真意不明の規定である。

もし共謀罪の重さで分けるならば、一号と二号に分けて規定されている罪の重さに着目し、それに応じた自首減免規定であれば、それなりに論理的であり、説得力があるだろう。その点においても、1年引き上げた理由は不明であり、その根拠はどこにあるかも分からない。

また、3項として、思想・良心の自由、結社の自由のような国民の基本的人権に対する不当な制限と労働組合などの正当な活動に対する制限を戒める規定をおいている。これは、修正案にあったものをさらに広げ、労働組合などの団体の活動への介入を制限しようとしたものである。

ところで、このような規定は、法律そのものが基本的人権を侵害するものであるから、敢えてそのようなことがないように、注意的に規定したものである。その例としては、軽犯罪法を見れば明らかである。

このような規定が存在するから、労働組合の活動には適用されないと思う運動家は誰もいない。そんなことは夢物語である。法文上、「あってはならない」と規定され、「してはならない」とはされていない。それが注意書きなのである。本当に適用しないならば、「制限してはならない」と規定し、その違反に対しては、罰則が規定されるはずである。しかし、そこまでも捜査機関を制限することはできないのだ。だから、「制限することがあってはならない」と規定したのである。

このような規定があるからといって、権力行使が制限されたと考えるのは、誰一人として存在しないであろう。１項での適用が人権侵害規定であるからこそ、このような規定がおかれたのである。だまされてはいけない。すでに述べたように、この再修正案は、組織犯罪団体に限定したものではなく、どのような団体にも適用可能性を残したものである。

3　与党再々修正案批判

（1）２００６年5月19日、与党は、法務委員会において、再々修正案を野党側に提示した。この修正案で、質疑打ち切り、採決の強行を行なう手はずになっていた。しかし、現実には、小泉首相の働きかけと河野議長の斡旋により、強行採決は回避された。

再々修正案の内容は、次のとおりである。

第６条の２　次の各号に掲げる罪に当たる行為で、組織的な犯罪集団の活動（組織的な犯罪集団（団体のうち、その結合関係の基礎としての共同の目的が死刑又は無期若しくは長期五年以上の懲役又は禁錮の刑が定められている罪又は別表第一（第一号を除く。）に掲げる罪を実行することにある団体をいう。）の意思決定に基づく行為であって、その効果又はこれによる利益が当該組織的な犯罪集団に帰属するものをいう。）として、当該行為を実行するための組織により行なわれるものの遂行を共謀した者は、その共謀をした者のいずれかによりその共謀に係る犯罪の実行に必要な準備その他の行為が行われた場合において、当該各号に定める刑に処する。ただし、死刑又は無期若しくは長期五年以上の懲役又は禁錮の刑が定められている罪に係るものについては、実行に着手する前に自首した者は、その刑を減軽し、又は免除する。（下線は、再修正案を修正した部分である。）

この法文から、再々修正案は、再修正案をほとんど修正していないということが明らかになる。当初の政府案と比較すれば、大きな違いがあるが、すでに一度再修正案を提示し、その検討を行なった立場から見れば、この修正には大きな意義を認めることはできない。

（2）「組織的な犯罪集団」は変わったか

基本的には、何も変わっていないであろう。

再々修正案には、「共同の目的」の前に、限定するものとして「結合関係の基礎としての」が加えられている。この言葉を加えたからといって、限定されたわけではない。

単純に理解すれば、二人以上の組織において、その組織の基礎となっている共同の目的がこれらの罪等を実行することにあるものを指しているのである。「再修正案批判」で明らかにしたように、「団体」という言葉は、A株式会社、B銀行、C団体、あるいはD興業など大きな組織そのものだけではなく、その大きな組織の中に存在する、小さな組織も含んでいる。会社でいえば、部、課、係などがこれに当たる。また、すでに明らかにしたように、それぞれの組織の「結合関係の基礎としての共同の目的」といえば、その課や係の目的であろう。それは、会社の方針に規定されつつも、その課や係で決定できるものである。そのように考えると、この「結合関係の基礎としての」を加え、共同の目的を限定したとしても、内容的にはなんら変更がないことになる。

４　改めて共謀罪を問う

（１）　第１６４回通常国会は、２００６年６月18日に終了した。他人の意見も聞かず、独善的な主張を繰り返し、アメリカの下僕と成り下がった小泉首相が首相として臨む最後の国会であった。「格差社会を実現する」という小泉改革の総仕上げの国会である。そこでは、「改革」のために積み残されたことを実現すれば、首相にとって、「改革」は完了する。

共謀罪法案は、第１６２回通常国会で審議が始められ、解散による廃案を経て、その後の第１６３回特別国会に、まったく同様な政府案が提出・審議され、その動きが、継続されていた。すでに、法務委員会での審議時間数だけは、40時間を越えているらしい。

したがって、時間数だけからすれば、いつでも強行採決の危機は存在した。２００５年の総選挙で与党が圧勝した結果、その危機は倍増していた。しかし、共謀罪法案に対する国民の批判は日を追うごとに強まり、強行採決の機会を与えることはなかった。

アキバでも　共謀罪の賛否を問うシール投票（06年10月22日）

この法案については、実質的には、すでに法務委員会の手を離れ、国会対策委員会に委ねられていた。２００６年5月19日に予定された強行採決は、小泉首相の「鶴の一声」と河野衆議院議長の斡旋により否定され、与野党間で協議を継続することになった。

又、２００６年6月1日には、細田自民党国会対策委員長の「民主党案丸呑み」提案がなされ、翌日に採決の危機があったが、民主党の抵抗により、その奇策も泡と消えた。

従来、法務委員会での審議を通じて、法務省や与党は、「民主党案は条約を逸脱している」と指摘していたにもかかわらず、唐突に丸呑みするといっても、「はい、そうですか」とはいかない。

このように、当初提案された政府案は、すでにずたずたにされ、与党の一角を占める公明党からも修正要求が出ている。にもかかわらず、２００６年6月16日の法務委員会で、この共謀罪法案の継続審議が賛成多数で決定され、この国会で提出された与党の修正案や民主党案もすべて廃案とされてしまった。

では、法務委員会は、これから「何」を審議しようというのであろうか。継続されるのは、政府案だけであり、提出され、審議された与党案も、民主党案も、継続されることはない。継続審議の対象となるのは、「政府案」だけである。しかし、「政府案」は、すでにずたずたにされ、誰しもがそれには賛成していない。おかしな現象である。最終的に残っている与党案と民主党案の継続審議を決定すれば、このような矛盾を生じることはなかった。

又、新たな問題として、本当に条約上、共謀罪を新設することは必要なのであろうか。条約では、参加罪か共謀罪の二者択一である。「共謀罪ありき」の議論ではなく、どちらを採用するかの議論から、国会でなされなければならない。さらに、『立法ガイド』の内容も紹介され、参加罪や共謀罪ではない、別の方法も可能であることが明らかになりつつある。

　このような現状において、法務委員会は、共謀罪法案を継続審議とした。この継続審議を提案した与党は、その大義名分をどこに求めているのだろうか。継続審議を提案し、多数の横暴で可決した与党は、これだけ国民的関心が高まった法案の継続審議の必要性について、納得いくまでの説明責任を果たさなければならない。

　すでに述べたように、政府が提案した共謀罪法案については、内容的にはすでに廃案にされたものとみなされ、それを提案した法務省に対しても、解決すべき更なる条約上の問題が宿題として残された。

　２００６年当時においても、この共謀罪法案の行く末は、廃案しかない。与党は、当時の国民的関心の深刻さを理解し、英断を持って廃案の道を選択すべきであった。

　筆者は、２００６年６月15日、私のホームページで、「小泉首相。あなたは、この法案に、『鶴の一声』を発した。自民党の総裁として、もう一度『鶴の一声』を出し、新しい総裁の下での解決を提案したらどうだろうか。それは、廃案への決断だ。」と書いた。現在でも、この気持ちは変わっていない。

（２）　今一度考えよう。「共謀罪の本質」を！

　筆者は、これまで、何回も話したり、ものを書いたりして、共謀罪が日本の刑法体系にはまったく

、〈一億二千万人　共謀の日〉がはじまった（06年６月10日）

合わないことを主張してきた(5)。

共謀は、二人以上の者が犯罪の遂行を相談し、その相談がまとまったことにより成立する。これは、共謀を行った者の内心の問題であり、単独で犯罪の遂行を計画する場合と同じである。これだけでは、犯罪の準備も行わず、予備行為も行っていないので、外部的にはなんらの害悪も惹起してはいないし、その危険性すらない。それにもかかわらず、政府案のように、「長期４年以上懲役又は禁錮を定めている罪」を共謀罪の対象とした場合、建造物損壊罪のように、既遂しか処罰されず、未遂や予備が処罰されない犯罪に共謀罪が成立することになる。未遂や予備が処罰されないのに、それより以前の共謀がなぜ処罰されるのかという問いに対し、政府側は明確な答弁をしていない。ただ「条約による」と答えるのみである。このような既遂のみが処罰され、未遂や予備が処罰されず、共謀は処罰されるという処罰の「中抜け現象」は、対象となる６１９の犯罪のほとんどに当てはまることである。このような人権侵害の危険性が指摘されている法案については、政府は、法案を無理やり通そうとするのではなく、合理的な、誰でもが納得できる説明をする必要があるであろう。

ここでは、別の側面から、共謀罪の本質に触れておこう。

従来の刑法は、市民社会を対象としたものであり、それで十分であった。ところが、跨国組織犯罪条約は、各国に対し、組織的犯罪に対する共通した処罰を行おうと提起している。この提起を受け、それぞれの国は、条約の要請にこたえる範囲で国内法の整備を行い、条約を批准している。そこでは、何も、すべてを条約どおりにしているわけではないことに注意する必要がある。

この問題を新自由主義との係わり合いで論じたり、治安政策のグローバル化の問題として捉える論者もいるが、それは共謀罪法案の本質を見失う危険性がある。共謀罪法案の本質は既に述べたとおりであり、刑法の根幹にかかわるものである。それは、新自由主義であろうが、どのような経済政策であろうが、登場してきたからには粉砕するだけである。国際的には多くの国があり、豊かな国と貧しい国がある。それらを一つの条約で規制するときに、新自由主義という特定の価値基準で締めくくれるものではない。

また、そこに治安政策のグローバル化を見出そうとする見解も、藤本哲也中央大学教授が国会の参考人として述べ、新聞でも述べている「共謀罪処罰はグローバルスタンダードだ」という見解に対して対抗する論理を失ってしまう。治安政策がグローバル化され、日本もそれに飲み込まれた場合、そこでの処罰基準もグローバル化されたものにならざるを得なくなってしまう。いかにして反対できるのか。さらに、それらの見解は、先進国としての日本、Ｇ８の一員としての日本の立場からの意見ではないだろうか。もっと、世界の国々の事情を考慮しなければならず、その中での共謀罪法案と考えるべきだろう。

さて、共謀罪を中心として作られ、あるいは作られるべき刑法と従来の刑法とは、どのような係り合いがあるのであろうか。

筆者は、これらはまったく別物であると考えている。市民社会を規律する刑法（市民刑法）と跨国的な組織犯罪を規律する刑法（組織犯罪刑法）は、同じであるはずがなく、別のものでなければならない。もし別のものであるならば、組織犯罪刑法は、対象を跨国的な組織犯罪に限定しているので、市民社会に適用されてはならない。しかし、今回の政府案では、６１９の市民社会の行為が組織犯罪刑法の対象とされてしまう。

組織犯罪刑法は、本来、存在しないほうが良いに決まっており、跨国組織犯罪条約は批准する必要もないと考えるが、条約の批准とそれに伴う立法が仕方なく行われる場合、その対象は、あくまでも限定的であり、市民社会における行為に及ぼしてはならない。

従来、組織犯罪は、市民法である国内法で規律されてきた。そこには、各国のさまざまな事情が色濃く反映されている。しかし、組織犯罪の跨国性が問題となり、世界で共通した対策を行おうとしたのが条約であろう。したがって、それを根拠に制定される組織犯罪刑法は、本来的に予定されている組織犯罪に限定されるべきであり、その刑法の効力が市民社会に影響を及ぼしてはならない。

条約では、条文上、共謀罪か参加罪の立法化が義務化されている。もしこのどちらかを立法するとした場合、何を共謀した場合か、どのような組織犯罪集団に参加した場合かを十分に検討しなければならない。この場合、共謀における「何」や組織犯罪集団における「どのような」は、市民刑法に影響を与えないものでなければならない。つまり、組織犯罪に限定された立法でなければならないということである。

そのような限定的な組織犯罪刑法が想定できないようであれば、そもそも、条約が無理を要求しているのであり、そのような条約に従う義務は存在しないことになる。

5　自民党によるテロ等謀議罪の登場

（1）衆議院で3分の2以上の議席を持ち、どのような法案でも通過させられる議会において、国民世論の反対で法案を成立させられない政府のふがいなさに業を煮やしたのか、自民党法務部会は、２００７年2月6日、単独で、共謀罪法案の検討に着手し、たった数回の議論で、同月27日に「修正案要綱骨子（素案）」を小委員会として了承した。

２００７年2月6日の読売新聞によれば、跨国組織犯罪条約は、「テロや暴力団などの組織犯罪の未然防止のため、条約は共謀罪創設を義務づけている」が、政府案では対象犯罪が広すぎ、「捜査当局による乱用の懸念」が指摘されてきた。そこで、従来の方針を転換し、「条約解釈にはとらわれず、組織犯罪の未然防止の目的で対象犯罪を選び出すこととした」。

その解説で、読売新聞の久保総一郎記者は、その「背景には、テロや暴力団など組織犯罪の撲滅を目指す法案本来の目的に立ち戻る」ものであると書いている。

この久保記者の記事の書き振りは、自民党筋からのリークを想像させるものとなっている。

そもそも共謀罪法案の提案理由は何であったのかを今一度想起しておかなければならない。それは、跨国組織犯罪条約の批准に伴う国内法整備の一環として提出されたものであり、その原案を審議した法制審議会刑事法部会において、法務省は、国内において立法事実は存在しないことを明言していた。

「法律の一人歩き」はよく指摘されることであるが、この共謀罪法案では、「法案の一人歩き」が始められた。

共謀罪法案の目的をテロや暴力団などの組織犯罪対策におくことは、審議を通じて自民党や法案賛成派が主張しだしたことであり、「法案本来の目的」には含まれていない。

そのことから明らかなように、久保記者の解説記事は、法案そのものを理解するのではなく、自民党的に理解した結果生まれてきたものである。

このように法案を勝手に理解し、国民を誤導することは、マスコミ人としては許されない行為である。マスコミは、客観的事実を正確に伝えることを任務としているのであり、事実の正確性を欠いた報道はマスコミの根幹を否定するものである。

(2) ２００７年２月27日に了承された『条約刑法検討に関する小委員会』における検討結果(案)」によると、「修正案の概要」として、６点が指摘され、その内容は次のとおりである。

① 「組織的な犯罪の共謀罪」という名称の修正

テロ等の重大な組織犯罪による甚大な被害の発生を防止するために、「謀議」の段階で処罰することを明確にするため、「テロ等謀議罪」の罪名に修正する。

② 対象犯罪の限定

対象犯罪を、「現実にテロ組織等の組織的な犯罪集団が実行するおそれがあり、ひとたび実行されると重大な結果が生じてしまうため、その防止のために、実行前の謀議の段階で処罰することが真に必要であると考えられる犯罪」に限定する。具体的には、「テロ犯罪」「薬物犯罪」「銃器等犯罪」「密入国・人身取引等犯罪」「資金源犯罪など、暴力団等の犯罪組織によって職業的又は反復的に実行されるおそれの高い犯罪」に分類し、それぞれに該当する犯罪を別表で列挙する。

③　「テロ等謀議罪」の対象となりうる団体の限定

結合関係の基礎としての共同の目的が「テロ等謀議罪」の対象犯罪等を実行することにある団体に限定する。

④　「共謀」の意味の明確化

具体的な謀議がなければ共謀に当たらないことを明確化するため、「具体的な謀議を行い、これを共謀した者」と改める。

⑤　「共謀」だけでは逮捕も勾留も処罰もされないものとすること

「実行に必要な準備その他の行為」を処罰条件とし、逮捕・勾留要件とする。

⑥　運用上の留意事項を明記

思想・良心の自由等、憲法の保障する自由・権利の不当な制限の禁止を明確化する。

これらは、「修正案要綱骨子（素案）」としてまとめられている。以下においては、上記６点の修正提案を、「修正案要綱骨子（素案）」に基づき批判的に検討する。

まず、これら６点の修正提案のうち、目新しい提案は、②の「対象犯罪の限定」だけであり、それ以外については、すでに衆議院法務委員会での審議を通じて、自民党と公明党が協議した「修正案」

として野党側に提示したものであり、無視してもかまわないものである。

そもそも、この「修正案要綱骨子（素案）」が修正の対象としたものは、多分、国会に提出された政府案であろうと推測される。したがって、この「修正案要綱骨子（素案）」は、すでに法務委員会での審議の中で加えられた修正をそのまま取り入れ、それをあたかも独自に修正を加えているかのような幻想を与える構造をとっているが、当時の修正案に加えられた批判はそのまま当てはまるのである。

①の罪名変更について。これは、④の「共謀」の意味の明確化にかかわる主張であるが、④の主張と一致していない。④では、「共謀」の前提としての「謀議」が存在しなければならないことをはっきりと示し、「目配せでは共謀に当たらない」ことを明確化しようとしているが、①では、「謀議の段階で処罰する」ことを理由として、「謀議罪」と変更すると主張している。「謀議」は「共謀」の前提であり、「謀議」のない「共謀」はあり得ない。これが④の主張である。「謀議」の段階での処罰を認めてしまうと、まだ「共謀」とは認定できないものまでもが処罰されることになり、犯罪の成立時期、すなわち処罰の段階が大幅に早まり、処罰範囲を大幅に拡大するものである。

罪名は、構成要件としての行為を示している。共謀罪での「行為」は、「犯罪の遂行の共謀」であり、「修正案要綱骨子（素案）」でも、「犯罪の遂行について具体的な謀議を行い、これを共謀した者」となっているので、「共謀罪」の名称しか存在せず、修正はあり得ない。

②の対象犯罪の限定について。これについては、「修正案要綱骨子（素案）」では、２⑴で、「テロリズム等組織的な犯罪」を括弧の中で定義し、「別表第３に掲げる罪に当たる行為で、組織的な犯罪

強行採決攻防の渦中の緊急院内集会で発言する（06年５月17日）

集団の活動として、当該行為を実行するための組織により行われるもの」とした。

この別表による列挙方式を採用したことについて、「検討結果（案）」では、条約は国際的な組織犯罪を防止し、これと戦うための協力を促進することを目的としているので、「『テロ等謀議罪』の対象犯罪は、現実にテロ組織等の組織的な犯罪集団が実行するおそれがあり、ひとたび実行されると重大な結果が生じてしまうため、その防止のために、実行前の謀議の段階で処罰することが真に必要であると考えられる犯罪に限定する」と説明している。

ここでは、条約を根拠とするといいながら、条約とは無関係なことまで規定しようとしている。すなわち、目的と理由が齟齬をきたしている。条約はテロ犯罪を含めていないことは明白である。このことは、２０００年には国連で包括的テロ防止条約の審議が跨国組織犯罪条約の審議と並行して進められ、跨国組織犯罪条約成立後の、２００２年の国連総会で、小泉首相が、「包括的テロ防止条約」の早期締結を訴えていることからも明白である。また、跨国組織犯罪条約の『立法ガイド』にも、「この条約にはテロ活動を含めない」ことがはっきりと書かれている。

さらに、別表による列挙方式を提案した。これは、非常に重大な内容を含んでいる。衆議院法務委員会での審議で、条約の要請で、「４年以上の自由刑が規定されているものが重大犯罪である」との前提で、犯罪の個別的評価は条約では許されていないと外務省や法務省は答弁してきた。別表による列挙方式はこの主張を否定し、列挙方式でも条約に適合すると主張している。現に、この修正提案に対し、浅野勝人外務副大臣は、「法案が成立すれば、批准に向けて努力したい」と述べ、条約との適合性につき、肯定的に評価した（『朝日新聞』２００７年３月２日）。

このような「修正案要綱骨子（素案）」で条約が批准できるとすれば、従来の政府答弁は、根本的に再考されなければならない。これを根拠に、国内法体系と条約との関係を根本から議論しなおす必要があるだろう。

自民党法務部会の小委員会は条約についての議論を行っていない。そこで条約を勝手に理解し、テロリズムが主要な敵であると理解してしまった。小委員会は、今一度原点に立ち返り、条約と国内法との関係から議論すべきであろう。

③の団体の限定について。「修正案要綱骨子（素案）」は、団体の限定につき、「『団体』とは、結合関係の基礎としての共同の目的を有する多数人の継続的結合体であって、その目的又は意思を実現する行為の全部又は一部が組織により反復して行われるものをいう」とし、「組織的な犯罪集団」につ

いては、「団体のうち、その結合関係の基礎としての共同の目的が別表第１又は別表第３に掲げる罪を実行することにある団体をいう」としている。

これらの限定の主張は２００６年春の段階でなされたものであり、既に加えた批判はそのまま当てはまる。

④の共謀の意味の明確化についても、すでに提起されたものの再現であり、評論に値しない。⑤、⑥についても、同様である。

（3）この「修正案要綱骨子（素案）」が従来の見解に修正を加えたものは、次の2点に限定することができる。

まず、別表による列挙方式の採用についてである。これは、法務省あるいは外務省の、条約批准にとっては、条約が要請する「4年以上の罪」を対象犯罪にしなければならないとしてきた従来の主張を根源的に否定するものであり、条約との整合性が問題となる。この骨子のような主張が通るのであれば、それこそ、条約そのものの検討からはじめるべきであり、条約を前提としたという「政府案ありき」の発想は、もはや通用しないであろう。

二つ目の「テロ等謀議罪」の提案についてである。そこでは、対象犯罪を「テロリズム等組織的な犯罪」に限定したと主張しているが、それは、その主張が間違っており、逆に共謀罪法案が必要ないことを明らかにしてしまった。そもそも、条約はテロリズムを対象とはしていない。テロを対象とするという主張は、国内法論議の中で賛成派が勝手に主張しているものである。小泉が、国連総会において、包括的テロ防止条約の必要性を訴えていることからも、明らかであろう。また、条約の立法ガイドラインの中にそのことは明白に書かれている。このような間違った根拠で作成された修正案は、一顧だに値しないものであることは明白である。

ここでは、「共謀罪」という名称を止めて、「謀議罪」を提案しているが、この提案は、無知をさらけだしたもの以外の何者でもない。罪名は行為であらわすものである。「謀議」は、犯罪の成立要件である「共謀の遂行」の中で行われるものであり、「謀議」を経過して「共謀」が成立するのである。したがって、「謀議罪」ではこの犯罪を示すことはできず、「共謀罪」でなければならないのだ。

6 共謀罪法案粉砕の歴史的意義

(1) 民主党政権が誕生したことにより、共謀罪法案が再上程されることはなくなった。衆議院解散に伴う廃案は、共謀罪の法律化を阻止したのである。

立案当初から矛盾を抱え、国会での審議に入ってからもさまざまな修正を加えざるを得ないほどずさんな共謀罪法案は、決定的に粉砕され、二度と日の目を見ることはなくなった。

刑法や刑事訴訟法などの基本法を改正する場合には、法制審議会の審議を経ることが通例化されている。既に述べたように、共謀罪法案も例外ではない。通常の例で考えた場合、法制審議会の答申を得た草案は法務省で法案化され、内閣提出の法案として国会に提出され、審議される。かつて世論を二分した盗聴法法案でも、同様な過程をたどっている。

今までに、法制審議会から答申された草案が法律化されなかった例は、1974年に答申された改正刑法草案だけである。しかし、この改正刑法草案に対しては反対運動が強く展開され、法務省は、社会的合意を形成するため、日弁連との話合いを持ったが、粉砕されて合意に至らず、結局、法案化を放棄せざるを得なかった。

それに対して、共謀罪法案は、法制審議会からの答申を経て立案化された法案でありながら、結局は粉砕され、廃案となってしまった。

これは、歴史的に最初の事例であろう。

衆議院で3分の2以上の多数を擁した自民・公明の与党は、たとえ参議院で否決されたとしても、衆議院での再議決で通過させることは可能であった。その方針すらも取れなかったのは、共謀罪法案をめぐる社会的批判が強く、それに応えるだけの自信が与党にはなかったのであろう。

それは、世論を無視して法制審議会を通し、法案化を強行に推進した当然の帰結である。法務省は、成立のために、限られた範囲内での賛成派を総動員した。国会での参考人には、法制審議会刑事法特別部会で委員となり、賛成に投票した川端博氏や安冨潔氏を採用せざるを得なかった。これは、自己が作成した原案を自ら説明しているのだ。本来中立的立場の委員が政府に肩入れした決定的瞬間である。また、刑法の専門家ではなく、単なるアメリカ一辺倒の刑事政策研究者の藤本哲也氏を登場させた。これは、刑法学会内において、だんまり派は多いが、積極的賛成派は少なく、参考人の人選に苦労した結果であろう。

藤本氏は、陳述で「組織犯罪に対抗するには、犯罪の共謀の段階から処罰するというのがむしろ現代における世界標準である」と言い、質問に「これらの国がこの条約を締結しているということは、この共謀罪を制定することに合意しているという共通の基盤があるわけです」「G８の国では我が国だけが、まだこの国内法の整備の段階でこうした議論をしている段階でございます」と答えている（法務委員会議録22号参照。その見解をさらに分かりやすく説明したものとして、藤本「創設は『世界標準』」『北海道新聞』２００６年5月15日がある。本書31頁）。

ここには、重大な虚偽が述べられている。条約を批准した１１９カ国を指している「これらの国」では、「共謀罪を創設し、条約の締結を済ませ」たとの指摘は、事実を捻じ曲げている。法務省のホームページにおいてすら、ドイツとフランスは共謀罪ではなく、結社罪・参加罪であることを明らかにしている。彼は、条約を締結した１１９カ国で、どのような法律が作られ、どのような共謀罪が導入されているのかを説明する責任があるだろう。もしその説明ができないのであれば、国民の信託を受けた国会で虚偽の発言をしたことになり、その責任をどのように取るのであろうか。同じ刑法学会員の一人として、その動向に注目している。

また、世論を喚起するために、尾崎久仁子元国連薬物犯罪事務所条約局長に条約批准の必要性を執筆させている（『刑事法ジャーナル』２００７年Ｖｏｌ．９）。彼女は国連の条約局長であり、一国内の事情にかかわっていられるものではない。日本で書いたと同じことを頼まれれば、すべての依頼国に同様なことをしなければならなくなってしまう。また、彼女は外務省の役人であり、刑法の専門家ではない。日本の刑法の実情を知らずして発言するずうずうしさに驚くだけである。登場したほうもそうだが、そのようなものを登場させざるを得なかった法務省も哀れである。

古谷修一早稲田大学教授は、『警察学論集』61巻6号に「国際組織犯罪防止条約と共謀罪の立法化―国際法の視点から―」を発表している。国際法の専門家を自負する者からの共謀罪必要論の主張であるので、詳細に批判を加える。

跨国組織犯罪条約を理解するに際し、概念の厳格な検討は必ずしなければならない。それは、従来概念の厳格性を問題にしてこなかった国際法分野においても、古谷氏自らが認めるように、条約は、「犯罪化については、組織的な犯罪集団への参加、資金洗浄、腐敗行為、司法妨害などを国内法上犯罪とすることを求めている」（144頁）が、この条約は、「重大な犯罪の共謀行為、組織的な犯罪集団への参加といった包括的な行為を問題としている点に留意しなければならない」とし、「この条約はテロ諸条約に代表される従来の国際刑事協力の枠組を一歩踏み出して、各国の刑事実体法の中身とその運用の統一を図ることを意図している。」（145頁）

古谷氏は、国際法とりわけ国際公法と国際刑事法の専門家を自負しているのであることから、当然のように、『立法ガイド』の翻訳については、外務省の仮訳を使わず、自己の翻訳を使っている。

しかし、国際刑事法という学問領域がどのようなものであるかについては不分明であるが、少なくとも、刑事実体法にかかわる部分については、近代刑法で確認された諸原則が適用されなければならない。これに関連した、ここでの問題は、「概念の明確性」であるが、これは、研究者の研究精神の問題でもある。

ところが、古谷氏は、そもそも概念の厳格性が分かっていないようである。

transnationalについて、古谷氏は、何の疑念も持たずに、「国際」と翻訳している。この言葉は、この条約の性質を決定する重要な要素であり、その概念は、厳格に解釈されるべきである。私は、国連条約での正文の一つである中国語訳での「跨国」を用いるが、「越境」を用いたとしても、直ちに間違いとは言い切れない。しかし、「国際」とは決定的な違いがある。日本では、日弁連をはじめとして、「越境」が幅広く使用されており、古谷氏自身も知りうる立場にあろう。にもかかわらず、概念規定もせずに、「国際」という訳語を当てること自体が、研究者の態度ではない。

彼には、transnational が「国際」であることを立証する責務が存在し、これは、今後の宿題であろう。

条約5条は、共謀罪の制定か団体への参加の処罰かという二者択一なのか、あるいは第三の道を認めているのかについて、古谷氏は、『立法ガイド』を引用しながら、前者しかないと結論付けている。

彼によれば、解釈上の問題が発生しているのは、『立法ガイド』51節に出てくる

the introduction of either notion- conspiracy or criminal association-

という言葉のあいまいさに依拠している。しかし、以下の四つの根拠から、彼は、「共謀か犯罪の結社のいずれか一つは導入しなければならないという理解が正しい」という（149頁）。

① 条約5条を「用語の通常の意味」にしたがって解釈した場合、その概念の名称を問わないとしても、（5条の）いずれかを、国内法上犯罪とすることを義務づけているとしか解釈できない。

② 48節から51節に至る全体の流れを踏まえれば、共謀と犯罪の結社の両方を導入しなくても良いという趣旨であると理解することは困難である。

③ フランス語訳では、明らかに「どちらか一方」を意味するものと解釈できる。

④　国連薬物犯罪事務所条約局が、こうした解釈を確認している。

そこで、これらについて検討を加えよう。

まず、①について。「故意に行われた次の行為を犯罪とする」という本文の「次の行為」を規定しているものが条約5条1(a)の「次の一方又は双方の行為」であることから、その文理解釈として、「どちらか一方の犯罪化」が必要であるとの結論は正しいように思われる。ただし、古谷氏の言うような「用語の通常の意味」からの結論ではないことを付言しなければならない。このような意味不明なものを解釈基準とすること自体、彼が、刑事法研究者ではないことを鮮明にしている。

しかし、5条では、それに続けて、「故意に行われた次の行為を犯罪とするため、必要な立法その他の措置をとる。」としているのである。問題は、「必要な立法その他の措置をとる」という文章の解釈の問題であろう。

これの意味するところは、立法だけを義務づけているものではなく、立法は「必要な措置」の例示とされているに過ぎない。したがって、『立法ガイド』は、その意味を明確にするため、第3の道を認めたものであり、「どちらか一方の犯罪化」が正しいという結論には、到底到達し得ないものである。

②について。このようなあいまいな理由で立法が容認されるとすれば、そのこと自体が大問題である。刑事立法には、厳格な要件事実の存在が必要であり、処罰に値する事実が存在しない場合には、立法自体が無意味なものである。

48節から51節の流れを見ると、彼とはまったく逆の結論に到達せざるを得ない。

ここでは、立法形式としての大陸法と英米法の存在を前提とし、これに与し得ない第三国の存在も容認している。そのことを前提とすれば、51節の結論では、それに相応する第3の道が容認されてもおかしいものではなく、それこそが、論理必然的な結論であろう。

③について。それについて言うならば、フランス語だけの問題ではなく、他の国連公用語（正文）での言葉も検討されなければならない。ちなみに、中国語では、次のように規定している（本来は簡体字であるが、便宜上、繁体字とした）。

選択使得在対有組織犯罪集団採取有効行動的同時不要求不存在相関法律概念的国家採用共謀概念、或犯罪参与的概念。

この場合、「不要求」をどのように理解するかにかかっているのであろう。

④について。これについては、検討する必要性が存在しない。国連薬物犯罪事務所条約局が、どのようにこれを確認したのかについて、その経緯がまったく不明であると共に、国の問い合わせに対する回答でしかないからである。

（2）　昨年8月の総選挙においては、戦後日本のあり方を牛耳ってきた自民党政権が倒れた。これを倒したのは、自覚をもって投票行動をした民衆の力である。かつてのようなお金で買収され、実力者の意向に沿って投票していた者が自律し・自立した結果である。

自らの社会のあり方は自らが決定する。これは、民主主義社会の基本的ルールである。今までは、この基本的ルールが登場することはめったになかった。しかし今後はしばしば登場するであろう。自我に芽生えた市民は、自律し・自立した。それを基本にした社会は、他律的に法制定するのではなく、自律的に行うであろう。たとえ条約を根拠としても、条約適合性だけではなく、国内的事情を考慮した憲法的枠内での立法が考慮されなければならない。

かつて刑法「改正」は阻止したが、その後の立法で、刑法「改正」で企図されていたことの多くが実現してしまった。このことは、総合的に考えた場合、刑法「改正」阻止運動の限界を露呈したものである。

それに対して、共謀罪法案粉砕の闘いは、市民運動の新たな地平を勝ち取った。今後は、刑法「改正」阻止運動の轍を踏まないように、共謀罪法案の背後にあり、その本質をなしていたものについては、法律名が異なっていようが、断固として粉砕しなければならない。そのためには、新たに獲得した地平に立った運動を推進していかなければならない。

むすび

共謀罪の存在は、我々にとって、害であり、益ではない。条約の内容を離れ、ここまで共謀罪の制定にこだわることの背景を、自律した市民は、すでに見抜いている。

共謀罪法案反対の闘いは、シンプルに行われた。最高裁で有罪が確定したトイレ落書き事件を例にした場合、この建造物損壊罪は既遂しか処罰されない。ペンキで壁に落書きを書こうとする行為（未遂）や落書きのペンキを買う行為（予備）は処罰されることはない。それなのに、ペンキで壁に落書きをしようと相談するだけ（共謀）で処罰されるのであろうか。このような問いかけは、シンプルであり、非常に分かりやすい。生活に直結したものだからである。この闘いから得られた結論の一つとして、「闘いはシンプルに、思想は高邁に！」をあげておこう。

日本には、組織犯罪を規制する法律として、暴力団対策法、団体規制法、さらには、破壊活動防止法が存在している。もし条約を批准するとしても、これらの法律で対応すれば十分である。なぜ、条約の条件をすべて完全に満たそうとするのであろうか。

条約をそのように厳格に考える国はどこにも存在しない。国内法で許された範囲で批准すれば足りるのであろう。

刑法体系に矛盾し、刑法体系を根本的に変質させる、こんな悪法は、永久に葬り去らなければならない。

［注］

（1）『民主党政策集ＩＮＤＥＸ２００９』２００９年7月23日、12頁～13頁。

（2）この条約の呼称については、「国連国際組織犯罪条約」と「国連越境組織犯罪条約」が使用されているが、私は、その名称として、「国連跨国組織犯罪条約」が適切であると考える。それは、条約上の正文である中国語でそのように表記されているからである。英語表記での transitional の解釈の問題であり、勝手に解釈してよいというものではない。同じ漢字文化圏の言語としての中国語表記が誤っていない限り、条約の正文である表記を用いることが正しいと考えているからである。なお、本書では表記は各人に委ね統一していない。単に「国連条約」と表記することもある。

（3）私は、2005年10月26日、衆議院法務委員会から参考人として招致され、意見陳述の機会が与えられた。それについては、第163回特別国会衆議院法務委員会会議録第8号参照。

（4）与党修正案は、次のとおりである。

組織的犯罪処罰法6条の2を次のように修正する（修正は傍線部）。

1　次の各号に掲げる罪に当たる行為で、団体の活動（その共同の目的がこれらの罪又は別表第一に掲げる罪を実行することにある団体である場合に限る。）として、当該行為を実行するための組織により行なわれるものの遂行を共謀した者は、その共謀をした者のいずれかにより共謀に係る犯罪の実行に資する行為が行われた場合において、当該各号に定める刑に処する。ただし、実行に着手する前に自首した者は、その刑を減軽し、又は免除する。

一　死刑又は無期若しくは長期10年を越える懲役又は禁錮の刑が定められている罪
　5年以下の懲役又は禁錮

二　長期4年以上10年以下の懲役又は禁錮の刑が定められている罪
　2年以下の懲役又は禁錮

（5）その一例として、次のようなパンフレットが存在する。

・「近代刑法と『共謀罪』」フォーラム平和・人権・環境等編『話し合うことが罪になる！って知ってますか？』2004年10月

・「これは大変な悪法だ―『共謀罪』新設の危険性―」憲法九条を広める会・事務局編、2005年11月

・「共謀罪と市民社会―共謀罪による刑法の変質」住基ネット差し止め訴訟を進める会・東海編『共謀罪を廃案に！』2006年8月

共謀罪を永久に葬り去ろう

破防法・組対法に反対する共同行動

石橋 新一

はじめに

10年近い闘いで、遂に共謀罪制定阻止闘争に勝利した。私たちは戦争・弾圧・首切りの嵐が吹きすさぶ時代だからこそ、労働運動・民衆運動の闘う自由を共同して守り抜くことが決定的に重要であると考えてきた。こんな時代にこそ勝ちたかったし、「現代版治安維持法」など絶対に阻止しなければならないと思いつめてもいた。しかし闘いはまだ続く。否、民主党連立政権下での共謀罪永久廃案―戦争・治安管理国家化をめぐる攻防は、既に始まっている。長期に渡った共謀罪反対闘争の勝利を確認し、到達した地平を共有して、共に新たな攻防に進みでよう。

1　共謀罪反対闘争の経過

(1)組対法3法改悪阻止への出立(00〜01年)

00年春、99年の組対法・団体規制法攻防の余燼もさめぬ中で、私たちは国際的組織犯罪条約(以下、国連条約)批准反対闘争の準備に入っていた。組対法3法(組織的犯罪処罰法・盗聴法・刑事訴訟法改悪)を強行制定したとはいえ、全国的闘いの高揚と悪法の理論的批判によって一定の後退と妥協を強いられた法務省・警察庁が、その改悪—全面的な思想・表現・団結取締法制定に動くことは必至だと確信していたからである。加えて国連条約が起草段階に入り国内法改悪が策動されていることも報じられていた(『共同通信』4月20日)。私たちは盗聴法廃止の闘い、団体規制法「観察処分」発動との闘い、さらに9月自衛隊の治安出動訓練反対闘争を成功させるなかで、いまだ共謀罪とも参加罪とも分からぬ稀代の団結禁止法との闘いに出立したのである。

99年秋以降、裏金作りと数多くの破廉恥罪に手をそめた警察腐敗、公安調査庁の市民運動スパイ、あるいは受刑者虐殺など法執行権力の腐敗が次々と露わになり、司法破壊を狙う『司法審最終意見書』が公表されるなど、日本の戦争・治安管理国家化が濁流となって襲いはじめていた。私たちは、こうした攻撃に対抗するために盗聴法廃止を求める署名実行委員会、スパイされる市民活動—おそるべき公安庁実行委員会、警察の組織的腐敗を告発するネット、ビッグレスキュー２０００実行委員会などを立ち上げ、労働者・市民が共同して反撃を重ねてきた。急激な治安立法と弾圧エスカレーションへの反撃を共にすること抜きに国連条約・共謀罪反対闘争を考えることは不可能なことであった。

【国際的組織犯罪条約と9・11の衝撃】この国連初の包括的な犯罪対策条約は、「国際的組織犯罪と闘うため」のガイドラインとして各国の治安法の同質化を強制し、グローバル化を推し進めるものであった。90年代中盤から策動されてきたこの条約の特徴は、参加罪・共謀罪など広範な団体活動の取締り規定とマネーロンダリング規制を軸に、極めて総合的・網羅的だということにある。泳がせ捜査・潜入捜査、更に盗聴や電子的監視で「犯罪」を掘り起こし、参加罪・共謀罪で団体構成員とその周辺を一網打尽に逮捕、証言強制・司法取引・証人保護で屈服・転向を迫り、社会的地位剥奪などで組織を壊滅させるというのが新たな「治安共同体」構想の恐るべき内容であった。それは、裁判所・検察・警察の飛躍的な権限強化と世界的な連携、組織犯罪対策を口実にした労働者民衆の犯罪予防への動員を狙っていた。警察庁が、国連条約を「21世紀の犯罪対策の国際基準」「世界標準の争奪戦」と位置づけたほどの恐るべき内容である。

01年「9・11」の衝撃を引金に各国支配者が結託して開始した反「テロ」戦争は、アフガン、パレスチナ、フィリピンなどでの虐殺、そして米・愛国者法やEU「テロとの闘いに関する枠組み決定」などの治安立法・治安弾圧の全世界的なエスカレーション─大量・微罪逮捕、出入国規制、組織・個人の資産凍結、盗聴の飛躍的拡大、司法・捜査共助、反戦運動・異議申し立ての抑圧、排外主義の嵐を引き起こした。今も、この戦争と治安管理の融合とグローバル化はエスカレートし続けている。

（2）国連反テロ条約への警鐘―法制審議会闘争（02年）

国連条約反対闘争は困難を極めた。小泉政権は、爆弾テロ防止条約・テロ資金供与防止条約批准とその国内法化（カンパ禁止法）を図り、「テロ対策」といえば何でもありの風潮が国会内外に生み出された。反「テロ」旋風の強さは、カンパ禁止法に反対した議員が極少数であったことでも分かる。運動的にも「テロにも戦争にも反対」「一切の暴力反対」など自己防衛的に「平和」を求める風潮がはびこっていた。しかし反撃は執拗に続けられた。

闘いは毎回の法制審への抗議行動からはじまった（法務省前）

02年9月、法相が「国連条約締結に伴う国内法整備」を諮問、法制審議会はわずか5回の審議で03年2月に共謀罪新設答申を強行した。共謀罪は「国内的ニーズに応える形をとっていない」にもかかわらず、また「共謀罪・参加罪が日本の法原則と矛盾する」にもかかわらず、「条約批准」を錦の御旗に答申を強行したのだ。共同行動は、法制審の度ごとに霞が関情宣・デモを繰り返し、共謀罪新設の危険性を訴え続けた。しかし、私たちの訴えに、良心的な弁護士が「そんな悪法が出るわけがない、危機アジリをしないほうがいい」と忠告してくれるほどの「平和ボケ」が日本中を覆っていた。

共謀罪新設に反対しよう

労働相談も夫婦の会話も共謀罪

破防法・組対法に反対する共同行動
組対法に反対する全国ネットワーク
東京都新宿区西早稲田2－3－8　日本基督教団
電話 03－3202－0544

共謀してるぞ

★ 有事法制制定弾劾、イラク派兵新法許すな

これが新しく作る共謀罪
557の罪を新設

「最長4年以上」の刑はどれも見かけたものばかり

労働運動が
反戦闘争が
学生運動が

私たちは、本国会で批准された国際的（越境）組織犯罪条約に反対し、そのための国内法整備として法務省が成立を狙っている「共謀罪」の新設に反対しています。

有事3法に続いてイラク新法が延長国会に出されようとしています。この法律は戦争をやるためのもの、イラク人民を再植民地化するものです。戦争は、人民の生活と権利を直撃し、戦争を許さないたたかいは激しくなっていきます。

政府は戦争法の整備とともに、警察権力の肥大化と、治安弾圧法の急激な反動化を推し進めてきました。周辺事態法が成立した99年以来、組織的犯罪対策法3法（盗聴法）、団体規制法、カンパ禁止法、住基ネット法その他全面的な治安法制の反動化が進められてきたのです。そして本国会で成立がたくらまれている「共謀罪」は、現行刑法、憲法すらも変えてしまうような悪法です。今までの犯罪は実行行為が前提でした。「共謀罪」は、実行行為は必要なく相談、協議したという事実を罪にし、罰しようというのです。

■■■■「共謀罪」は団結権を奪い取る

私たちは、国際的（越境）組織犯罪条約と「共謀罪」に反対する国際共同声明運動を、進めています。多くの人びと、団体の賛同が寄せられていますが、そのなかで全日本建設運輸連帯労組と全日本建設運輸連帯労組関西生コン支部の全分会、全国金属機械労働組合港合同の全支部が反対を訴えています。

企業のリストラ、倒産を実力闘争で打ち破り、労働者の働く権利をたたかいとってきた労働組合にとって「共謀罪」は、労組の命である団結権を奪い取るものなのです。企業・工場での門前闘争、スト破りに対するピケが、威力業務妨害に問われ組織犯罪処罰法を適用される場合、その相談が「共謀罪」に該当するのです。もう闘争に向けた職場オルグは合法的にはできません。闘争委員会や決起集会を開催することすらもできなくなるのです。会社構内にステッカーを貼ることの相談すら「建造物損壊」の「共謀罪」を覚悟しなければなりません。
合法的な労働組合運動は「共謀罪」によって動きが取れなくなります。

ビラ

（3）共謀罪法案国会上程と国際的組織犯罪条約締結承認（03年春）

ブッシュのイラク戦争への突進として始まった03年春、小泉政権は遂に共謀罪法案と国連条約締結承認案を閣議決定し、通常国会に上程した。併せて小泉は有事立法制定を狙い、共謀罪新設にとどまらず、「包括的反テロ活動法」制定をも画策していた。その内容は、9・11事件直後の安保理決議１３７３を具体化するものであった。

法案が上程されても国会議員の大多数は共謀罪を知らなかった。4～5月に国連条約締結承認案を衆・参あわせ僅か1時間32分の「審議」で可決されたとき、事態はほとんど絶望的であるかに感じられた。条約に反対したのは社民党と川田悦子議員のみであり、民主党・共産党は沈黙を続け賛成票を投じた。しかし、私たちは、全力をあげて共謀罪法案審議入り阻止に向けた闘いを続けた。そして衆院法務委員会は大荒れとなった。司法改革関連法案の山積みに加え、名古屋刑務所虐殺問題、医療観察法強行採決による審議空転は、政府・与党から法案の審議日程を奪い去ったのである。

闘いは、執拗に続けられた。集会、何回もの国会前座り込み・傍聴・議員働きかけ、有事立法と司

法改悪に反対する集い、渋谷デモと連続した闘いは、いまだ少数であれ、ようやく99年団体規制法制定攻防時の水準に到達していた。また国際共同署名が広がりはじめ、6月5日には共謀罪で初めての国会請願デモが労働者・弁護士・市民の参加で勝ち取られた。

6月以降、訴えは、法曹界・市民団体・心ある議員などを反対に突き動かしはじめた。日弁連や自由人権協会の声明、自由法曹団有志の奮闘、刑法学者反対声明、盗聴法廃止署名実行委呼びかけの院内集会、あるいは京都・静岡など全国各地で闘いが広がる等、条約締結承認反対の敗北を超えて共謀罪新設を阻止する足がかりは着実に築かれ、共謀罪法案は審議にも入れないまま第1回目の廃案となった。

ビラ

（4）必死の共謀罪審議入り阻止攻防（03年秋〜04年）

【03年秋：執拗な反対運動の持続】総選挙の結果は与党安定多数、民主躍進、社・共陥没であり、「共謀罪新設なしに国連条約を批准できない」とする法務省・与党が秋の国会に法案を再上程するのは必至と思われた。しかしイラク派兵問題や予算編成などで小泉政権の足元が揺れ、その結果、共謀罪攻防は越年する。私たちは、9・23国際共同署名運動集会を皮切りに、共謀罪攻防では初めての10・5山手線全駅情

宣、日弁連人権大会情宣、国会前座り込み・院内集会などの闘いを強化し、審議入り阻止決戦への助走を続けた。結果的には以降1年半、共謀罪の危険性を訴える時間を稼げ、ともすれば法案審議がなければ焦点化できない風潮がある中での、この時期の闘いの前進は以降の運動にとって大きかった。

しかし治安管理国家への動きは急激にエスカレートしていた。警察庁が「日本の治安は危険水域、今年は治安の分水嶺」「体感治安悪化」などと煽り立て、自民党・民主党が治安政策強化を競い、石原都知事が安全・安心まちづくり条例改悪を強行するなど、警察先導・市民参加型の「治安」強化が挙国一致的様相を示していた。12月には自公政権が『犯罪に強い社会実現のための行動計画』を策定、「5つの重点課題④組織犯罪等からの経済・社会の防衛」は、明らかに共謀罪法案制定による国連条約・サイバー犯罪条約批准を見越したものであった。

治安管理国家化の急激なエスカレートと現場で吹き荒れる弾圧―この危険な動きに対抗するためには、反弾圧・反管理・反警察・反入管・反戦などを闘う様々な仲間と共同の抵抗ラインを敷くことが急務になっていた。すでに共謀罪反対運動は02年以来「戦争と治安管理に反対するシンポジウム」を始めていたが、11月24日に開かれた「群がって悪いか！のさばるな警察！緊急共同集会」は「体感治安悪化」論の嘘と警察腐敗を暴くことを軸に、共謀罪阻止！一切の治安立法反対！に向けた共同反撃の礎を築く闘いとして勝ち取られた。

【04年春：法案再上程―流動局面に入った共謀罪阻止攻防】 2月20日法務省は「犯罪の国際化及び組織化並びに情報処理の高度化に対応するための刑法等の一部を改正する法律案」を通常国会に上程した。この法案は従来の共謀罪・強制執行妨害罪改悪に加えて、サイバー犯罪条約批准のためのハ

サイバー取り締まり法案は、共謀罪との一括法案

新聞定価 月ぎめ 3,925円(本体価格 3,738円、消費税 187円)、1部売り(税込み)朝刊 130円、夕刊 50円 第3種郵便物認可

サイバー取り締まり法案

通信の秘密 守れるか

今国会で審議中

インターネット上での捜査機関の権限を広げる「サイバー取り締まり法案」が、今国会で審議されている。捜査する側にとっては強力な武器となるが、通信の秘密などを保障した憲法に触れる恐れやネット事業者の負担増につながる懸念が指摘されている。（谷津憲郎、山口進）

新しい差し押さえ制度のしくみ（松沢氏などによる）

プロバイダーのメールサーバー
ストレージサービスのサーバー
勤務先の会社のメールサーバー
回線
コピー
差し押さえ
捜査機関
差し押さえ
令状
パソコン利用者

令状なし ログ保全

この法律ができると、どんな事態が予想されるのか。シミュレーションしてみた。

ある大手通販会社で十数万件にのぼる顧客情報の流出事件が起きた。捜査当局が調べた結果、管理部門の男性社員が関与した疑いが強まった。

当局は、裁判所の令状を得て差し押さえ手続きに入る前に、男性のメールの通信履歴（ログ）を保全するよう、会社とネット接続業者のプロバイダーに要請した。男性は会社と個人用の二つのアドレスを持っていたからだ。

ログには、この男性が誰と、いつ、メールでやりとりをしたかなどの記録が示されている。さらに、この男性だけでなく、同じ仕事を担当している同僚数十人についても同様の要請をした。

法案が成立すると、捜査機関が令状なしに、メール送受信記録などの通信ログを90日間消去しないようプロバイダーなどに要請できるようになる。サーバーを設置する企業や市民団体などにも協力義務が発生する。

富士通法務部の松沢栄一担当部長は「そもそもログは通信の秘密として保護されるべき情報。令状が出される前に、プロバイダー側が保管するのが適切かという問題がある」と指摘する。また、「迅速な捜査と、プロバイダー側が現在の捜査対応実務で迷うことの多い法律上の問題を解決するという要請を満たす」と一定の評価をしつつ、「保全対象が広がりすぎれば、プロバイダー側への過大な負担になり、コストとなって利用料金に転嫁されることになる」と懸念する。

キーワード

サイバー取り締まり法案 「ハイテク犯罪に対処するため」として、短時間で消えやすい通信ログをプロバイダー側が消去しないよう捜査機関が要請できる制度や、捜査機関がデータの差し押さえをしやすくする制度などを新設（刑事訴訟法）。これらの制度は普通の犯罪にも使える。コンピューターウイルスの作成罪なども新設した（刑法）。法案は、サイバー犯罪条約批准のために必要になった。条約は42カ国が署名したが、批准は11カ国。G8諸国で批准した国はまだない。

PCから情報無制限？

当局は数カ月後、男性のパソコンの差し押さえ令状を取った。この令状だけで①社内のコンピューターネットワークであるLANでつながっている会社のサーバー②個人用メールを契約していた大手プロバイダーのサーバー③社員が使っていたオンライン上で情報管理する「ストレージサービス」のサーバー――などのサービス提供用コンピューターからデータをコピーして差し押さえた。

もう一つ問題になっているのが、パソコン1台の差し押さえ令状で、そのパソコンからアクセスできるすべてのサーバーなどのデータの差し押さえが可能になることだ。

立命館大学法科大学院の指宿信教授（サイバー法）は「憲法は『捜索する場所と押収する物を明示する令状がなければ、捜索・押収を受けない』と定める。物理的に全く別の場所のサーバーにアクセスしてデータを差し押さえられるという法案の規定は、憲法に抵触する恐れがある」と話す。

情報処理学会は04年、「電気通信回線で接続されているあらゆる記録媒体が対象となりかねないことが懸念される」との意見書を公表している。

この問題について法務省は「令状に認められる範囲を明示しなければならず、憲法違反の恐れはない」と説明している。

「サイバー犯罪は先進諸国が同じ基準で取り締まり、抜け穴を作らないことが大事」という山口厚・東大法科大学院教授（刑法）は「差し押さえの範囲の問題などは法制審議会でも議論になったが、裁判官が範囲を限定して許可する令状主義は変わっていないなどと説明があった。私も法案に決定的な問題があるとは感じていない」と話す。

ただ、現在でも、令状には「その他本件に関連すると思われる一切の証拠」などと具体的な範囲を明示しない包括的な条項がつくことも多く、今回の法案でも同様の問題が生じるおそれがある。

『朝日新聞』2005年7月19日

イテク犯罪対策を合体させたものであった。サイバー犯罪条約は「サイバー・テロ」対策を口実にインターネットを管理・支配せんとするものであり、その一部であるウイルス作成罪や通信履歴保全などが法案化されていた。

第159通常国会は、共謀罪新設による予防刑法への転換、その担い手としての国家有事警察への飛躍、裁判員法など「戦時司法」の確立、そして有事立法制定など、戦後最大の治安立法国会であり、法務省は司法「改革」など法務委員会の扱う法案が通常の約2倍というラッシュのなかで、どう共謀罪を成立させるか苦慮していた。共謀罪は危ないとの認識は法案上程以来の闘いによって国会のなかでも広がりはじめ、法務省が狙ってきた審議抜き制定は不可能になっていた。民主党は共謀罪法案は「多く問題のある法案」との認識でほぼ一致し、公明党の一部に流動化も起きていた。

闘いも大きく前進を始めていた。組対法反対全国ネットワーク・全金港合同共催の集会や共同行動総決起集会を皮切りにした04年春の闘いは、4月11日群がって悪いか！のさばるな警察！――共謀罪・警察大増強・イラク派兵反対緊急共同集会・デモに99年以来最大の400人近い仲間が結集する盛り上がりをみせた。反戦と反治安法・反弾圧の合流、アメリカの闘う労働運動との交流、司法改悪と闘う弁護士との共闘が勝ち取られたのだ。また京都弁護士会や日本基督教団京都教区社会委員会の反対集会、3・14戦争と監視社会を考えるシンポ、そして刑法学者声明など共謀罪反対の声は着実に広がっていた。しかし同時に、治安立法反対闘争の広がりが、法曹界と闘う労働運動・民衆運動の一部に留まっている限り、勝利への道は厳しいことも露わとなっていた。多くの労働組合・市民運動・宗教者の未決起とマスコミの黙殺など、闘いが少数に留まらざるを得ない諸要因をひとつひとつ突破していくことが、廃案を勝ち取るための最大の課題に浮上してきたのである。

【04年秋：広がり始めた反対運動】臨時国会前半、南野（のうの）法相の政治資金疑惑で罷免の声が高まり「今国会も絶望的」と法務官僚が言わざるをえない状況が生み出された。焦った法務省は当初の方針を変更、刑法重罰化を先行させ、その後に司法「改革」法案の制定、更に継続案件の共謀罪審議入りを画策していた。

金石範さんの怒りの講演をうける（04年４月11日）

山手線全駅情宣・総決起集会をステップに開始された秋の闘いは、院内集会、日弁連院内集会、10・15～22ワシントン大行進派遣、10・20～22国会前59時間ハンスト、集中的な国会議員働きかけ、国会前大行動、院内集会と、目の回るような勢いで進み、大きな成果を上げた。台風の中のハンスト貫徹やワシントン大行進派遣など本気で廃案をめざす私たちの闘いの展開は、民主党など永田町に衝撃を与え、地元から野党議員・弁護士会に迫る組対法全国ネットの仲間の闘い、日弁連の闘い、さらに『東京新聞』が共謀罪を幾度となく特集記事にするなど、闘いの輪は確実に広がっていた。

しかし弾圧は更にエスカレートしていた。03年に共謀罪が国会上程されて以降、イラク参戦の中で、労働運動への

2005年（平成17年）6月24日　金曜日　14版　総合　2

犯行前の謀議だけで訴追
「共謀罪」きょう審議入り
衆院法務委

国境を越えた組織犯罪やインターネットを利用した犯罪に対応するための刑法などの改正案（共謀罪・サイバー犯罪法案）が、24日の衆院法務委で審議入りすることが23日、決まった。実際に行動を起こさなくても、犯罪行為を話し合っただけで罰せられる「共謀罪」の導入が目玉だが、「捜査当局が謀議とみなしさえすれば訴追できる」などの問題性が指摘されている。政府・与党は今国会での成立をめざすが、民主党などは大幅に修正しない限り賛成できないと対決姿勢を強めている。

法案は「越境的組織犯罪防止条約」と「サイバー犯罪条約」の締結に伴い、刑法や刑事訴訟法、組織的犯罪処罰法などを改正する内容。

政府は、共謀罪について03年の国会に法案を提出したが廃案になった。04年、共謀罪とサイバー犯罪対策を併せて提案したが、野党の反発が強かったうえ、今国会ではほかに重要法案が目白押しだったこともあり、審議入りできなかった。

今回の法案の柱の一つは「団体の活動として、組織により行われる」犯罪について共謀罪を新設すること。もう一つはサイバー犯罪対策として、パソコン1台の差し押さえ令状により、LANのような回線でアクセスできるすべてのパソコンのデータなどの内容を差し押さえられる制度や、令状なしにプロバイダーなど通信事業者に対してメールなどの通信履歴（ログ）の保全を要請できる制度を創設することだ。

「団体」の定義などがあいまいなため、野党や日本弁護士連合会は共謀罪について「このままでは市民団体や労働組合なども処罰の対象になりかねない」と懸念している。

検討されている共謀罪と現行法

共謀罪	現行法	犯罪の過程
共謀罪 615種の犯罪に	陰謀罪 8種の犯罪に限定	話し合い
	予備罪 約30の重大犯罪	↓ 準備
	未遂犯 ほとんどの重要犯罪	↓ 着手
	既遂犯 すべて	↓ 結果発生

05.7.28 朝日　記事の図

■「共謀罪」新設
刑法改正案審議入り

実際に行動を起こさなくても犯罪行為を相談しただけで罰せられる「共謀罪」の新設を柱とする刑法などの改正案（共謀罪・サイバー犯罪法案）が24日、衆院法務委で審議入りした。南野法相は「犯罪組織による国際的な犯罪が頻発している」と提案理由を述べた。

◇

小田中聰樹・東北大名誉教授ら日本刑法学会の有志約50人は同日、「日本の刑法は既遂犯の処罰が原則。共謀罪の新設はこの原則を真っ向から否定するものだ」と法案に反対する声明を出した。

2005年6月24日（上）、6月25日（下）『朝日新聞』

弾圧はもとより、立川反戦ビラ入れ弾圧、政党ビラ入れ弾圧、日の丸・君が代弾圧、沖縄・辺野古での日本山妙法寺僧侶逮捕など、左翼から市民運動へと弾圧対象が広がり、詐欺罪での事務所使用弾圧や暴力的な職務質問も横行していた。また04年12月の犯罪対策閣僚会議『テロの未然防止に関する行動計画』策定など治安体制構築策動が続くなかで、05年1月関西生コン支部執行部を狙った組織解体型弾圧が新たに仕掛けられた。共謀罪反対闘争は、以降、闘いを中心的におし進める運動への弾圧との攻防としても続けられていく。

(5) 共謀罪法案審議入り―胸突き八丁での激闘

【05年春：共謀罪法案審議入りと高揚する反対運動】 翼賛国会のなかで内閣提出法案が2年も店晒しになるのは異様な光景であり、追いつめられた法務省・与党は、通常国会に「今国会で成立させなければ廃案になりかねない」との焦りにも似た決意で臨んでいた。民主党は簗瀬（やなせ）進議員

国会前は全国からかけつけた反対する仲間が集まり騒然（衆院第２議員会館前）

が参院本会議代表質問で「共謀罪は憲法19条の内心の自由を侵害する」と弾劾し、対決姿勢を示した。こうした手詰まり状況に業を煮やした与党・法務省は、会期の大幅延長が必至となる中で、先送りしてきた共謀罪審議入りを強行する方針を固めたのである。

6月24日、法務省・与党は、遂に共謀罪法案の審議入りを強行した。しかし、開かれた衆院法務委は民主党内で廃案を求め闘う国会議員の質問に南野法相が答弁不能で立ち往生、副大臣不在の違法性追及や条約交渉録墨塗り問題などで、審議は1日でストップ、この状態が2週間以上も続く異例の事態が続いた。

審議入り強行に対し、共同行動は、7月7日星陵会館集会、国会前3日間ハンストや有楽町マリオン前情宣を含む9波にわたる連続行動をやりぬくなど全てを賭けて阻止決戦に立ち上がった。闘う国会議員、弁護士、表現者などの強行採決阻止・廃案に向けた闘いも急速に高まりをみせた。主要単位弁護士会、日本ジャーナリスト会議、表現者・言論人、刑法学者などが次々と反対声明をあげた。沈黙を続けてきたマスコミも『朝日』『毎日』『北海道』『日刊ゲンダイ』『サンデー毎日』『週刊大衆』などの各紙・誌が社説や特集・企画記事として頻繁に共謀罪反対の論陣を張り、廃案を求める声が一挙に広がってきた。「あらゆる所から、あらゆる形で反対の声を―総力戦の闘いへ―」は予想を越えた広がりを獲得したのである。

そして共謀罪に反対する超党派国会議員（民主・共産・社民・無所属など23人）が呼びかけた7・21院内集会は従来を大きく上回る参加者が会場を埋め尽くし、26日には文字通り嵐をついて２００人が星陵会館に結集、参加した超党派国会議員と共に廃案への決意を固めた。大幅会期延長時の今国会成立必至かとの劣勢から、継続審議か廃案かを迫る攻勢が続き、闘いは高揚へのとば口に立っていた。

この流動局面のなかで、超党派国会議員と市民の集いが果たした役割は大きかった。政党もナショナルセンターも旗を振らない、そして労働運動・市民運動の取り組みが遅れているなかで、民主・社民・共産・無所属の闘う議員と日弁連・表現者・共同行動など様々な反対運動が廃案の一点で手を結び、共同集会を成功させたのだ。与党はほぼこの時点で今国会成立断念―継続審議の腹を固めざるを得なくなっていた。そして05年8月郵政民営化法案参院否決・衆院解散によって共謀罪法案は2度目の廃案となったのである。

【05年秋：巨大与党の重圧の中での反撃】 しかし状況は一挙に暗転する。9・11総選挙に賭けた小泉政権は、閉塞状況にある民衆の憤懣と流動を「改革を止めるな」などと敵を仕立てて殲滅する右翼ポピュリズム・新自由主義の旋風で吸引し、その結果、戦争・改憲・治安をめぐる攻防は新たな段

階に突入した。しかも９条改憲論者の前原新党首が率い、小泉政権と同じ土俵で「改革」の急進性を競う民主党誕生によって、事態はより深刻なものとなっていた。小泉自民党圧勝と突撃、そして前原民主党誕生は、文字通り大流動と激動の時代の始まりであった。

南野法相は、９月20日、法務省原案のままでの共謀罪法案特別国会上程を明言した。拘禁２法の二の舞になるとまで落ち込んでいた法務省（『京都新聞』）が、総選挙での与党圧勝に奢り暴力的な攻撃に打って出たのである。今度こそ問答無用の数の力で突破しようというのだ。「対案」路線をとる民主党は、春の攻防を担った議員の大多数が落選するなかで戦闘能力を短期間で創れるかの難題を抱えていたが、平岡秀夫筆頭理事のもとでの奮闘は危うい地点での攻防を凌ぎ、反対を堅持した。また社民党・保坂展人議員が法務委員になることで国会論議の鋭さが増した。しかし、巨大与党の重圧の中で審議は進み、参考人質疑を終えた与党が「いつ採決してもよい」と嘯くなど、もはや強行採決一歩手前であった。

こうした危機的状況のなかで決定的だったのは、05年春以降の反対の声が更に大きく広がったことである。東京第一弁護士会や出版流通協議会反対声明、新聞・ラジオ・ＴＶなどマスコミの相次ぐ批判、日本ペンクラブ声明など「共謀罪は危ない」との声が広がった。更に京都など様々な市民グループが独自に署名を始める、出版労連・新聞労連が決議をあげるなど反対の声は大きく広がり、法務省・与党に打撃を与えはじめた。私たちも10・１集会、10・13日弁連集会、10・22表現者との共闘を節目に、力を振り絞って国会行動を連日のように闘い抜いた。成立をめざした法務省・与党が強行採決一歩手前で断念せざるをえなかったのは、こうした大衆的な反対の声の高まりとの力関係の結果であった。

（6）強行採決阻止の激突と破綻する法務省の論理（06年）

【2月～4月中旬：短期・密室制定策動の破綻】通常国会が始まった早春、参考人質疑を終え採決を残すのみとなった共謀罪法案が、3度も衆院法務委で継続審議になるとは誰も考えてはいなかった。しかし、総選挙による巨大与党の重圧という厳しい力関係の中から反撃は開始された。

2月14日、与党が修正案を民主党に提示した。審議入りしたものの答弁不能・珍答弁を繰り返し、従来の組対法解釈が誤りであったとせざるをえないほど窮地に陥っていた法務省が、強行制定に向けて偽装したのだ。しかし民主党は、「修正案の名に値しない」と協議に応じなかった。国会開会以来、国会や銀座マリオン前での抗議行動は執拗に続き、単位弁護士会の9割以上が声明をだすなど反対の声が強まっていた。

【4月下旬：強行採決への突進と反撃】4月18日、衆院法務委理事会に与党が突然修正案を提示、審議入りに反対する野党を多数決で押し切り、4月28日採決への突進を開始した。21日には野次と怒号のなかで趣旨説明を強行、25日には与党単独審議を強行し参考人質疑さえ拒むという強行突破の姿勢をとり続けた。マスコミが「あまりにも乱暴な」とする突進に、野党、弁護士会、労働者・市民、さらにＴＶの連日報道が加わり、反対の声は急激に盛り上がった。

4月最終週を総行動で対決する構えをとっていた私たちは、23日の銀座デモ以降、25日の憲法と人権の日弁連をめざす会集会、26日の日弁連大集会と連動する形で、54時間ハンストを軸に4日間連続国会行動を闘いぬいた。国会前も各地から駆けつける人が急増し、超党派議員と市民の院内集会は参加者で会場が溢れるまでの事態となった。全国各地でも反対集会が続き、請願署名も累計すれば25万を超えた。野党の抵抗、マスコミ報道、そして廃案を求める大衆運動の力が合わさって、４月28日に画策された強行採決を阻止したのだ。

【５月中旬：強行採決策動をめぐる攻防】 連休明け以降、『公明新聞』が民主党案を連日非難するなど与党内も揺れ、右翼評論家の桜井よし子や元警察庁キャリアの亀井静香議員まで反対の声をあげるなど、巨大な流動が始まっていた。政府・与党は５月12日、16日と強行採決を画策したが、日を追って拡がる反対運動と小沢・民主党の共同修正拒否によって阻止された。しかし５月19日、法務省・与党は何と与党再々修正案（「組織的犯罪集団の活動」を言葉として加えた案）を提出し、同日中の委員会採決への突進を開始した。国会前に座りこむ私たちの手には「共謀罪本日採決」と大きな

緊迫する中での院内集会（06年５月12日）

国会の前では警察が妨害に入る（06年５月19日）

怒りは国会に向けて叩きつけられる（06年５月19日）

見出しがついた『日刊ゲンダイ』があった。しかし法務省・与党の必死の5・19強行採決策動は、小泉首相の意をうけた河野衆院議長による「野党と更に協議を尽くすように」との介入によって破綻した。後半国会の焦点となった共謀罪攻防は、小泉政権を大きく揺さぶる小型台風にまで成長していたのである。

国会前では、各地から危機感に駆られて集まる市民や関西生コン支部がバスで駆けつけるなど闘う労働者の採決阻止の声があふれる熱気をおびた闘いが連日のように続いた。生き生きと多様な反対の声が国会前に渦巻いた。警察による日本山妙法寺僧侶への排除・弾圧策動も力で打ち砕き、インターネットでも反対の声が急増していた。平和フォーラム・全労連・全労協・市民団体・NGO・表現者など、様々な反対派が新たに闘いの舞台に登場し、5月17日の超党派議員と市民の集い(星陵会館)は急遽呼びかけられたにもかかわらず参加者が会場からあふれる盛況となった。対決軸は、国会内での巨大与党VS少数野党から、暴走する政府・与党VS反対運動・世論の対決に大きく変化していた。こうした大流動が爆発することを恐れ、政府・与党は強行採決を断念せざるを得なかったのである。

【5月31日~6月2日「民主党案丸呑み詐欺」の破綻】首相官邸―議長裁定による5・19強行採決破綻という異様な流れのなかで、政府・与党内で、強硬派と慎重派が分岐していた。これらを一挙に突破しようとした自民党国対は、民主党修正案(共謀独立処罰を認めた上で越境性など構成要件を厳格化した案)を呑んで今国会で共謀罪を新設し、その上で条約を批准できないとして秋の臨時国会で与党案の線に再修正するという「丸呑み」詐欺の策動を強行しようとした。

奇策は、与党なりの論理も、40数時間の国会審議も全て投げ捨てた、文字通り憲政の常道に反する

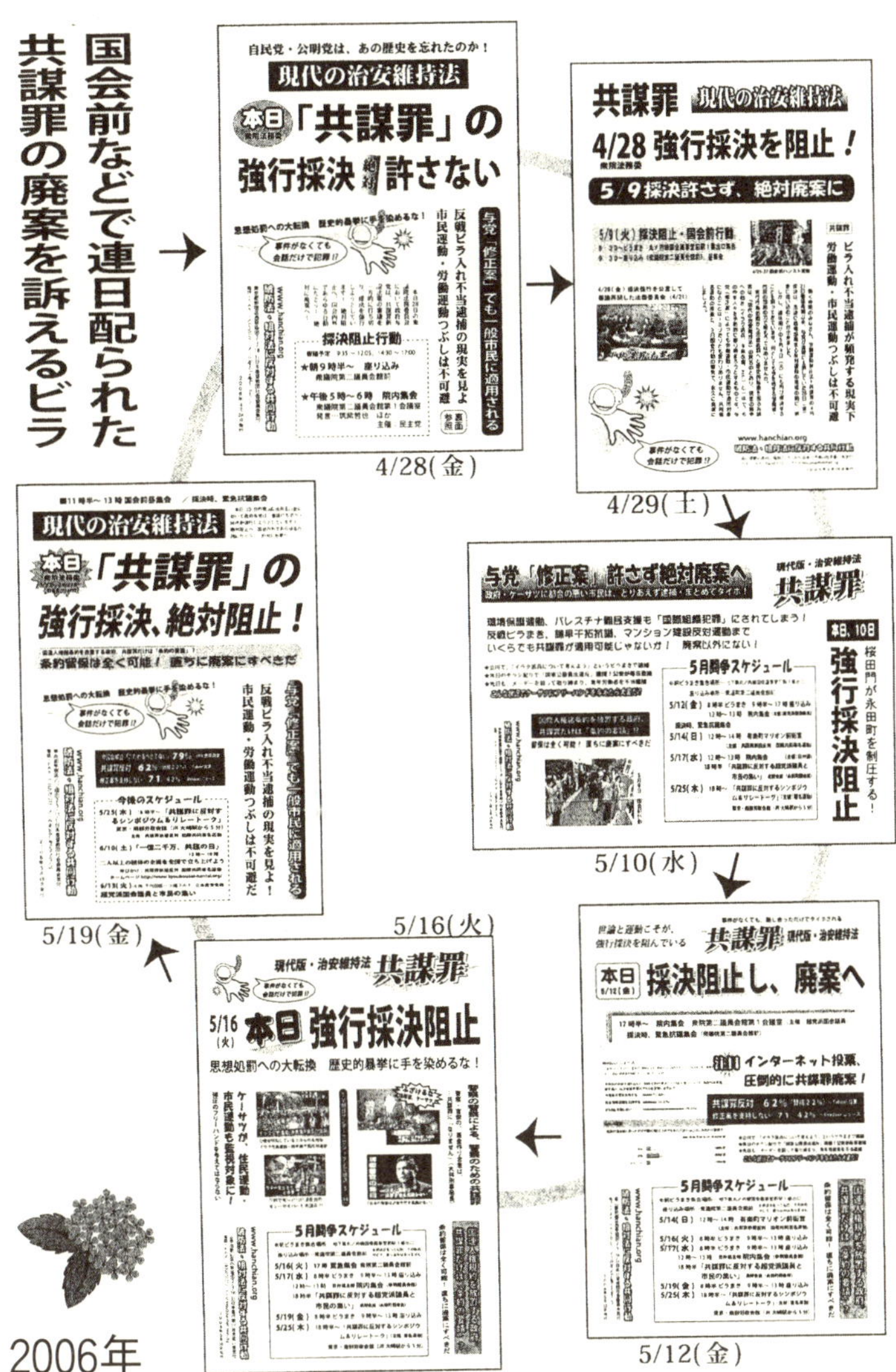
国会前などで連日配られた
共謀罪の廃案を訴えるビラ
自民党・公明党は、あの歴史を忘れたのか！
現代の治安維持法
本日「共謀罪」の
強行採決絶対許さない
与党「修正案」でも一般市民に適用される
反戦ビラ入れ不当逮捕の現実を見よ
市民運動・労働運動つぶしは不可避
思想処罰への大転換　歴史的暴挙に手を染めるな！
事件がなくても会話だけで犯罪!!
採決阻止行動
4/28(金)
共謀罪　現代の治安維持法
4/28 強行採決を阻止！
5/9採決許さず、絶対廃案に
ビラ入れ不当逮捕が頻発する現実下
労働運動・市民運動つぶしは不可避
www.hanchian.org
4/29(土)
与党「修正案」許さず絶対廃案へ
現代版・治安維持法
共謀罪
本日、10日
強行採決阻止
桜田門が永田町を制圧する！
5月闘争スケジュール
5/10(水)
世論と運動こそが、強行採決を阻んでいる
共謀罪　現代版・治安維持法
本日 5/12(金)
採決阻止し、廃案へ
インターネット投票、圧倒的に共謀罪廃案！
5月闘争スケジュール
5/12(金)
現代版・治安維持法　共謀罪
5/16(火) 本日 強行採決阻止
思想処罰への大転換　歴史的暴挙に手を染めるな！
ケーサツが、住民運動・市民運動も監視対象に！
5月闘争スケジュール
5/16(火)
現代の治安維持法
本日「共謀罪」の
強行採決、絶対阻止！
条約留保は全く可能！　直ちに廃案にすべきだ
与党「修正案」でも一般市民に適用される
反戦ビラ入れ不当逮捕の現実を見よ！
市民運動・労働運動つぶしは不可避だ
今後のスケジュール
5/19(金)
2006年

策動であった。しかしこの策動は「一文の得にもならない」とする小沢・民主党など野党の反撃と国会前に急遽集まった、あるいはインターネットを通じた大衆的な抗議の声の前に、政府・与党内の亀裂が拡大し、2日間で潰え去った。閣内不一致（外務省と法務省）、与党内不一致（公明党の頭越し提案）、自民党国対・法務委理事間の不一致が大きく露呈し、遂に「共謀罪を今国会では審議せず」に行きついた。何が何でも共謀罪を通過させようとする政府・与党の攻撃を打ち破ったこの共謀罪闘争最大の攻防以降、反対運動が攻勢に転じたといってよい。

政府・与党による民主党案丸呑み詐欺が失敗して以降も、激突は続いた。民主党は、「国連条約は共謀罪・参加罪新設以外の道を認めている」との『国連立法ガイド』解釈をテコに新たに共謀罪廃案への道を切り拓こうとしていた。これに対し、与太りきった法務省・与党は態勢を立て直し急遽デッチ上げた「与党最終修正試案」を異例にも議事録に添付し、秋の強行突破への足がかりにした。

【法務省・外務省VS日弁連・野党の場外バトル】 夏、日弁連は、国連条約をめぐる各国の立法状況を調査する作業を開始したが、その研究は驚くべき事実を明らかにした。①条約批准に伴って共謀罪立法を行ったのはノルウェーなど極少数、②対象犯罪を越境犯罪のみとし、留保もせずに批准した国がある、③アメリカ政府が連邦法と州法の違いを理由に第5条「参加の犯罪化」を留保して批准している、ことなどである。日本政府はこれらの事情、とりわけアメリカ政府の留保付き批准を知りながら、国会答弁で隠していたのだ。しかも条約批准は一方的通告で済み、資格審査など行われないことも明らかになった。こうした流れの中で、法務省・外務省VS日弁連のHP上での論争が起きた。国会開会中の場外バトルは異様なことである。政府にとっては黙殺できないほど衝撃的な事態であったのであろう。

【臨時国会初盤の攻防】 秋の攻防に、私たちは最終決戦の構えで臨んだ。最早、手前勝手な論理も議会制民主主義もかなぐりすてた政府・与党との力勝負であった。国会開会前から闘いは開始され、共同行動討論集会で「与党最終修正試案のウソ」を徹底的に暴きだす、さらば！共謀罪10・3国際共同署名運動集会が成功するなど、決戦態勢を整えていた。

教基法改悪反対の仲間と新宿ジョイントデモ（06年10月22日）

政府・与党は、共謀罪の強行採決を行えば、長期の審議ストップと反対運動の高揚に直面、教育基本法改悪・防衛省昇格法案強行に影響が及ぶことを恐れ、共謀罪の早期審議入りを回避し、「死んだふり作戦」（『東京新聞』）を展開したのだ。だが、それが瞬間解凍を狙う姑息な策動であることはすぐに見破られた。

【1億2千万　共謀の日Ⅱ成功と教基法改悪反対闘争とのジョイント】 政府・与党の「死んだふり作戦」—闘いの沈静化・分断攻撃を超えて闘いは続いた。10月22日「1億2千万共謀の日Ⅱ」は、岡山呼びかけの全国シール投票など各地で闘われ、東京では秋葉原の街頭情宣・シール投票、更に教基法改悪に反対する都教委包囲・首都圏ネットとジョイントした新宿デモが行なわれた。歩行者天国無届けパレード、表現

次々とパンフが出された。署名運動のリーフレット

者のインドカレー集会、更に翌日には、舘野泉さんらのピアノの夕べが開かれるなど、創意工夫を凝らした闘いが展開された。共謀の日Ⅱの成功は、組織動員に頼らず、諸個人の創意工夫をこらした、あるいは一極集中型でない全国的な運動展開の可能性をかいまみせた。全国の労働者・市民の様々な共謀を重ねて勝つという闘いは、以降も続けられる。

安倍政権の登場で時代を画する攻撃が進むなか、勝利するには戦争・治安管理国家化に対決する様々な仲間の連帯と共闘が何よりも求められていた。しかし一方で課題の違いを超える共闘は容易ではなく、困難さを越えて実現された都教委包囲・首都圏ネットと共同行動のジョイントは画期的な試みであった。ジョイント闘争は新宿デモから11・23集会・銀座デモ、さらに11月の両法案反対闘争の山場のなか、教基法改悪反対リレーハンストと共謀罪国会前闘争の現場共闘へと結実した。2つの闘いのジョイントは、さらに表現者などとの連帯に闘いの輪を広げて分断攻撃との対決の軸となり、政府・与党を最後まで追いつめる原動力となった。

【瞬間解凍作戦との対決】　臨時国会での衆院法務委員会は14回に渡って異例の流会が続く。理事懇の議論の中で、平岡議員が政府答弁の嘘の謝罪と国連条約関連文書墨塗り部分公開などを審議入りの前提条件として突きつけたが、その回答は今までの法務省・外務省の主張を繰り返した代物に過ぎず、与党の審議入りの主張は野党によって一蹴され、法務省・与党は更なる窮地に追い込まれることになった。野党法務委員の闘いと国会前の闘いが与党の「瞬間解凍作戦」発動を打ち砕いたのだ。

今は落選した自民党早川理事の事務所への抗議行動・朝霞駅前

⑺テロ等謀議罪をめぐる攻防（07年）

【偽装する共謀罪＝テロ等謀議罪】 06年暮れ以降、与党国対は「共謀罪の通常国会先送り」をマスコミに流し、反対運動沈静化・分断をあからさまに狙っていた。しかし1月19日、「テロ」対策なら何でもありとする安倍首相が突如「今国会で成立を図るよう」指示し、ドタバタ劇のすえ、自民党条約刑法検討に関する小委員会を設置、２月末に「テロ等謀議罪」案が公表された。その内容は①共謀罪という名前はイメージが悪く一般市民も対象になると思われるからテロ等謀議罪に改める、②対象犯罪をテロ、薬物などの５類型に分け、その数を619罪種あった政府案の５分の１程度に減らすというものであり、従来の「組織犯罪」対策・「条約遵守」との主張を放棄し「テロ」対策名目で共謀罪を偽装した代物であった。「小さく産んで大きく育てる」欺瞞的手法で現代版治安維持法を制定するというのである。

【暴走国会の中で共謀罪審議入りを阻止】 通常国会は大荒れとなった。国民投票法・米軍再編関連法などの悪法を、ことごとく強行採決で突破したのだ。強行採決は衆院だけでも14回、審議強行は53回にのぼり、衆院法務委員長不信任決議まで提出せざるをえない暴挙が続いた。

国会行動も大荒れとなった。教基法改悪反対闘争と共同して国会前を制圧した秋の闘いに恐れをなした警察が、横断幕・ビラ撒きの規制、ミュージシャンとして参加したZAKIさんに唄わせない、座り込みの面前に機動隊が縦隊で立ち妨害するなど、力で押しつぶす暴挙にでてきたからだ。しかし私たちは毅然とした反撃で、暴力的な国会行動圧殺策動を打ち砕いた。そして、集会、国会行動、戦争と治安管理に反対するシンポⅢ、1億2千万共謀の日Ⅳ（自民党法務委理事・早川議員事務所前とマリオン前情宣など）、都教委包囲ネットとの渋谷ジョイントデモと続く闘いは、衆院法務委での共謀罪審議再開を阻止し、安倍首相の「今国会成立宣言」を打ち砕くという大きな成果をかちとった。

【鳩山法相がサミット前成立を公言】 国民投票法制定・教育基本法改悪など突進してきた安倍首相が突然、政権を放り投げ、福田政権が成立した。小泉・安倍流の「戦後レジームからの脱却」路線破綻の部分的手直しと大連立によって支配体制の再構築を進める策動であった。そして「死刑自動執行」暴言を吐いた鳩山法相が「来年はサミットがあるから、臨時国会か、通常国会前半までに成立させてほしい」と共謀罪制定を打ち上げた。参院選惨敗にもかかわらず、初めて法相が成立時期を公言したのである。

そしてこの時期、法務省・与党は共謀罪制定をあきらめるどころか、別の形で・国会審議の外で制

定機運を作り出すことを仕掛けていた。法務省・与党の07年から08年にかけての策動をまとめれば、

①07年２月、安倍首相の制定指示を受けて「テロ等謀議罪」案を公表し「様々な角度から、十分な広報活動を行う」方針を打ち出して以降、②８月末、鳩山法相が「サミットまでに成立」と日程を公言、③10月、尾崎国連薬物犯罪事務所条約局長が民主党・日弁連の「共謀罪なしの条約批准論」批判論文を発表、④08年１月、京都府警が「ウイルス作成」の別件逮捕、⑤２月、三浦和義さんを不当逮捕、反対派であった『日刊ゲンダイ』が共謀罪必要論を扇動、⑥４月、新左翼政治党派に組織的犯罪処罰法を初適用（組織的詐欺罪）、⑦４月、自民党『世界一安全な国をつくる８つの宣言』が、二つの条約批准へ「法整備」をうたう、⑧『警察学論集』６月号古谷論文が「共謀罪なしでの条約批准」論を批判する、⑨５月、衆院法務委で自民党・早川議員が共謀罪とサイバー法などの分割・制定を求めて発言し鳩山法相が同調する、⑩６月、犯罪対策閣僚会議が国連条約とサイバー犯罪条約批准を確認する、⑪10月、山梨県警が銃器犯罪で初めて盗聴を行なったことを公表し、『日経新聞』が振り込め詐欺対策で通信履歴保存期間延長を主張する、などである。

国会審議は煮詰まりきっており、マスコミ・世論の風向き次第で法案の成否が一挙に変わりうることを踏まえ、国会外での共謀罪制定への「広報」―総力戦を仕掛けていたのである。

しかし、９月の「共謀ひろば」成功や日弁連院内集会、10～12月の連続的な国会行動や全政党への廃案要請、日弁連人権大会情宣（浜松）や福岡の仲間による鳩山法相地元での糾弾集会・デモなど、反対運動はまたもや審議入りを阻止した。「テロ等謀議罪」策動に賭けた法務省・与党の目論見は脆くも崩れさり、共謀罪法案が唯一残っているにもかかわらず衆院法務委の審議を開けないところにま

で追い込んだのである。

（8）サミット前成立を阻止！鳩山法曹の屈辱（08年）

【サミット司法・内相会合糾弾の闘い――鳩山の謝罪と秋への突進】　大連立策動の破綻とインド洋派兵・防衛庁疑獄・ガソリン税や年金問題のなかで開かれた通常国会は、予算審議から大荒れとなり、与党にとっては共謀罪どころではない事態が生まれていた。私たちは、敵の総力戦が仕掛けられるなか、「サミット前成立」阻止、鳩山法相糾弾、サミット戒厳態勢弾劾を3本柱として闘うことを確認、3月共謀ひろばⅡ開催で春季決戦に突入した。そして、4月審議入り――憲法59条濫用による衆院強行突破を阻止し、水面下の修正協議による少年法改悪を許したものの共謀罪審議入りは阻止した。「サミット前成立」を掲げた法務省にとって審議入りすら出来ないというのは予想外の事態であったろう。鳩山法相の「サミット前成立」宣言を文字通り打ち砕いたのである。

署名運動のホームページから

「サミット警備」「テロ対策」を名目に、北海道・東京を頂点にして全国各地に、数カ月に渡って戒厳態勢が敷かれた。その大きな特徴は、自衛隊・海上保安庁・入管・警察・消防・自治体・企業・NPO・地域住民などが連携して、非常時即応の予防――民衆動員態勢を構築したことにある。それは、

２つの『行動計画』で準備してきた、国家権力の新たな・暴力的な姿を露呈させた。空中警戒機・イージス艦・中央即応集団を出動させた自衛隊、都道府県警を総動員し、「見せる―威圧する警備」を実施した国家有事警察、そして反グローバリズム活動家の入国を相次いで拒否し要塞国家をつくりだした入管など、それは戦争・治安管理国家への時代を画するエスカレーションであった。戒厳態勢のなかで事前・予防弾圧も急激に増加し、５月以降２カ月間の微罪・別件による逮捕者は、90人を超え、入国拒否者も30数人にのぼった。女性・「不審者」などすべての民衆を潜在的「ホームグローンテロリスト」と見なし、鉄道・道路・街頭などあらゆる場所で民衆の一挙一投足を見張る超治安管理社会が出現したのだ。日本国家に治安グローバル化と戒厳態勢がビルトインされ、「ねじれ国会」という議会政治の機能麻痺・不全の一方で暴力装置が突出してきていたのである。

Ｇ８サミット司法・内相会合糾弾―戒厳態勢弾劾の闘いは、「見せる」警備と予防・微罪弾圧が吹き荒れる中で闘われた。国連条約を全世界に押しつけ治安グローバル化を進める元凶を糾弾する闘いは６・７司法・内相東京会合糾弾デモ―６・11申入れ行動として、戒厳態勢を突き破り展開され、Ｇ８首脳宣言は異例にも「国連条約とその補足議定書の完全な実施への強い支持を改めて表明」した。Ｇ８で唯一批准できない日本政府の体たらくは看過できないということである。政府・法務省に与えた打撃がいかに大きかったかは、暴言実行閣僚・鳩山がサミット司法・内相会合で合衆国司法長官に対して「申し訳ない。早く責任を果たしたい」と異例の謝罪をせざるをえなかったことで明らかである。私たちはＧ８サミットが世界に扇動してきた共謀罪を阻止するという具体的成果をもって、サミット糾弾の闘いを共同の闘いとしてうち抜き、敵を更に一歩追い詰めえたのである。

（9）遂に3度目の廃案獲得（08秋～09年）

【福田の政権放り投げ―危機のなかで支配能力を喪失する自公政権】米・多国籍軍のイラク敗退とリーマンショックで津波のように押し寄せたアメリカ発世界恐慌勃発の危機は、全世界の支配階級を震撼させた。共謀罪などで守ろうとしていた「グローバル資本主義」そのものが危機を迎えていた。そして安倍に続く福田首相の政権放り投げ―麻生政権誕生とその迷走は、日本の支配階級が深刻な危機にあることをも世界に知らしめた。

崖っぷちまで押し込まれた政府・与党にとって共謀罪を成立させる道はもはやそう多くなかった。共謀罪の名を捨て、法案を共謀罪とサイバー法関連に分けるなど「小さく生んで大きく育てる」手法を探るしかなく、国会戦術的には、民主党篭絡か衆院再可決の荒業かのいずれしかないが、足元がおぼつかなくなっている自公政権にそのような法案処理能力があるのか？が問われていた。しかし鳩山総務相や漆間（うるま）元警察庁長官が政権中枢を占めており、早川政務官らは政治の表面にあらわれない民主党篭絡のステルス作戦を始めていた。また10月下旬、ＦＡＴＦ金融活動作業部会が「日本政府のマネロン対策は不十分であり、国連条約を批准していない」と非難する審査結果を公表し、法務省・警察庁を援護し始めた。国会ねじれ状況や一国主義的観点に囚われた根拠のない「楽観論」を払拭し、「帰ってくる?・」共謀罪に警鐘を鳴らし続けることが問われ、国会行動を中心に闘いは続けられた。

09年春、底の見えない経済危機、小沢秘書逮捕、「衛星」発射騒動などで永田町は揺れに揺れ、解散をみすえた「一寸先は闇」状況の中で、通常国会の共謀罪攻防は続けられた。解散＝３度目の共謀罪廃案となる総選挙が迫り、与党が選挙で衆院再可決を濫用しうる議席数を確保することはどう転んでも不可能であった。民主党「マニュフェスト」は共謀罪新設に反対していた。６年余に渡って阻止してきた共謀罪法案の永久廃案を勝ちとる絶好のチャンスが到来したのである。

09年春の法務委は、強行してきた治安管理国家化が至る所で綻びをみせ、裁判員法施行・捜査可視化・死刑など難題が山積みしていた。６年越しの懸案＝共謀罪法案をめぐる攻防にとっても最後の正念場であった。与党は『犯罪に強い社会を実現するための行動計画２００８』の要にすえた改悪入管法・入管特例法（在留カード・外国人基本台帳）の審議入りを強行して自・公・民共同修正で成立させ、児童ポルノ法の修正協議も水面下で進んでいた。

私たちは、大きく流動する政局に揺さぶられることなく、大衆運動の力で共謀罪永久廃案への道を突き進む道を歩んだ。「共謀罪は終わった」との風潮が蔓延する中で、国会前などで大衆的に反対の声をあげるのは私たちだけになっていたが、この持続抜きに３度目の廃案を永久廃案につなげる道、戦争・治安管理国家化を撃つ道はないからである。そして３月22日戦争と治安管理に反対するシンポⅣを「反テロ戦争と新自由主義が破綻する中で、以降、日本―世界の治安法・弾圧はどう変化するか、どう闘うか」と方向性を明確にして開催、エスカレートする弾圧・治安管理・戦争攻撃をはね返す反治安法戦線構築へ、更なる一歩前進をかちとった。

７月15日、私たちは長期の闘いですっかり馴染みになった衆院第２議員会館前路上での昼休み集会で「勝利宣言」を発した。長く、山あり谷あり断崖絶壁ありの激闘は、ひとまずであれ「望外の」結果、民衆の勝利に終わったのである。

2　総括と展望

(1)歴史的勝利の意味

①大衆運動の実力で勝ち取った「3度目の廃案」　私たちは、法案上程以降だけでも6年半・15国会を執拗に闘い、06年春激突以降も3年間に渡って共謀罪法案の再審議入りを許さず、廃案を実力でかちとった。3度目の廃案であり、その意味は巨大である。03年・05年の廃案が選挙による廃案であったのに比べて、今回の廃案は国会内・外の激突とサミット圧力に抗する執拗な反撃の成果としてあり、共謀罪推進派＝自公政権が崩壊し、法務省の構えも大きく後退・混乱しているからだ。

共謀罪廃案は、00年春に国連条約批准反対―組対法改悪阻止！を掲げてから10年近くに及ぶ稀有な治安法攻防の成果であり、1995年暮れ以降の破防法団体適用反対闘争の蓄積の結実でもある。長期にわたって執拗かつ激しい攻防を闘いぬき、大衆運動の力で勝利を勝ちとった意義は大きい。

②瓦解した自公政権―崩壊過程に入った共謀罪推進派　遂に自公政権が崩壊し、「共謀罪なしの条約批准は可能」論を唱える民主党連立政権が成立した。共謀罪法案は、小泉・安倍・福田・麻生ら自公政権の戦争・治安政策の大きな要として画策され、とりわけ05年郵政選挙以降の与党絶対多数によって絶えず衆院再可決・制定の圧力にさらされてきた。しかし私たちは、「どうせ制定されるだろうが…」等の負け犬根性を超えて、「本気で勝ちにいく」闘いを執拗に展開して遂に廃案に追い込んだ。

弾圧に晒されるなかで、共謀罪攻防には日本の民衆運動の未来がかかっていると、大げさにではなく実感していたからである。

闘いは、日本の新自由主義・新保守主義政権に打撃を与え、戦争・治安管理国家化に風穴をあけるという大きな成果をかちとった。支配の戦争・治安戦略への打撃の大きさは、洞爺湖サミットであの鳩山法相がアメリカ・イタリア両政府に謝罪せざるを得なかったことだけでも推し量れる。

③**戦争・治安管理国家化に大きな風穴をあける成果の獲得**　共謀罪攻防は、「近来稀な治安法攻防・論争」と言われてきた。実際、共謀罪新設は、戦前の治安維持法や戦後の破防法をすら上まわる、近代刑法原則を逸脱した治安法であり、労働運動・大衆運動はもとより市民社会総体を窒息させる超弩級の攻撃としてあった。日本の支配階級にとっては、刑法全面改悪は悲願としてあり、70年代初頭の「改正刑法草案」は㋑刑の重罰化、㋺集団犯罪類型の導入、㋩保安処分新設を狙い頓挫したが、以降の迂回戦略で㋑は04年刑法改悪として、㋩は医療観察法制定として、曖昧なかたちではあれ既に実現されている。問題は、㋺㋩を通して、近代日本の法原則―実行行為処罰を超えて予防刑法に原理的に転換することが出来るかどうかにあった。厳罰化―社会の至るところでの治安管理強化はエスカレートしているが、総体としての「安定」をなしとげるためには統治理念の転換が必要とされていたのだ。その意味では、共謀罪新設の頓挫は、日本の支配階級の国家理念・戦略の不在―支配の脆弱さを露わにしたものとも総括しうる。

④**団結禁止法攻防に勝利できる確信**　共謀罪新設攻撃は、「錆びた宝刀」と化した破防法、機動的に使える99年組対法が充分に機能しえない状況を、「外圧」を口実に一挙に突破するものとして画策さ

れた。組対法3法が①実行行為の刑の加重・財産没収しかできない、②警察権限で行政盗聴できない、③司法反動に民衆動員できない限界を、共謀罪新設—盗聴拡大など「新しい捜査手法」導入—司法「改革」で突破しようとしたのだ。その先にはテロ団体指定制度を含むテロ対策基本法すら射程に入れられていた。

しかし攻撃が超弩級であるからといって、反対の声が直ちに巻き起こる状況の中に私たちはいない。悪法ラッシュにもかかわらず、有事立法、教基法改悪、国民投票法、高齢者・障害者切捨てなどのほとんど全てを阻止しえなかった苦い経験の中に、私たちは今も置かれている。実際、戦後に治安立法を阻止しえたのは警察官職務執行法、政治的暴力行為防止法、刑法・拘禁4法改悪、国家機密法、近年では敗訴者負担法くらいのものであり、共謀罪制定阻止はそれに次ぐ大成果である。とりわけ共謀罪論争のなかで「話し合っただけで罪になる」「現代版の治安維持法」とレッテルを貼りつけて打ち破り、広汎な世論の反撃を勝ちとった成果は、以降の闘いにとって大きい。

(2)国会内・外を貫く大衆運動の力で阻止

長期攻防を闘いぬけた力は、支配の攻撃を戦略的に見通して先行的に闘いを始め、「本気で勝ちにいく」構えを闘いのなかで共有し、共謀罪が極めて危険な悪法であることを徹底して訴え続けたこと、国会議員・弁護士・労働運動・市民運動など広汎な運動陣形の「廃案一点での共闘」を綱渡りであれ堅持したことにあった。勝利をもぎとりえた要因は次のようなものである。

①課題・要求は運動の力で勝ち取るものであり、「本気で勝ちにいく」闘いをどう実現するかが鍵と

雨をついて、台風(かぜ)を熱気ではね返し、共謀罪を阻止した10年、そして永久廃案へ

なる。私たちは政治闘争を単なる反対の意思表明・カンパニアとは考えてこなかった。「制定阻止は不可能、長期の抵抗が必要」「玉砕ではなく厳しい縛りをかけよう」などの諦めの声を超えて、ハンスト・山手線全駅情宣など考えうるあらゆる戦術・方策を駆使して、勝利への闘いをそれこそ執拗に・執拗に10年近くの長期に渡って展開しえたことが勝利の最大の要因である。

②少数派が執拗に闘うためには、国家権力の策動を僅かな情報と討論で見切り先行的な戦略的対抗ができるかどうか、が問われる。既に98年時に国連条約策動を察知し、00年の新聞の小さな記事からそれが組対法・刑法改悪としてかけられると見切り、法制審議会諮問の2年も前から共謀罪反対闘争を開始していたことが、権力より先行した理論的・実践的蓄積を可能にしえた。また闘う国会議員や弁護士との連帯の蓄積は、法務省・国会の動きを活き活きと掴みながら、翼賛国会に切り込む大きな財産であった。

③長期の闘いは常に時代と切り結んでいるとの確信抜きには成り立たない。その意味では、共同行動・組対法全国ネットに結集する仲間への連続した弾圧―関西生コン支部弾圧、港合同弾圧、オートウェイ争議弾圧、中大生協争議弾圧、法大弾圧、あるいは立川反戦ビラ入れ弾圧などへの怒りとの結合が「何としても共謀罪を阻止する」原動力として大きかった。治安立法阻止と現場の反弾圧闘争の相互往還が必要であり、その中で治安法との闘いも現場の反撃も豊かになっていく。

この点では、ビッグレスキュー2000への共同した大衆的反撃は成功したが、以降、『犯罪に強い社会を実現するための行動計画』『テロの未然防止に関する行動計画』などの実質的な「テロ対策基本法」体制構築策動と生活安全条例全国化キャンペーンを正面から対象化する闘いと陣形を大きく

話し合うだけで罪になる

つぶそう！　現代の治安維持法＝共謀罪

「蟹工船」を著した小林多喜二は、治安維持法と特高警察によって殺された。
共謀罪新設阻止は、現代の労働者民衆が団結し、生きるための共通の闘いだ

小林多喜二

倒産・解雇に怒り、労働者は生きるための共謀を開始した

京品ホテル「廃業」に怒り労働者が自主営業を開始

トヨタを支える工作機械企業森精機の派遣労働者ストに衝撃

職場闘争の力を国会前へ粘り強い共謀罪阻止行動

「実行行為の処罰」から、思想処罰へと大転換

共謀　「ストライキしよう」と話し合った → **準備**（予備）　宣伝物作成、預金引落し、下見など → **未遂**　ストライキをやろうとした → **実行**　入口で座り込みだ！

共謀罪ができたら…
この時点で弾圧へ
思想処罰・団結禁止だ！

ストライキに対して「威力業務妨害」デッチ上げて弾圧

しかし

警察は、話し合いの現場を押さえようとします…

あなたのメールが…
リアルタイムでのぞかれる!?

あなたの会話が…
警察に盗聴される!?

仲間の中に…
スパイが送り込まれる!?

警察の捜査のやり方が無限に拡大し、警察監視社会、密告社会になってしまいます！

こんなことまで「犯罪」に！

例① 労働組合で、要求に応じるまで社長の退席を認めず団体交渉を続けようと話し合ったら　…→ **組織的監禁共謀罪**

例② 市民団体で、不買運動のために「会社の前でビラをまこう」と話し合ったら　…→ **組織的威力業務妨害共謀罪**

例③ 節税対策について、税理士に相談しに行ったら　…→ **脱税共謀罪**

こんなケースでも共謀は成立する

共謀罪は“現代の治安維持法”こんな法律を絶対に作らせてはなりません!

共謀罪の起源…

共謀罪の原型はイギリスにあります。１７８３年、イギリスの裁判所は労働者の賃上げ闘争に対して「どれだけ対価を受けて働くかは各人の自由であるが、特定の賃金以下では働かないことを申し合わせるのは共同謀議罪だ」と有罪判決を下しました。つまり労働者が団結することそのものを“罪”としたのです。

共謀罪新設反対 国際共同署名運動のビラを引用

08年12月16日　　ビラ

構築しきれなかったことは悔やまれる。「安全・安心—防犯・防災—反テロ・国民保護」を口実とした敵の包囲網を食い破ることが、以降も課題である。

④共謀罪反対闘争は、99年攻防の闘争陣形の異例の持続の中で闘われた。民主・社民・共産・無所属／日弁連など法曹団体・刑法学者／共同行動・組対法全国ネット・国際共同署名運動・盗聴法に反対する市民連絡会・アムネスティーなどのＮＧＯ・国民救援会／ジャーナリスト・表現者／様々な労働組合の署名活動／地方議会決議など反対の声は大きく広がり、国会前での、時には機動隊に包囲された少数の座り込みを背後から支えてくれた。各団体が取り組んだ反対署名は最終的に40万筆を超えた。しかし、デモや街頭宣伝など街に出て訴え、国会前に座り込むのはほぼ私たちのみであり、総陣形での闘いは、院内集会、弁護士共同呼びかけの国会デモ、あるいは超党派国会議員呼びかけの星陵会館集会などにとどまらざるをえなかった。この背景には長期に渡る治安立法・弾圧攻防を担いきれない運動体の力量低下と後退、あるいは安全安心キャンペーンの浸透がある。反治安法闘争にとどまらず、99年以降の歴史的激動の中での攻防を改めて総括しなおす必要がある。

⑤各運動体の多彩な討論会・学習会も数えきれないほど開かれた。『共謀罪と治安管理社会』（社会評論社　２００５年４月）『「治安国家」拒否宣言』（晶文社　２００５年６月）などが出版されて理論的批判が蓄積され、多数のパンフは闘いの意味を共有し訴える武器となった。

共同行動や国際共同署名運動のホームページ、更に、良心的ジャーナリストやマスコミ、保坂議員「どこどこ日記」やＮＧＯなどのインターネット政治の力がフルに発揮され、現代版治安維持法反対の全国的な世論形成が勝ちとられた。『東京新聞』特報部の記事が国会論議を先導し、与党委員に

サンデー毎日

共謀罪が招く「窒息社会」

「平成の治安維持法」

週刊現代

共謀罪で「あなたもスグに逮捕される」

誌上シミュレーション

小泉「言論封殺」政権の暗黒〈短期集中第２回〉

迫る「密告社会」「監視社会」

酔っておだも上げられない

スポーツニッポン

「CDコピーして売ろうぜ」「賛成!!」それって共謀罪なの!!

SPA! OBJECTION

NO! 凶暴な共謀罪

新聞・テレビが報じない［共謀罪］トンデモ議事録

与党議員・官僚による共謀罪審議のトンデモ発言集

「官庁は悪いことをしない」

「まばたきでも共謀」

SPA

週刊大衆

井戸端会議で主婦が御用に！

異議アリ！

成立目前 共謀罪 世紀の悪法 末世的恐怖

なんでも逮捕、すぐ逮捕は本当なのか？

週刊現代

週刊誌も毎週書きました

ワシントン大行進に合流して共謀罪反対を訴える(04年10月)

「見渡す限り共謀罪反対」と言わしめるほどの威力を発揮した。

⑥国会内・外を貫く闘いと翼賛国会への執拗な切り込み、闘う国会議員への訴えが成功したことである。05年春に自・民の修正協議が進行するなか、人権派議員が点から線へ繋がり「廃案へ」の流れが形成された。7月に超党派国会議員23名呼びかけで開かれた星陵会館集会が1カ月遅れていれば手遅れであったろう。攻防は文字通り生き物である。また条約交渉記録墨塗り開示問題や国連条約5条・34条解釈問題の暴露、日弁連の条約批准状況調査などを通じ、条約締結に賛成した民主党が「共謀罪新設不要」論に転換したことは、限界があるとはいえ、追い詰められた国会攻防の中では大きかった。

⑦戦争と治安管理に反対するシンポの継続、教基法改悪反対闘争とのジョイント、地域での反戦・反治安法闘争など、課題に固執し・課題を越えて共闘に踏み出す構えを創り出し、反治安法戦線形成に踏み出したことである。諸戦線が交流・連帯し討論する場としての「戦争と治安管理に反対するシンポ」は回を重ね定着してきている。99年以来の戦争法・治安法・労働法を三位一体で捉える構え、2004年にカンパを積み上げて派遣した愛国者法と闘うワシントン百万人労働者行進への参加など国際連帯への構え、G8サミットとの闘い、3つの犯罪対策閣

僚会議『行動計画』への警鐘など、共謀罪反対闘争のなかで手がけた課題は極めて重要であり、以降もその具体化が問われている。

⑧それにしても圧倒的多数の政府・法務省はなぜ強行突破に走れなかったのか？　政治的には、条約締結承認で共謀罪はいつでも通せるとの与党の安易な読み、司法「改革」・入管法改悪などの重要課題を先行させた法務省の判断の誤り、名古屋刑務所問題や警察腐敗などの矛盾噴出、あるいは「仲良し法務委」の協調路線を保ちたいなど、幾つもある。更に大状況としてみると、改憲を見据え、民主党との決定的対立を避けて修正協議に取り込みたい思惑があったことは明白である。また理論的にも隙だらけ・矛盾だらけであった。しかし、いずれにしろ敵の思惑・判断ミス・理論的誤りをつき、力で超える闘いを国会内・外に創りだした私たちの闘いの勝利である。力及ばず国連条約やサイバー犯罪条約締結承認を阻止しえず、サイバー対策法反対の声を大きく持続することは出来なかったが、95年末からの破防法団体適用阻止闘争の勝利、ギリギリまで追い詰めた99年組対法3法反対闘争の成果を受け、新治安法体系の扇の要＝共謀罪制定を阻止することで、団体取締り法のレベルに限れば、2勝1引分にまで持ちこみえた、といえる。

(3) 共謀罪永久廃案―戦争・治安管理国家との全面対決への道を拓こう

世界的な大流動・激突の時代が到来した。ブッシュがオバマに変わり反「テロ」戦争という言葉を使わないと宣言しようと、自公政権が崩壊し民主党連立政権ができようと、「１００年に一度の経済危機」の中で、以降、路線をめぐる激突・既成政治液状化―大乱は必至であり、支配の危機・混迷への労働者民衆の批判・反撃・対決は高まる。オバマ政権誕生も、民主党連立政権登場も、支配階級の深刻な危機と戦略展望喪失の結果であり、この攻防局面は続く。新自由主義グローバリズムの危機―反「テロ」戦争の破綻は、現在進行形であり、こうした激動の中で支配階級が導きだす結論は、より大規模に・内外の労働者民衆の反撃を封じ込め、弾圧する「戦争と治安管理強化の道」以外にはありえない。

「変革の旗手」として登場したオバマ政権の帝国主義的本質は、グアンタナモ被収容者を解放せず、愛国者法などブッシュ時代の戦争・治安法を廃止せず、逆にサイバー戦争や「オバマのアフガン戦争」を推進していることに端的に現れている。ノーベル平和賞受賞式で「正義・平和のための戦争」演説をする時代なのだ。共謀罪に関連していえば、国際的組織犯罪条約は「9・11」によってではなく、それ以前にクリ

※これは、共謀罪新設に反対するビラです。

衆院解散　自公政権ついに崩壊へ

「共謀罪」3度目の廃案

固執する法務省　形変え再チャレンジ？

7月21日の衆院解散に伴い、事件がなくても会話を処罰できるという「共謀罪」新設法案が、今回で3度目の廃案を迎えることとなった。史上例を見ない今回の事態は、「自公政権崩壊前夜」がささやかれる今となっては、世論が政権ごと法案を「否決」したともとれる。「共謀罪」は、果たしてこのまま永久に廃案となるのか。

「共謀罪」法案は、03年の国会初提出以来、国会前での座り込みなど反対運動が長期に渡って続けられるなかで、「現代の治安維持法」という異名が広まった。かつて反戦運動を弾圧した治安維持法を想起させるもので、政府がギリギリのところで衆院を通過させることができないまま、廃案と再提出を繰り返してきた。

6年以上に渡った治安法制定を巡る攻防は、「自公政権の終焉」という形で反対運動の側が「ひとまず粘り勝ち」となる模様だ。しかし、法務省は依然として成立をあきらめておらず、新政権の抱き込みと「形を変えた法案」を模索してくることは必至だ。

国家が捜査当局にフリーハンドを与えるのか、それとも民衆が治安管理強化に風穴をあけるのか。思想・表現・結社の自由や団結権といった憲法の根本をも揺るがす攻防は、いまや新たな段階に突入しようとしている。「共謀罪」新設に反対して署名運動を展開してきた人は、「法務省が、国際的組織犯罪条約を大義名分に、再び共謀罪を持ち出す可能性は十分ある。法案分割や『反テロ』法という方策も官僚の視野にあるだろう」と分析し、「あらゆる懐柔やペテンを許さず治安管理国家化の動きと原則的にたたかう必要がある。職場や地域から〝共謀〟を広げよう」と訴えた。

国会前に大挙かけつけ「民主党案丸呑みは詐欺だ」「共謀罪は廃案に」と叫ぶ人々（06年6月2日）

廃案が、直接には衆院解散によるものとはいえ、これは麻生首相の「成果」ではないであろう。「共謀罪」法案への根強い反対運動は、〈現代の治安維持法〉との異名を世論に浸透させた。歴代の法相が成立へ決意表明をしても、衆院法務委員会での採決には結局持ち込めなかった。05年には南野法相（当時）が答弁不能に陥って法務委員会がストップし、そのまま廃案。06年には審議入り強行で委員会が騒然となる様子がニュースに。「対決法案」として政権を揺るがす事態に発展し、小泉首相（当時）が採決に「待った」をかけざるを得ない状況に。「民主党案丸呑み」騒動も、「詐欺だ」と見透かされて空振りに終った。鳩山前法相は「サミットまでに成立」と宣言しておきながら一度も審議できず、サミットで大恥をかく始末だ。

衆院3分の2勢力という絶対多数与党を擁した自公政府の重要法案にもかかわらず、6年以上も採決強行させず、3度もの廃案に追い込んだことは、本当にかつてない勝利だ。この地平から、私たちはさらに共謀罪を永久廃案へと追い込んでいく。労働運動・市民運動の力強い展開を基礎に、「戦争と治安管理国家化」と対決する運動を構築して、支配の鎖を引きちぎっていく決意だ。

治安管理国家化の要をなす共謀罪にとどまらず、「戦争と治安管理国家化」総体にまとまって反撃することが必要だ。「在留カード」導入で、外国人を治安管理し差別・分断する入管法改悪の成立強行を弾劾しよう。微罪逮捕、政治弾圧、街頭監視を許すな。組対法の政治団体への適用、治安維持法と一体で制定された暴処法の学生運動への適用に反撃しよう。共謀を広げて闘おう。

改悪入管法成立弾劾
共謀罪は永久廃案に

09年7月15日発行

破防法・組対法に反対する共同行動

東京都新宿区西早稲田2-3-18-31日本基督教団社会委員会気付　電話 03-3207-1273　メール kyodo@hanchian.org

ビラ　09年7月15日

ントン民主党政権が進めたものであることを忘れるわけにはいかない。変化するのは「対テロ戦争」「侵略戦争」の姿・形だけに過ぎない。

民主党連立政権は安保・防衛・治安・労働政策などあらゆる点で危うい。そもそも民主党には、「新たな戦前」への曲り角とされた99年の悪法ラッシュ以前にまで歴史の歯車を巻き返す構えはない。3つの『行動計画』によって日本が要塞国家・治安管理国家と化している事態への危機感もない。人権侵害チェックは出来うるが、新自由主義・新保守主義路線と根本的に対決しきれないのだ。とりわけその「危機管理庁」構想は緊急事態法・国家機密法制定と一体の危険な構想である。

法務省は、以降も国連条約批准を大義名分にして共謀罪類似法案の制定策動を進めるだろう。現時点で条約を批准していないのはＧ20で日本と韓国のみであり、08年金融活動作業部会対日勧告も日本政府が条約を批准しないことを非難している。共謀罪に類似の団結取締り法は、民主党政権下でも共謀罪法案分割やテロ対策基本法制定など、姿・形を変えて策動されるだろう。また警察庁は警察捜査全面可視化に横槍をいれ「盗聴拡大・おとり捜査・司法取引」のダーティーな捜査手法導入を条件として言い立て、民主党中井洽国家公安委員長が推進の先頭に立っている。政治が危機に陥るほどに、警察・検察は「社会の守護神」を僭称して突出しようとするのだ。私たちは「盗聴拡大・おとり捜査・司法取引」が共謀罪とセットの攻撃であったことを忘れるわけにはいかない。

確かに戦争・治安管理国家化攻防をめぐる構図、あるいは労働運動・民衆運動をめぐる構図は自公政権崩壊で大きく変化している。とりわけＮＰＯ活用を謳う民主党連立政権下では多くの様変わりが起きている。しかし私たちは、サッチャー保守党から政権を奪取したイギリス・ブレア労働党政権が

「第3の道」と称して刑罰帝国を構築した教訓を忘れるわけにはいかない。日本でも村山社会党連立政権が自衛隊合憲論で戦後革新の背骨を自ら折り、破防法団体適用請求に走った経験がある。大流動のなかでは、支配総体の危機を見据えきり、大衆運動の実力で勝ちにいくことを鉄則にする必要がある、そうでなければ「世の中」は決して変わらない、これが共謀罪反対闘争で得た私たちの教訓である。

＊　＊　＊　＊

初めて闘いの烽火をあげた２０００年の治安国家化と対決する！7・29集会は、そのサブスローガンを「自由を！団結を！わたしたちは戦争を拒否する」としている。しかし21世紀に入って以降、戦争・治安管理国家化が急激に進み、生きる自由・闘う自由は大きく制約・圧殺されてきている。各領域での反撃は重ねられているが、個別撃破されてきたのが実情であり、戦争・治安管理攻撃の画段階的なエスカレーションに全面的に抗する共同反撃の闘いはいまだ途上にある。支配階級が「戦争」「治安」を第一級の政治課題にすえているにも関わらず、民衆運動はそれに立ち遅れていると言わざるをえない。治安法攻防、エスカレートする弾圧との攻防で、支配の攻撃を打ち破るためには今一歩飛躍した陣形構築を図る必要がある。戦争・治安管理国家化の全貌を暴きだし、トータルな反撃への論理と橋頭堡を共に創りだそう。

「共謀罪の新設を容認する刑法等の一部改正案」に
反対する刑法学者の声明

「越境的な組織犯罪の防止に関する国際連合条約」を批准するために、そこで要請されているものを国内法化するものとして、第１５９回国会に提出され、継続審議となっている「犯罪の国際化及び組織化並びに情報処理の高度化に対処するための刑法等の一部を改正する法律案」は、現在開会中の通常国会で審議が予定され、近々衆議院法務委員会で審議が開始されようとしている。その法案において、共謀行為を単独で処罰対象とする共謀罪が新設されようとしている。

法案は、組織的犯罪処罰法に第６条の２を新設し、「団体の活動として、当該行為を実行するための組織により行われるものの遂行を共謀」した者は、「死刑又は無期若しくは１０以下の懲役又は禁錮、「長期４年以上１０年以下の懲役又は禁錮の刑が定められている罪」については２年以下の懲役又は禁錮に処すると定め、「共謀罪」の独立処罰の新設を提案している。

「共謀」とは、犯罪を共同で遂行しようとする意思の合致（謀議）であり、その結果として成立した合意である。ところで、犯罪とは、一般的に、犯罪を決意し、その準備に取りかかり、さらに実行に着手し、結果を発生させることであるが、その処罰は、結果を発生させた既遂犯処罰が原則であり、実行に着手しているが結果が発生しなかった未遂犯が例外的に処罰され、さらにその例外として、特に保護法益が重大な場合に、準備行為を行ったけれども犯罪の実行には着手していない予備罪が処罰されている。

ところが、「共謀」は、準備行為も行っていない意思だけにかかわるものであり、これまでは処罰の対象外であった。「思想は税を免ぜられる」の原則に基づくものであり、「共謀」の独立処罰は、この原則に真っ向から刃向かうものである。

条文では、「団体」や「組織」を要件の一部としているが、その対象を組織犯罪に限定していない。長期４年以上の懲役又は禁錮が規定されている犯罪については、組織犯罪とは無関係に行われたが、２人以上の団体活動で行った場合に、共謀罪が成立することになる。そもそも「共謀」は２人以上の者による相談であり、団体認定をしなくても、この条文に当てはまるであろう。

法案は共謀罪の独立処罰を組織的犯罪処罰法の一部改正としているが、それは、思想の処罰という共謀罪の独立処罰の本質を覆い隠すものである。長期４年以上の懲役又は禁錮の刑が定められている罪は５５０を超え、団体や組織で限定できないのであれば、一般犯罪そのものが対象となるのである。それは、刑法そのものの改正であろう。

また、「共謀罪」の独立処罰は、犯罪認定の主観化を招き、取締り当局の主観による取締りを容認することになるであろう。このような状態を容認した場合、健全な市民社会はどこにいってしまうのであろうか。

私たちは、健全な市民社会を守り、刑法の基本原則を守るためにも、共謀罪の独立処罰を容認する「刑法等の一部改正案」に強く反対する。

右声明する。

２００５年６月１９日

呼びかけ人

法政大学名誉教授	吉川　経夫	京都大学名誉教授	中山　研一
東北大学名誉教授	小田中聡樹	龍谷大学教授	村井　敏邦
東北大学教授	斉藤　豊治	関東学院大学教授	足立　昌勝
九州大学教授	内田　博文	大阪市立大学教授	浅田　和茂

撃て！　警察管理社会 ー
共謀罪を廃案へ７・７集会

18時～星陵会館（国会裏・日比谷高校隣）

議員･弁護士･学者･表現者･労組･市民などのリレートークや唄など

■呼びかけ…足立昌勝さん（関東学院大学教授・刑法）　大洞俊之さん（立川反戦ビラ被弾圧者）　小田原紀雄さん（日本基督教団牧師）　海渡雄一さん（弁護士）　斎藤貴男さん（ジャーナリスト）など

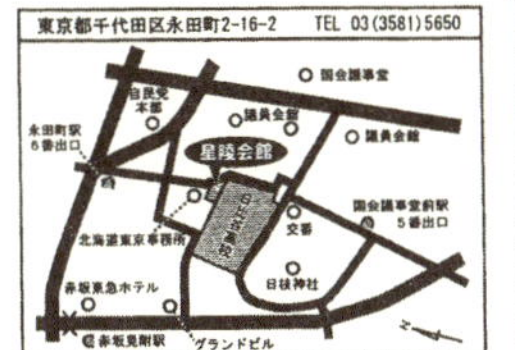

ビラ

国際的組織犯罪条約と共謀罪の制定に反対する申し入れ

昨年11月、国連総会で「国際的組織犯罪条約」が採択され、12月には、イタリアのシチリアで日本政府を含めた121カ国が条約に署名した。「国際的組織犯罪を防止し及び鎮圧するための協力をいっそう効果的に促進することにある」と目的をうたう同条約は国際人権規約に背反する、まれにみる人権侵害法であり、私たちはその批准に反対である。

すでに昨年4月以来、マスコミ各紙は「国際的組織犯罪条約」調印に伴い貴省が国内的にも法整備を急ぐと報じている。貴省も私たちの1月23日付申入れに対し、国内法整備と批准がセットである旨、明言した。国内法整備の内容は不明であるが、例えば毎日新聞2000年5月21日は「法務省は二十日までに、捜査協力者の刑事責任を免除する『刑事免責』や、組織的犯罪グループへの参加自体を罪とする『参加罪』など、現在の日本の司法体系では認められていない制度を導入する方向で本格的な検討に入った。…組織犯罪対策法や刑事訴訟法を改正し、捜査力を強化しようとの狙いがある。」としている。報道が事実であるとすれば、思想・表現・結社の自由、通信の秘密、適正手続きの保障などを定めた日本国憲法を蹂躙するものであり、戦前の治安維持法、戦後の破壊活動防止法を遥かに超える結社禁止法・人権抑圧法となることは不可避である。国際的にも立ち遅れが著しいと指摘される日本の人権状況を一挙に悪化させる愚行と言わざるをえない。以上の条約に関わる判断と1995年以来、破防法・組織的犯罪対策3法に反対してきた立場から、私たちは日本政府が同条約の批准を行い国内法整備作業にはいることに反対である。貴省が関係省庁と進めている条約批准並びに組対法・刑訴法等の「改正」作業を直ちにやめるよう強く申し入れる。

既に外務省・警察庁共催で1月30日から3日間「アジア・太平洋国際組織犯罪対策会議」が開かれるなど、条約批准への作業が急ピッチで進められているが、民衆に条約の内容も明らかにしないまま治安立法を企図するのは卑劣である。その上で、貴省が現在進めているとされる「改正」作業について以下の点を明らかにするよう求める。

1　**条約批准に関連する事項**

a　条約並びに議定書の日本政府訳を公開するのはいつか？

b　条約批准への見通し、貴省が予定しているタイム・テーブルは？

2　**国内法整備に関連する事項**

a　法制審議会に諮問するか？　時期はいつ頃か？

b　報道では２００２年に組対法・刑訴法「改正」とされているが事実か？　あるいは単独立法か？

3a　「現在の日本の司法体系では認められていない制度の導入」とは条約のどの内容か？

b　イ　組織犯罪集団への参加あるいは実行行為を伴わない共謀の犯罪化（３条）　ロ　犯罪収益洗浄の犯罪化（４条）　ハ　特別な捜査手法（15条）　ニ　証人の保護（18条）　ホ　刑事免責等（18条の３）　ヘ　予防（22条）の各内容について、貴省の見解と今後の対処は？

以上の申入れ、質問事項について４月27日までに文書で回答されたい。

２００１年４月18日

破防法・組対法に反対する共同行動
東京都新宿区西早稲田２―３―18

2004年3月29日

盗聴法改悪への道をひらく
サイバ-犯罪条約の批准に反対します。

3月26日、衆議院外務委員会で審議の不十分なままサイバ-犯罪条約の批准の手続が採択されました。与党の自民、公明が賛成、民主党は条件付賛成、共産党、社民党が反対しました。近日中に衆議院本会議で同条約の批准の是非の採択がおこなわれると思われます。私たちは、盗聴法改悪への道をひらくサイバ-犯罪条約の批准に反対します。

1、多くの国が批准を躊躇しています
サイバ-犯罪条約は欧州評議会によってつくられたものですが、批准国は、アルバニア、クロアチア、エストニア、ハンガリ-の四カ国にすぎません。イギリス、フランス、西ドイツ、イタリアなど欧州の主要国は署名していますが、批准はしていません。アメリカも批准していません。条約に様々な問題があるため、躊躇しているからです。なぜ、こうしたなかで日本が批准をいそがなければならないのでしょうか。しかも外務委員会では、多くの問題点が指摘されているこの条約の批准に疑問をなげかけている法律家団体、プロバイダ-業界の意見を聴くこともなく、批准を採択したのです。

2、同条約は盗聴法の大改悪への道をひらくものです。
同条約は、「通信記録のリアルタイム収集」(２０条)、「通信内容のリアルタイム傍受」(２１条)をもうけ、締約国に「立法その他の措置」をとることをもとめています。このリアルタイム収集、リアルタイム傍受は、日本の盗聴法の大改悪なくしては実現できません。盗聴法は盗聴捜査の要件の一つとして「罪が犯されたと疑うに足りる十分な理由がある場合」と過去に犯罪おこなわれたことをあげています。しかし、サイバ-犯罪条約における通信記録のリアルタイム収集、通信内容のリアルタイム傍受ではそのような要件は一切つけられていません。犯罪とリアルタイムにおこなう収集、傍受とは犯罪の恐れ、「将来の犯罪」を前提としたものにほかなりません。これは、盗聴法の大改悪なくしてはなりたちません。

3、現行の刑事訴訟法の捜査は、書類や物などの「有体物」を対象とし、コンピュ-タ-・デ-タ-を捜査・押収の対象とはしていません。
しかし、サイバ-犯罪条約はコンピュ-タ-・デ-タ-を犯罪捜査の対象としており、現行刑事訴訟法の大きな転換が求められることになります。事実、政府・法務省提出のサイバ-犯罪条約の批准にむけてだされた国内関連法は、裁判所の令状がなくとも警察の求めで通信記録を保全できるとされています。これは憲法、現行刑事訴訟法などに違反するものです。こうした重大な問題を一つ一つ慎重に議論せず、批准をいそぐ政府・外務省の姿勢は厳しく批判されなくてなりません。

4、サイバ-犯罪条約は、国際捜査共助に関して、「双罰性」の要件が曖昧です。
双罰性とは、捜査を要請する国と要請される国の法律で同じく犯罪とされる行為についてのみ捜査共助するということですが、アメリカやイギリスの人権団体からも指摘されているように、同条約ではこの双罰製の要件が曖昧で、緩和されています。例えば、条約29条では、コンピュ-タ-・デ-タ-の応急保全については、双罰性を要求してはならないとされています。このようにサイバ-犯罪条約は、国際捜査共助で一部に双罰性を要件としない場合を認めています。これは重大な問題です。

このようにサイバ-犯罪条約には多くの問題点があります。私たちは同条約の批准に反対します。

盗聴法の廃止を求める署名実行委員会
日本消費者連盟　〒152-0002　東京都目黒区目黒本町1-10-16　TEL03-3711-7766　FAX03-3715-9378
日本基督教団社会委員会　TEL03-3202-0544／日本国民救援会中央本部　TEL03-5842-5842
東京共同法律事務所(海渡)　☎TEL03-3341-3133　／　TEL ﾈｯﾄﾜｰｸ反監視ﾌﾟﾛｼﾞｪｸﾄ　E-mail　priv-ec@jca.apc.org

第2部

このようにしてつぶしてきた共謀罪

（2000〜2010年）

1　我、かく闘えり

みんなで共謀しよう！　創意に満ちた闘い

藤田　五郎（山谷労働者福祉会館活動委員会）

共謀罪が国会に上程された２００３年の春以降、２００９年まで、実に多様な闘いが繰り広げられてきた。それは、反治安法の大衆行動の可能性を示唆するものであり、社会運動の閉塞と沈滞状況に風穴を開けるものだ。闘いそのものの過程は、年表などを参照してもらうとして、ここでは、共謀罪反対闘争のうねりのなかから生み出された、ユニークで、工夫に満ちた戦術・スタイルに焦点をあてて振り返ってみよう。

まず、共謀罪という稀代の悪法を葬り去るためには、国会攻防を焦点化する大衆行動の盛り上げは不可欠であった。何よりも、通勤時と昼休みのビラ情宣、議員会館へのビラ入れとオルグ、国会前座り込みと集会、院内集会、市民＆弁護士＆国会議員の集い、国会前ハンストは定番であり基本だ。

とりわけハンストは、闘う側の決意と意気込みを示す上でも、力を集中した取り組みとなったが、なかでも２００４年10月の、台風直撃下のハンストは苛酷であった。しかし、どしゃぶりの風雨の中でハンストを貫徹する姿を見て、民主党の法務委員会メンバーをはじめ何人かの議員が「これは大変

3度のハンスト

昼は国会前

夜は日比谷公園で

右翼・警察の襲撃をみすえて深夜の防衛体制

いつも明日の準備

毎年行なわれたハンスト

- ■ 2004年10月20日～22日
- ■ 2005年７月12日～14日
- ■ 2006年４月25日～27日

な問題」と真剣に取り組むきっかけになったという。

さらには、2006年4月のハンスト闘争は、強行採決間近という緊迫した情勢のなか（超党派国会議員と市民の院内集会や、クレオでの弁護士会主催の集会も、これまでにない多くの参加者で盛り上がった）、昼間の国会前と、夜間の日比谷公園でのテント野営を結んで、反対行動の要的役割を果たしたといえるだろう。

また、国会前座り込み闘争では、2006年の教育基本法改悪反対行動の頃から、警察による歩道規制が強まってゆくのだが、毎回のように不当な規制に抗議し、規制そのものを突破する攻防を展開する。とりわけ、路上ミュージシャンとして「変な共謀罪～」という替え歌を作るなど、大奮闘したZAKIさんの存在は忘れられない。ZAKIさんは、後述する表現者の運動の中心でもあった。

ある時は、国会前でZAKIさんが歌い始めた瞬間に警官隊が殺到して、もみあいになったり、またある時はゲリラ的に国会の周りを歌いながら歩き、ついでに自民党本部前まで出張って、大音響のアンプで歌いだすや、警官たちがあわてふためいてやってくることもあった。同じ頃、一貫して非暴力街頭行動を続けてきた日本山妙法寺の方が、警察の警告に屈することなく国会前で太鼓を叩き続けたのは、感無量の光景だった。

ZAKIさんは、街路で屋内集会で反共謀罪を歌いまくったが、圧巻はやはり銀座ホコ天での歌いながらのゲリラデモだろう。2006年から2007年にかけて5派にわたって試みられた「一億二千万人　共謀の日」行動では、街頭情宣の流れで何度かホコ天情宣を実施した。ある時は、銀座ホコ天の端から端まで、ZAKIさんの歌をアンプで流しながら、プラカードに横断幕も広げて無届デモ

(ホコ天では初めて?)を敢行したのである。2度目のときは、さすがに築地署がバスとパトカーを連ねてとんできたが、今となっては、「こんなデモだってできる」を身をもって示した貴重な取り組みである。

表現者の運動とは、2005年にフリージャーナリストを中心に、カメラマン、イラストレーター、編集者、ミュージシャンなどが共謀罪反対の一点で集まった有志のグループで、現場での撮影・取材、雑誌などの媒体で記事にする基本活動はもとより、院内集会やトークライブをはじめ、野外コンサート、街頭情宣、映像による取材・発信、映画製作、DVDの販売など、斬新でユニークな闘い・メッセージを展開した。

ZAKIさんを先頭に銀座ホコ天デモ(06年10月22日)

なかでも注目されたのは、有志の女性たちが、流行のメイド服姿の「アンチ共謀罪ガールズ」を結成し、強行採決策動で緊迫する国会前や、秋葉原・中野駅前で、ビラまき情宣を敢行(2006年)。さらに、同年10月の「共謀の日Ⅱ」では、清瀬で取り組まれたトークライブの場で、手づくりの「共謀カレー」を提供するという試みもあった。

さらに映像はニュースドキュメントに止まらない。共謀罪が制定された近未来社会はこうなるという設定で、劇映画仕立てで描いた作品も作られた。役者はほとんどが表現者の会の関係で(実は筆者も主演!・)、演技指導も念入りに、しかも刑務所

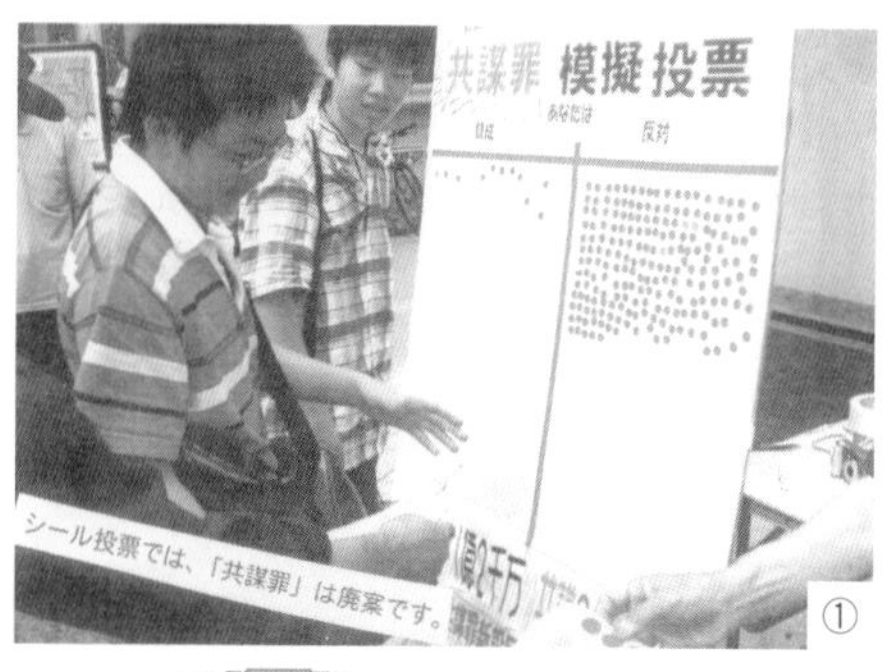

①

共謀は創意の力

①銀座の模擬投票では反対多数で否決された
②国会前で法務委員会へ抗議のコブシをあげる
③共謀罪反対ウチワも大量に作られ、全国で使われた
④舘野泉氏ピアノコンサートも行なわれた
⑤衆院法務委員会模擬劇ではついに共謀罪が廃案となる

③

②

⑤

④

の内部まで（場所は秘密）描かれ、刑務官の服装もレンタルで借りるというくらい本格的なものだ。これは、弁護士会の集会や、超党派議員と市民の集いなどの集会でも上映され、反響を呼ぶ。

さて、強行採決をめぐって大揺れに揺れた２００６年は、国会前も今までにない結集で埋め尽くされ、ふだんは出会えない人たちもマイクを握り、地方からも個人で国会前にはせ参じた人たちなど、活気あふれる日々が続いた。この頃は、マスコミも紙媒体はもとよりワイドニュースでも特集で取り上げられ、共謀罪ということばが馴染んで（？）きた印象がある。それくらい社会化したという証左でもあり、数度にわたる強行採決策動はものの見事に頓挫したのである。

一方、摸擬劇といえば、弁護士有志のぎこちない芝居を思い浮かべるが、現役の法学部の学生たちによる摸擬劇も披露された（担当教授の厳しい指導の賜物？）。２００７年から始まった共謀ひろばという催しは、従来の集会・シンポ・討論会といった形にこだわらず、共謀をたくらむ謀反人・不逞の輩の集いを目指したものだった。

とはいえ、まじめな活動家たちの集まりが、そんな大胆に変化するわけでもない。ベースは全体会・分科会の討論だが、あるときここに、「持たざる者」の運動などで、新しい空間づくりを模索してきたポエトリー・インザ・キッチン（現在は、「カフェ・ラヴァンデリラ」・新宿）の皆さんが参加され、味気ない文京区民センターの会場の一角を、粋なカフェ空間へと変貌させ、サパティスタ（メキシコ・チアパスの貧農・先住民運動）のコーヒーや軽食（パスタやサンドイッチ）を販売し、好評を博した。こんな設定の変化を楽しむだけでも新しい発想のきっかけになる。

最後に、闘いのシンボルのみならず日頃使えるようにと作られた団扇（共謀罪反対のデザイン入り）も触れておかなくてはならない。実は、作られた夏だけであとは捨てるだけと思いきや、その後、何年もの夏（特に夏場の国会前で）に重宝することになろうとは。

我、かく闘えり

日弁連人権擁護大会を追っかけ　全国へ

鈴木　卓（全国専門新聞労働組合協議会）

青森（２０００年５月）奈良（２００１年11月）函館（２００２年５月）郡山（２００２年10月）松山（２００３年10月）徳島（２００４年５月）宮崎（２００４年10月）鳥取（２００５年11月）岡山（２００６年５月）釧路（２００６年10月）浜松（２００７年11月）富山（２００８年10月）和歌山（２００９年11月）。この13都市は、２０００年から２００９年までの10年間、日本弁護士連合会が地方で開催した定期総会（５月）と、秋に毎年開いている人権擁護大会のうち、私たちが情宣行動を行った一覧である。

浜松大会で静岡の仲間と合流してビラまき
（07年11月）

相次ぐ治安立法・治安弾圧のエスカレートの中、労働者・市民と弁護士が共同して反撃することが、共謀罪を葬り去る重要な環であり、人権擁護大会などは闘う弁護士との交流と闘いの状況の共有にとってかかせない場となる。

しかし、情宣行動への最大のネックは財政。北海道・九州・四国など、東京からの交通費と宿泊代を捻出するのは、財政上ひとり分すら全く不可能。とどのつまり集団にはそれなりに見受ける旅行や温泉好きの人に白羽の矢。その外は当該のパトス…。また、各地とも近在の組対法に反対する全国ネットの仲間が駆けつけてくれた。感謝！

旅の疲れを何より癒してくれたのがビラの受け取り。ひまわり襟バッチの人で拒否するのはごく稀。「ご苦労さま」とひと声の人、ビラを余分に求める人、今時のビラまき風景とは異なるもの。昨夜の温泉より身体にしみる？

我、かく闘えり

共謀罪反対活動の軌跡

山脇　哲子（弁護士）

私が共謀罪法案に反対する対外的活動を始めたのは、２００５年春のことである。共謀罪というおかしい犯罪をつくる案が出ている事は前から知っていた。共謀罪といえば、公務員及び公共企業体職員の労働運動に対する違憲の刑罰法という認識があったので、それを広げる事は、それ自体、違憲、違法だと感じたからである。私が、偶然、その春先に知り合った牛島聡美弁護士に共謀罪法案の話をしたところ、同弁護士から、反対の署名運動をしようとの提案があった。私はこの法案を審議する国会に請願する、つまり基本的人権の一つである請願権を行使する事は悪くないと思い、この提案に同意した。従って、もし同弁護士の提案がなかったならば、話して伝える外の、私の積極的な対外的活動はなかったかも知れない。

牛島弁護士と私は、友人知人の弁護士とその他の人々に声をかけ、合計600筆位の署名を集め、これを同年8月上旬、二人の紹介議員に託し、衆議院に提出した。この過程で私が知った事は、国会に対する請願の為の署名運動は、多くの人々に物心の負担をあまりかけず、協力して頂き易いこと、従って共謀罪の名とその主な性格、実質を知って頂き易いことであった。それでも、ここに名を出して後で問題が生じないかと不安を訴える人も何人かいた。多分、その後ろには、この不安の故に、黙って署名を拒否した人も多かったであろう。しかしその人々も、署名を求められた時点で、共謀罪の何たるかを知る事になるのである。これに気付いた私は、共謀罪の説明をして協力を請うた友人知人に対し、結果的に署名が得られなくても良いから、共謀罪の説明をしながら、周囲の友人知人に署名を頼んで欲しいと話した。先ほどの不安については、請願は心強いものである。請願する事によって如何なる差別待遇も受けない、即ち不利益を与えてはならないとは、憲法の明言する所である。

私は、国ないし社会がより良い道を歩むには、国民ないし一般民衆の自覚と主体的な判断及び執行者らに対する監視が必要であり、従って、その前提として、正しい情報の入手と認識が不可欠であると考えている。

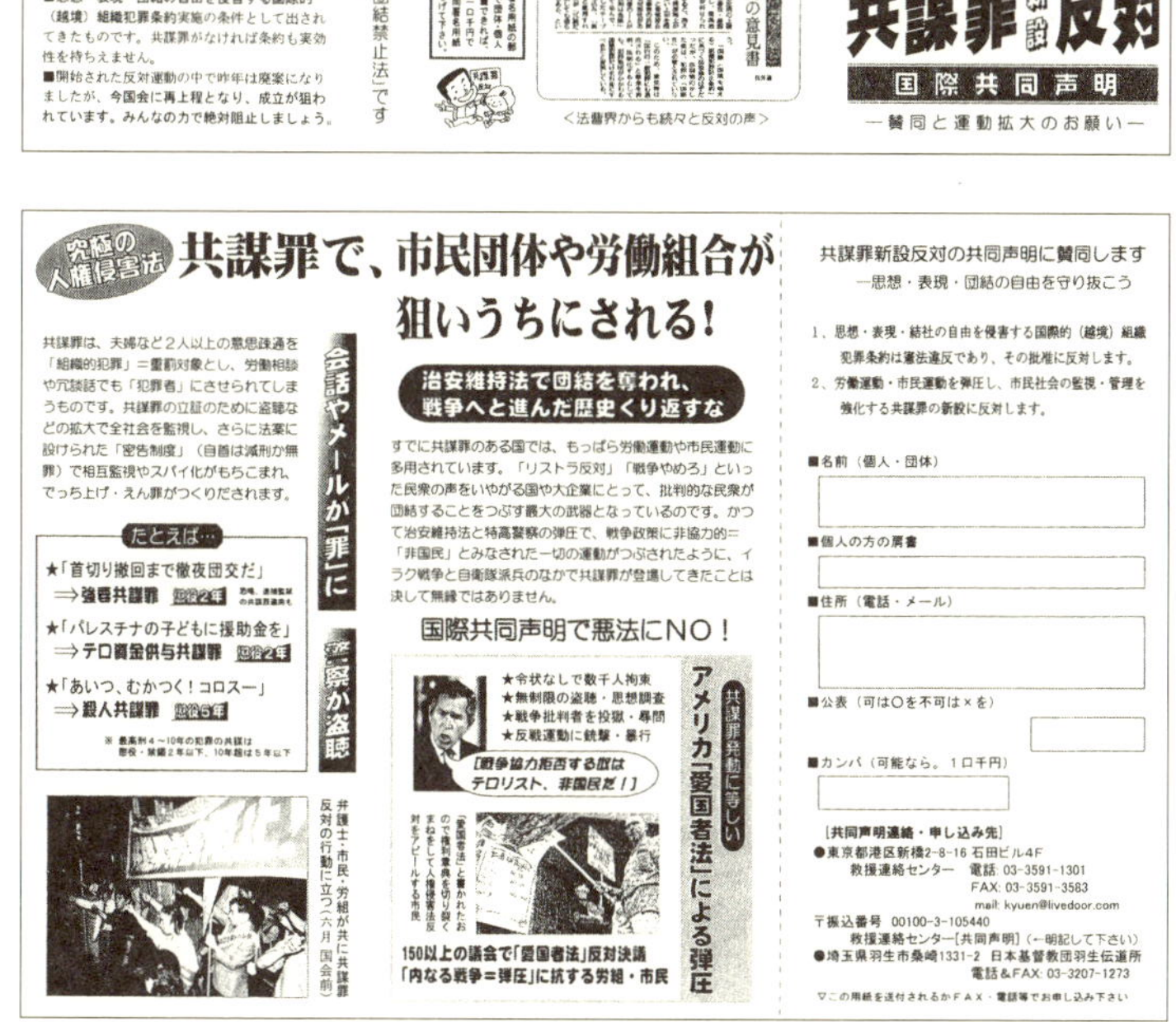

共謀罪新設反対の共同声明への参加を訴える3つ折のチラシ

ところで、共謀罪は、「共謀」という文字はもちろん、「キョウボウ」という音も、一般の人には馴染まない。親しい人々との間で、日常的にも、特別な場合にもほとんど使われる言葉ではなく、およそ見聞きしたくない言葉だからである。因みに私の手元の小国語辞典には、共謀、凶(兇)暴、狂暴の3語が載っている。従って、この語が新聞やテレビ、ラジオ等に出ても、見聞きする人々の頭には入らないのである。認識なければ反対なしである。如何に一億二千万人以上の中の出来るだけ多くの人々に、先ずこの語を認識してもらうか。それが私にとって、共謀罪の成立を阻止する為の対外的活動の焦点であり、目的となった。

国会請願の為の署名運動を通して、私は、一般の人々は社会的正義感を持っているので、あまり苦痛や負担を伴うことでなければ、身近の人々に連絡してくれる事を知った。例えば一人が10人に知らせ、その一人の人が更に10人に知らせてくれ、それが繰り返されたならば、知る人は10人の乗倍で増え、10人の八乗倍である一億人に達する事も夢ではないであろう。この場合、全員が平等に得られる利益は無限である。要は、時々休みながら、地道に働きかけ続けることである。

その後「共謀罪新設反対国際共同署名運動」が創設され、私もその呼びかけ人の一人になった。この団体が、先ずは国会請願の為の署名運動を目的としていたからである。この活動を通して、私は前述の様な認識の拡張効果を再確認した。

2006年5月半ばの呼びかけ人会議において、新たな自由かつ多面的な活動が模索され、日本全国に連絡をとって、各地で一斉に何らかの行動をとるという「共謀の日」を設ける事になり、その日を6月10日と定めた。

舘野泉さん・共演者、スタッフとともに（06年10月23日）

私は、共同署名運動との関りの中で、社会運動、労働運動に熱心に取り組んで来た人々の中には、芸術から離れている人も少なくないと感じていたので、主にその人々に休憩して欲しいと思い、小規模のサロン（客間）コンサートを開く事にした。場所は偶然知っていた日比谷公園内の日比谷グリーンサロンと交渉し（都の許可と、入居店に対する補償料を要した）、呼びかけ人のお一人である外山雄三氏に日本フィルハーモニー交響楽団のマネージャーを紹介して頂き、同楽団関係者が作っている弦楽四重奏団が出演を承諾して下さった。時間がなく、誘いの連絡ができた範囲も狭かった（費用は無料とした）ので、聴衆は30人位にとどまったが、来てくれた人々（従来の運動者がその半分位で、飛び込みのご家族もいた）は、楽しんでくれたようであった。

同年7月の呼びかけ人会議で、最初の「共謀の日」が有意義だったので、「共謀の日」パートⅡを設けようという事になり、その日を10月22日と定めた。私は、コンサートへの要望を感じたので、より広い範囲の運動者の名簿をもらい、その中の何人かに、電話でコンサート開催の希望と協力の有無について調査した。回答は、費用負担の問題の外は、およそ積極的なものであった。私は、適当なコンサートホールと、私が上質と考えるピアノの演奏家を探した。準備期間の短さや私の望む出演料、演奏日など様々の問題があったが、館野泉氏の同意が得られ、待ってもらっていた約350席の東部フレンドホール（江戸川区）を10月23日夜に借りる事に決めたのは、9月15日であった。今回は、赤字にならない可能性を考え、又、半分弱は一般の人に来て頂き、共謀罪を知って頂く機会にしたいと考えた。署名運動の内外で協力者を10人ほど得て、案内の発送や当日会場での受付などを担当してもらったが、私自身は、館野氏所属のプロダクションとの曲目等の交渉、切符、チラシ、ポスター等の原案作成、雑誌社や新聞社に対する無料広告の依頼、切符の販売、プログラム作成等々によって、楽しくも多忙な日々であった。

10月23日夜は雨になった事もあり、聴衆は180人位にとどまった。回収できた56通のアンケートによると、その多くが楽しんで下さったようである。中に、人数が少なかった事を残念とする声や、友人を連れてくれれば良かったとか、続けてくれればもっと参加できるだろう等の感想、意見もあった。回答者は、3割位が一般の方のようであったが、共謀罪を今回初めて知ったとの回答が4通あった。当日のピアノの調律師も、初めて知ったと私に言った。従って、共謀罪を知らせるという目的も少しは果たせたようである。

気になったのは、回答者の中に30歳以下の人が殆んどいない事である。この様な活動においても、体力も気力もある筈の若い人々に知ってもらい、関わってもらうことが大切である。その為にも、今後更に従前のやり方や発想を転換し、或いは自由な発想で新たな方法を試みて行く事が必要であると感じる。

富の不平等は、富の少ない縄文時代には存在せず、農耕などによって富が増えた弥生時代に始まったそうである。支配力を持つと、誰でも差別欲が出る。共謀罪は、国家レベルのその為の備品である。願わくは、今後、透過する眼と判断する感性を得たいものである。

我、かく闘えり

弁護士として共謀罪反対運動に関わって

山下　幸夫（弁護士）

日本弁護士連合会（以下「日弁連」という）は、法制審議会で共謀罪の新設についての審議をしている際に、２００３年１月20日付で「国連『越境組織犯罪防止条約』締結にともなう国内法整備に関する意見書」をまとめ、共謀罪の新設に反対した。私はこの頃から、共謀罪がこれまでの我が国の法制度から見て絶対に導入されるべきものではないことを確信し、反対運動に関わることになった。

法制審議会は、同年２月に、共謀罪の新設を認める答申を行い、同年３月には、組織犯罪処罰法の改正案が国会に上程された。ここから、共謀罪反対の長い長い闘いが始まることになったのである。

私は、市民運動の皆さんの企画する集会等にも参加させていただきながら、弁護士会の中で、弁護士会が共謀罪に反対する動きを作ろうと考え、日弁連の意見書の作成や日弁連主催の市民集会や院内集会を企画し、集会を運営してきた。

日弁連は、２００３年の意見書の後、様々な調査検討を踏まえて、２００６年９月14日に「共謀罪新設に関する意見書」をまとめた。この意見書は、「『共謀罪』の規定は、我が国の刑事法体系の基本原則に矛盾し、基本的人権の保障と深刻な対立を引き起こすおそれが高い」として共謀罪の新設に反対するとともに、「導入の根拠とされている国連越境組織犯罪防止条約の批准にも、この導入は不可欠とは言い得ない」という意見を述べた。特に、国連越境組織犯罪防止条約の批准に共謀罪の成立は不可欠ではないという意見を述べたことは（市民団体の中からは反対する意見もあるが）、その後、民主党の政策にも反映するところとなっている。この意見書は、その後の日弁連の反対運動における理論的支柱となっている。

また、日弁連が主催する市民集会は、2005年5月12日、同年10月13日、2006年4月26日にそれぞれ開かれた。市民集会にはいつも国会議員やジャーナリストなどを招き、反対運動のうねりを作り出す原動力になったと思う。

共謀罪に反対する日弁連主催の集会（06年4月26日）

共謀罪法案が何度も廃案となり、国会でも実質的な審議がなされなくなった後は、日弁連は院内集会を開いて、国会議員に共謀罪法案の廃案の重要性を訴える場として活用してきた。院内集会は、これまでに、2006年11月17日、2007年9月28日、2008年5月21日にそれぞれ開かれた。

日弁連は、最も共謀罪の成立の可能性が高いと考えられた時期に、「共謀罪等立法対策ワーキンググループ」を立ち上げ、私はその事務局長として活動した。その後、その活動は、日弁連の国際刑事立法対策委員会に引き継がれて現在に至っているが、現在もその事務局長をしている。

私自身は、個人として、「法と常識の狭間で考えよう」というブログ（http://beatniks.cocolog-nifty.com/）を立ち上げ、重要なタイミングで情報提供し、共謀罪法案に反対する論拠などを書き続けてきた。それも相当な分量になった。

共謀罪法案については、国会での実質審議が続いて、いつ強行採決されるか分からないという緊迫した状況が長らく続いていた。もっとも危ないと思ったのは、２００６年６月１日になって、民主党の修正案を丸呑みするからと言って採決を求めたときだった。私はさすがにこの時には万事休すと思ったが、当時の小沢一郎・民主党代表が、法案成立に反対したことから、民主党は法案採決に反対したために共謀罪法案は成立

しなかった。この政治判断がなければ共謀罪法案は成立していただろうと思う。

この法案については、当初は「共謀罪」というネーミングが難しいことから、あまり市民の反対運動は盛り上がらないだろうと思っていたが、途中から、「現代版治安維持法」などのイメージが伝わり、ちょうどインターネットのブログが興隆した時期とも重なったことから、これまで法案反対運動

名称	声明等発出日
日弁連	2003年1月20日
	2004年4月17日
	2005年11月1日
札幌	2005年7月20日
函館	2005年10月4日
旭川	
釧路	2005年11月14日
仙台	2005年7月20日
	2005年10月21日
福島県	2005年10月13日
山形県	
岩手	2006年3月14日
秋田	2005年10月25日
青森県	2005年12月9日
東京	2003年7月7日
	2005年10月18日
第一東京	2005年10月20日
第二東京	2003年3月27日
	2005年10月11日
横浜	2005年3月11日
	2006年1月12日
埼玉	2005年7月15日
	2005年10月13日
千葉県	2005年10月20日
茨城県	2006年2月15日
栃木県	2006年1月16日
群馬	2005年10月19日
静岡県	2004年1月22日
	2005年6月23日
山梨県	2006年1月20日
長野県	2005年10月20日
新潟県	2005年10月4日
愛知県	2006年2月14日
三重	2005年12月7日
岐阜県	
福井	2005年10月27日
金沢	2005年9月29日
富山県	2005年12月9日
大阪	2005年7月29日
京都	2003年8月19日
	2003年12月19日
	2005年7月29日
	2005年10月14日
兵庫県	2005年7月21日
	2005年10月6日
奈良	2005年11月17日
滋賀	2005年7月12日
和歌山	2005年11月24日
広島	2005年7月29日
	2005年10月20日
山口県	2005年12月7日
岡山	2005年8月10日
鳥取県	2005年10月31日
島根県	2005年8月5日
香川県	2006年2月15日
徳島	
高知	
愛媛	
福岡県	2005年8月31日
佐賀県	2005年10月25日
長崎県	2005年10月25日
大分県	2005年10月18日
熊本県	2005年11月4日
鹿児島県	2004年3月10日
	2005年10月26日
宮崎県	2005年10月27日
沖縄	2005年10月21日

9割以上の弁護士会が 共謀罪反対を声明

に関わったことがない市民やブロガーが、国会前に集まるなどして大きな反対運動のうねりを作るようになっていた。日弁連の院内集会にもそういう人たちが多く参加してくれ、反対運動の勢いを感じさせられた。

しかし、何度も共謀罪法案が廃案になり、国会で実質審議がなされなくなると、そういう市民たちの間でも「既に終わった問題」と見られて、国会前に集まる人たちも減ってきた。そのような状況の中で、自民党は、対象犯罪を大幅に減らして「テロ等謀議罪」と名称変更するなどの新たな修正案を検討するようになり、歴代法務大臣も、共謀罪の成立を目指す旨を表明するようになった。そのような中でも、日弁連や各地の弁護士会では、共謀罪新設に反対する声をあげ続けてきた。少なくとも、弁護士の間では、時間はかかったが、共謀罪法案には大きな問題があるという共通認識が広がったことは意味があったと思う。

最終的には、２００９年の衆議院選挙を経て、民主党への政権交代によって、一応、共謀罪新設の動きに一つの区切りがついたことは確かであり、それは市民や民衆の力によるものであり、大きな勝利であったと思う。

しかし、法務省は次の機会を虎視眈々と狙っているはずである。

私たちは、いつか、共謀罪が別の名前に変わって、市民のコミュニケーションや団結を阻害する法案として登場するかもしれないことを肝に銘じておく必要がある。

今回の長い闘いの経過や成果は、予想される次の闘いに勝利するためにも、きちんと記録化し、情報を共有することが必要であろう。

（２０１０年２月12日記）

我、かく闘えり

三浦和義さんの獄死と共謀罪

山際 永三（映画監督 人権と報道・連絡会）

二〇〇三年三月に最高裁で「銃撃事件」の無罪が確定した三浦和義さんは、〇八年二月アメリカの自治領サイパンで不当にも逮捕され移送を拒否していたが、ついに「逮捕状の殺人罪部分は無効だが、共謀罪部分は有効」と決定されてロサンゼルスに連行されその日のうちに不慮の死を遂げた。三浦さんにかけられた「ロス疑惑」は、情報化時代の冤罪だった。「銃撃事件」では無罪になったが、いわゆる「殴打事件」では有罪が確定し服役を終えていた。しかし「殴打事件」は本来「転倒負傷事件」と呼ぶべきもので、典型的な冤罪の別件、その別件も冤罪なのである。移送拒否の攻防のなかで、日本政府は「刑事共助に関する日米2国間条約」によりロス市警察に協力し、三浦さんを見捨てた。

アメリカの共謀罪要件といわれる、overt acts 顕示（外的）行為と訳されるものは、三浦さんの場合逮捕状に二十項目が挙げられていた。それらは「殴打・銃撃」両事件にまたがって摘示されており、要するに怪しげな状況証拠（三浦さんを怪しげとし証拠として怪しげな出来事）の羅列と言えるものだ。「殴打実行役」を演じた元女優の関係では、旅行費用の提供、ロスで会っていることなど、「銃撃」については、現場で手をあげて何者かに合図を送ったなどである。これらすべては、八四年からのマスコミ騒動の最中に散々書き立てられ、裁判になってからも特に高裁では詳細に審理され、ことごとく疑問解消して、判決には、それら噂話は証拠にはならないとマスコミを批判する項目が盛り込まれた経緯がある。妻とのロス旅行（商談目的）と同時期に愛人もロスに行ったのは何故か、シャツのデザインのための参考写真を沢山撮っている時に妻にもっと右などと手をあげていたこともある、保険金を詐取するため実行犯に自分の太股を射撃させる契約を結ぶわけがない、現場で二百メートルも離れたビルの中からの断片的な目撃（水道局員）が「疑惑」に都合よく利用された、三浦さんがアメリカの氏名不詳者と会う時間も電話する機会もなかった、不明な出金が全く無いことなど、それら「共謀」にかかわる全ては日本の裁判で十分に審理され、共謀は無かったと認定されている。殺人無罪でも共謀では立件できるなどというレトリックは全くの虚偽だ。「共謀罪」について知ったかぶりをした日本の学者たち、日本での裁判経緯を調べもせずに逮捕状の有効を決定したアメリカの裁判官、どれも法と論理を弄ぶ者として軽蔑されるべきだ。

状況証拠だけでも有罪とか、テロ抑止のための「共謀罪」とか、第２破防法としての団体規制法とか、多くの犠牲者の血によって贖われてきたはずの人類の智恵としての「法理念」は、どんどんなし崩しにされ、見せかけの多数による人権抑圧の時代が現出している。日本での共謀罪が一応阻止されたとしても、制度改悪阻止というものは、個別問題・事件での犠牲者復権に向けた闘いの勝利によってのみ可能だと私は確信する。私たちは、冤罪との闘いの中でいくつかの勝利を勝ち取り、また、いくつかの手痛い敗北を喫している。三浦さんの件も、これで終わらせるわけにはいかない。非業の死と日米捜査協力の真相を究明し続ける。

我、かく闘えり

加速するグローバルな取り締まり

寺中　誠（アムネスティ・インターナショナル日本　事務局長）

世界的な傾向として、犯罪に対する取り締まりは、「ディフェンス」（防衛）から「セキュリティ」（治安管理）へとシフトしているといわれている。起こった事態に有効に対処するという立場から、積極的に事前の介入を強化するというような意味だ。

一般的には、この種の事前介入政策は、まず、たとえば入管法にもとづく取り締まりや、さまざまな行政処分の中で起こってくる。日本で、昨今の入管行政がますます取り締まり政策に傾斜していることは、これと無縁ではない。そして、取り締まり当局としては、刑事規制についても、同様に事前の介入を推し進めたいという意思が強い。共謀罪導入の議論は、明らかにこの流れに乗ったものだった。

この共謀罪導入を阻止できたのは、一にも二にも、一般の人びとからの反発が目に見える形で表れたからである。条約刑法だから導入が必要、という誤った認識を立法府に広めようとした当局だったが、治

2006年４月

２４日のニュース２３に続き、

２５日報道ステーションでも放送

野党は審議拒否で抗議（25日衆院法務委）

安管理という名の事前介入を意図していたということが明らかになるにつれ、導入反対論を加速させた。結局、当時の与党にすら十分な理解を得ていなかったために、共謀罪法案は与野党攻防の焦点となってしまい、一般の人びとの関心をかえって呼び覚まし、最終的に旧政権が退陣するとともに廃案となったのである。

当局が口実に用いた「国際的な傾向」は、結局のところ、世界各国の取り締まり当局が横で連携した組織の論理だった。国連越境犯罪防止条約にしても、ＮＧＯの参加の機会などはないまま各国政府の思惑のみで成立したものである。その背後にあったのは、米国を中心とするグローバルな取り締まり政策だった。米国は、特に２００１年以降、「反テロ政策」の名の下にこうした取り締まりを全世界に広げようという明確な意図を持っていた。日本では、刑事政策の国際化という用語は、もっぱら米国への協調の際に用いられる。「結社罪」ではなく「共謀罪」という罪名にこだわったのも、米国の捜査手法との連動を意識していたからである。

しかし、この米国中心の「反テロ政策」の視点を取り入れたグローバルな取り締まりの試みは、米国での政策転換や日本での共謀罪導入のとん挫などを受けてその速度を鈍らせつつある。私たちは、世界に広がる当局側のネットワーク化を阻止する動きを、日本から発信できることを証明したのである。ひとり共謀罪の阻止だけでなく、このことが持つ意味は果てしなく大きい。

我、かく闘えり

特報部の幸せな体験

田原　牧（東京新聞記者）

東京新聞には『こちら特報部』という見開きのページがあって、そこでは日替わりメニューでこの世の森羅万象あらゆるジャンルのネタをこなす。その特報部（正式には特別報道部）が共謀罪に取り組んだのは2004年7月から約4年間。昔日のことのように感じる。格闘が佳境を迎えたのは小泉、安倍両政権という「暗黒の時代」で、このキャンペーン報道は当時、うつうつとしがちだった私たちにある種の清涼感を与えてくれた。

そもそも、なぜ共謀罪に飛び付いたのか。6年前、デスクを担当していた私はその日も「どっかにネタは転がってないか」とうろついていた。ふと、別件の探し物をしていて、見慣れぬ「共謀罪」の三文字が目に入った。ネットで検索すると、反対運動の声明を見つけ…つまり、ホンの偶然だったのだ。どうもエライ内容なのだが、社会部の法務省担当記者に聞いても「住基ネットなどで忙しく、ネグっていた」という。日弁連はすでにパンフレットを作っていたが、国会では何ら論議になっていなかった。

さて、紙面作りが始まった。堅い話ゆえ、分かりやすさが命である。想定づくり、マンガの活用、キャッチコピー、あれこれ工夫した。反対運動陣営の学者さん、弁護士さんを総動員して「理論武装」しつつ、せめてコメンテーターくらい軟らかくと、初回は漫画家の蛭子能収さんに頼んだ。いたずら心も欠かせない。弁護士で自民党タカ派の稲田朋美議員にも「反対派」としてご登場願った。

反響が膨らみ始める。そうなると、社内での格闘も始まる。政治部はどうやら賛成の流れにある。社外コラムニストの賛成論にも反論が必要だった。社外の人には理解されにくいことだが、経験則では「取材して記事を書くのは労力の３割、載せるのが７割」なのだ。社内世論の工作も欠かせず、この辺は労働組合の感覚にとても近い。

幸運だったのは、当時の部のメンバーに恵まれたことだ。私たちも宮仕えの身なので、大半の部員は２、３年で異動になる。ただ、その時居合わせた部員たちは問題意識が豊かで、しかもそれぞれ微妙に立ち位置が違った。それが逆に反対運動の多様性にマッチした。意見の相違はときに強みにもなる。

やがて、紙面を国会で日々、議員たちが待ち望むようになった。共産党の知人からも「不明を恥じる」と資料を求める電話が来る。ネットのブロガーたちも後押ししてくれた。

ここで教訓めいた話を一つ。東京新聞もご多分に漏れず「商業紙（いわゆるブル新）」なのだけど、いまの時代に「ブル新＝資本の手先」という解釈は単純すぎる。商業紙は売れてナンボである。運動圏の方々はぜひ突き放さず、商業紙を飲み込んで活用する術をしたたかに考えていただきたい。

結果として、このキャンペーンは２００６年の「ＪＣＪ（日本ジャーナリスト会議）大賞」受賞の栄誉にも浴した。それまで議員や役人のクビを切ったことはあっても、法案を止めた経験はなかった。阻止する闘いの片隅に加われたことは、記者としても「幸せな体験」だったとしか言いようがない。

こちら特報部

“治安立法”へ条約を曲解？

「共謀罪」ひそかに審議入り

墨塗り資料の怪

ニュースの追跡

郵政民営化問題で白熱する今国会で、こっそり「現代版・治安維持法」の異名すら持つ法案が審議入りした。昨年八月二十三日付の「こちら特報部」で報じた「共謀罪」がそれだ。罪を犯さなくても、相談しただけで捕まりかねないアブナイ法律だ。政府は国際組織犯罪防止条約の批准のためと同法の新設理由を説くが、条約の趣旨とは異なるただの口実、との指摘も強まっている。（田原拓治）

「予想以上に隠され、怪しさを一段と実感した」

龍谷大で刑事法を専攻する大学院生藤井剛さんはそう語る。

藤井さんは昨年十月、政府が二〇〇三年十月に国連総会での採択に併せ署名、国会が〇三年五月に批准を承認した国際組織犯罪防止条約の交渉記録の開示を求めた。

先月十日に届いたA４判二千枚の文書は墨塗りだらけだった。非開示理由は「他国または国際機関との交渉上、不利益を被るおそれがあり」と紋切り型だ。

藤井さんが文書の開示を求めたのは、共謀罪法案を墨塗りだらけの国際組織犯罪防止条約の交渉記録で検証するためだった。同条約は批准に国内法整備を求めており、そのために同法案が作られた経緯がある。

共謀罪　２０００年に施行された組織的犯罪処罰法の「改正」。法定刑が４年以上の懲役となる５５７の犯罪を対象に複数の人々が「共謀」した場合、最高で懲役（もしくは禁固）５年の刑罰に問える。刑法６０条の「共謀共同正犯」では犯罪の実行が前提となるが、共謀罪では事前の話し合いだけで罪に問われる。実行前の自首による減刑、免除の項目もあり、密告やスパイ奨励の懸念も。強盗予備罪（懲役２年以下）より強盗の共謀罪（懲役５年以下）が重刑となる刑の不均衡も指摘されている。

国際条約　狙いは越境犯罪なのに

同条約は一九九四年、「越境性」のある国際マフィアによる銃器や麻薬の密輸取り締まりを主眼にナポリ閣僚会議で提起された。

だが、日本政府は当初、実行行為を裁く近代刑法の原則を重視し「共謀または予備の諸行為を犯罪化することは、わが法制度に首尾一貫しない」（九九年三月の政府間特別会合）と条約批准には消極的だった。ところが、折からの米国主導の「反テロ」圧力に押され、積極派へかじを切る。

同条約の五条には「組織的な犯罪集団の関与する重大な犯罪の実行を（略）相談すること」も、処罰の対象になるとある。共謀罪がつくられるゆえんだ。

「公になれば制定 問題」

しかし、その大前提となる適用範囲を示した三条には「（条約の）性格上、国際的なものであり、かつ組織的な犯罪集団が関与するもの」と限定されている。開示された交渉過程の文書で、特に問題とされるのが、条約の運用を討議した二〇〇〇年七月の第十回政府間特別会合の記録だ。このウィーン発の公電の三㌻目に十八行にわたる墨塗り部分があるのだ。

この会合では実際の運用をめぐり、越境性などを厳格に犯罪の構成要件とすべきとする第三世界（G77）や中国と、立証の難しさから緩やかな規定を求める米国、フランスが対立した。

結果は先進諸国が寄り切り、三四条二項で「締約国の国内法に（略）国際的な性質（略）と関係なく定める」と記された。これで越境性を厳密に証明しなくても摘発できるようになったが、法務省は「国際性などを要件としないで犯罪化する義務がかかっている」と解釈している。

ただ、条文の解釈ノート（公式の注釈）には、この緩やかな適用が「条約の適用範囲（三条）を変更したものでなく」とある。藤井さんは墨塗り部分について「わが国の法制度にこの条文はなじまないなど、日本の交渉担当者の苦慮が記録されていたのではないか。公になれば、なぜ共謀罪をつくるのかが問題になるので隠したのでは」と推測する。

マスコミが初めて共謀罪反対特集（『東京新聞』2005年７月６日①）

こちら特報部

共謀罪に詳しい海渡雄一弁護士は「この部分が肝心だ。条約はどこから読んでも越境犯罪対策なのに、日本政府は三四条二項を意図的に曲解し、治安立法(共謀罪)をつくる契機に利用した」と指摘する。

実際、この法律ができれば、越境犯罪とは無関係な労働組合や非政府組織(NGO)の「座り込み」決議などが、組織的威力業務妨害の共謀罪、特定の政治家を名指しにした「落選運動」なども公職選挙法の共謀罪に問われかねない、と法曹関係者らは指摘する。

共謀罪の新設に反対する弁護士、市民、国会議員らにより開かれた院内集会＝5日、参院議員会館で

法務省もこうした懸念に配慮し、ホームページ上で「組織的な犯罪集団が関与する重大な犯罪の共謀行為に限り処罰する」「単に漠然とした相談や居酒屋で意気投合した程度では、本罪は成立しません」と火消しに躍起になっている。

しかし、山下幸夫弁護士は「立法者(法務省)の意見は一資料にすぎない。実際の運用で解釈が変わることは司法の場では常識」と前置きし、こう批判する。

「成立すれば拡大解釈当然」

「もし、対象が暴力団だけなら条文にそう書けばいい。しかし、実際には書かない。凶器準備集合罪にしても立法時は、暴力団対策と説明された。しかし、実際には反政府運動に適用された。共謀共同正犯にしても拡大解釈が著しい。同じ共謀である以上、法が拡大解釈されない保証はない」

戦前の治安維持法では「国体変革」などを狙う団体が適用対象だったが、横浜事件では出版記念会合が「共産党(非合法)の秘密会議」と断定され、言論人ら六十人以上が逮捕され、四人が獄死した。住居侵入罪が適用された昨年の立川反戦ビラまき事件でも、警察官が「宅配ピザの宣伝と反戦ビラは違う」と恣意的な運用を明らかにしている。

「共謀罪」が盛り込まれた組織的犯罪処罰法などの改正案の本格審議入りを前に、国会周辺で抗議活動をする市民団体＝5日、東京・永田町で

「街中に盗聴器が…」

「こうした法律が一度できてしまえば、当局は共謀を立件するため、今度は九九年の盗聴法の際に推進論者が主張した口頭会話の盗聴などを合法化するよう動くだろう。さらに自首の免罪や減刑の項目が設けられており、スパイ活動や密告などの風潮が強まりかねない」(山下弁護士)

とりわけ、一線の労働運動活動家の危惧は強い。個人加盟の東京中部地域労働者組合執行委員の佐々木通武氏は「団交要求や座り込みを戦術会議で話しただけで、逮捕監禁とか威力業務妨害の共謀罪に問われかねないとすれば、一緒に力を合わせるという組合の根幹が揺らぐ。組合は開かれた組織だが、密告の恐れから腹を割った話すらできなくなる」と懸念する。

同法案は〇三年三月(廃案)と〇四年二月(継続審議)に出されたが、いずれも審議入りしなかった。だが、今回は八月十三日まで会期延長され、今週中にも本格審議が始まりそうだ。

衆院法務委員会は自民、公明、民主各党議員で構成されている。民主党内には廃案、修正両派が混在しているが、法案に反対する日本弁護士連合会の中村順英副会長は「どこか一部を修正して、どうこうなる法案ではない」と言い切る。

共謀罪が提案された一括法案では、サイバー犯罪法案も盛り込まれた。これはパソコン一台の差し押さえ令状で、LANのような回線でアクセスできるすべてのパソコンデータの差し押さえが可能になる法律だ。

「北朝鮮の事笑えるのか」

この数年間、治安立法の新設が加速している状況だが、こうした問題を追跡してきたジャーナリストの斎藤貴男氏は「近い将来、街中に盗聴器が仕掛けられる時代が来る。共謀罪を推進する自民党の人たちは北朝鮮をよく笑えるな、と不思議に思う」と苦笑する。

「最近は人々が喜んで監視される風潮すら感じる。自分を見失い、国家にすがりたいという時代の気分。共謀罪もそんな土壌から仕掛けられている」

デスクメモ

フランスでベストセラーとなった寓話(ぐうわ)「茶色の朝」をかつて特報面でも取り上げた。法律がつくられ、市民生活が徐々に締め付けられていくという短い話だ。主人公の市民は逮捕される朝まで、世の中の動きに無自覚だった。〝郵政国会〟の陰で共謀罪が成立するなら…。主人公をとても笑えない。(透)

『東京新聞』2005年７月６日②

治安管理に抗して

祝　共謀罪廃案、心はともに

ＺＡＫＩ（ミュージシャン）

現在、石垣島で半農半漁をやっているミュージシャンのＺＡＫＩです。

皆さん本当にお疲れ様でした。共に日夜戦い続けた日々を思い出します。

今回は行けなくて残念ですが、心は一緒に共謀罪廃案を祝いたいと思います。

今回の共謀罪との戦いは、10回以上に及ぶ強行採決の危機を皆の力で退け、とうとう廃案まで追い込んだという、戦後類を見ない歴史に残る戦いであった思います。この様な成果を生んだのは、色々な勢力が垣根を越えて打倒共謀罪を目標に力を出し合った事が大きな勝因

秋葉原駅中央口前で街宣。
ギター、メイド、お坊さんの共謀

だったのではないでしょうか。

総勢では数は少なくとも、みんなで力を出し合えば独裁政治であろうと動かすことが出来る、そういう大きな成功事実を世に残した素晴らしい戦いであったと思います。皆さんと共に戦って来たことを本当に誇りに思っています！

現在自分は、本来の分野である食糧自給問題をなんとかするために、まずは自分が農業と漁業を実践し、その実際を確かめる事から始めています。２年目の果樹園に、島バナナやパパイヤがもう実りだしています。と同時に、現在のひどい制度による新規就農、就漁の大変さも実感しています。ＮＨＫでも大きく取り上げているように、世界的な食糧危機が到来しようとしている昨今、日本もこのまま破産する事になれば、輸入困難になり否が応でも食糧危機状態になってしまいます。

警察の弾圧はねのけてうたう国会前のZAKIさん

現状の第１次産業政策では自給率は下がるばかりです。政策を大転換し１次産業就業者を増やして行くのも重要ですが、その育成には自立出来るまで長い年月がかかります。しかし、個人で自給自足を覚えるなら、大した量じゃないので半年あればそれなりに出来てしまいます。国民の多くが自給自足を始めたら、急速に自給率は改善されて行くでしょう。

最近は都会での屋上農園やベランダ菜園も流行り出しているようです。日本に空前の自給自足ブームを巻き起こしたい、これが今の自分の目標です。そのために、年明け2月半ばから、石垣島の美しい自然を楽しんでもらいながら農と漁の自給自足の基本を身に付けてもらう、体験学習ファームを立ち上げる事になりました。もしかしたら、農と漁、両方いっぺんにしっかり体験出来る施設は日本で初めてかも知れません。自分のブログ、「野生化の時代」に詳しく発表いたしましたので、良かったらのぞいて見て下さい。いつか海のきれいな石垣島で皆さんと一杯やるのも楽しそうです。

ではメッセージの締めに、雄叫びを上げようと思います。(注、この文章を読んでくれている方、すいませんが自分の代わりに拳を振り上げてデッカイ声で叫んで下さい。)

共謀罪撃沈おめでとう〜〜〜!!!!!

治安管理に抗して

表現活動と共謀罪は相容れない

西村　仁美(ルポライター)

「共謀罪に反対する表現者たちの会」は、主にフリーランスのジャーナリストやライター、イラストレーター、編集者などから構成されていました。もともとメディアに携わって仕事をしている人達が多く、自分たちの職能を生かした運動を展開する形となりました。たとえば、国会情勢や市民や学生などの反対運動をビデオ撮影しながら取材し、加工したニュースをインターネットを通じ世界中に配信したり、共謀罪が創設された後の近未来社会を描く「共謀罪ムービー」を自主製作、自主上映したりなどです。本当に色々な活動をしてきました。

週刊誌や月刊誌で頻繁に仕事として共謀罪の内容の危険性が伝えられればいいのですが、そううまく各媒体で企画が通るわけではありません。またその時々のホットな共謀罪関連のニュースをみなさ

㊤首相官邸裏からインターネットで「共謀罪 TV」生中継（06年８月26日）
㊦女子大生らによる渋谷の「PUNX 共謀」（06年10月１日）

んに届けるため、私たちはいわば「本業」そっちのけで、当時は、共謀罪のことばかりやっていた感じです。そういうわけで、経済危機、そして生活危機がそれぞれの人を襲っていたと思います（笑）。特に自分自身は、「本当にこんなことばかりやっていたら生活が破綻するんじゃないか。どうするの～!?」っていうぐらいの状態だったですが、すごく楽しい活動の日々でもありました。

　戦後長きに渡る自民党与党体制が崩れ、昨年、民主党に政権がバトンタッチされました。共謀罪もとりあえずは廃案になりました。廃案になったのは本当に良かったと思います。ですが、たとえば東京都では、警視庁が、インターネットカフェや漫画喫茶などの利用規制に関する条例を求め、動き出しています。店の利用客への身分証提示の義務付けや、誰がいつどのパソコンをいつ使ったかなどのデータの長期間保存の話が出ています。

　共謀罪は、人が心の中で思っていることを処罰しようというものでしたが、こうしたインターネットカフェなどの利用規制も実は根っこは一緒だと思います。防犯という名目で、警察や政府などが私たちの個人情報をできるだけ多く収集し、手元にデータをおき、人間の生活を一部始終、管理したいのだと思います。そういうところ一つとってみても、政権は変わっても、政治状況的にはあまり変わっていないようにも思います。目に見えないこの社会の生き苦しさは増すばかりです。

　これからも個として、ひとりのジャーナリストとして権力の動きをしっかりと見つめていきたいと思っています。皆さんと一緒に共謀罪を廃案にできたのは、自分の中でも、一つの力になっています。この成果をこれからの自分の仕事にまた活かしていきたいと思います。

治安管理に抗して

環境ＮＧＯとして共謀罪反対

星川　淳（グリーンピース・ジャパン 事務局長）

グリーンピースは、最初から最後まで闘いぬいてこられた方々とはちょっと違って、途中から、環境ＮＧＯとして共謀罪は私たち自身の活動にも脅威であり反対するということで、一緒に闘いはじめました。私たちの得意とするオンライン署名などを駆使して、かなりの数の新しい人たちに、共謀罪の危険に目を向けてもらうことに成功したと思います。

後から考えると、共謀罪を阻止できたことは私たちの団体にとっても死活問題でした。というのも、派手なバッシング報道でご記憶と思いますが、２００８年にグリーンピース・ジャパンの職員が２人、調査捕鯨という怪しげな国策事業の不正を暴こうとして逮捕・起訴される事件が起こったからです。現在、公判前整理手続き中で近く公判が開かれます（２０１０年2月に開廷）。私たちはこの裁判を、国際人権法でいう「表現の自由」を真正面に掲げて闘います。日本国憲法よりさらに厳密に「表現の自由」を規定する国際人権（自由権）規約は、市民であれ、ＮＧＯであれ、ジャーナリストであれ、公共の利益に関わる事柄については、全ての情報を求め、受け取り、伝える権利がある、特に専門性と啓蒙性をもって活動するジャーナリストやＮＧＯにはその権利を広く保障すべきであると定めています。国際人権規約は日本も30年以上も前に批准している国際条約であり、日本の裁判所も尊重しなければなりません。

政府・公権力による不正を暴こうとするときの行為に、たとえ形の上で違法性があったとしても、それによって得られた公共の利益と失われた法益をきちんと秤にかけ、公共の利益のほうが大きければ無罪とするか、あるいは罪を軽くするべきだと、日本で初めて主張しています。政府監視のために市民・NGO・ジャーナリストの踏み込んだ行動を容認するこうした判例は、自由権規約の最も誠実な施行機関として知られるヨーロッパ人権裁判所などで積み上げられてきています。それらの判例で注目すべきは、市民による政府監視こそ民主主義の根幹ととらえ、公権力がそれを過重に罰することこそ、国民主権の発現を萎縮させる犯罪的行為だと戒める明快な法理です。それと軌を一にして、国連人権理事会の「恣意的拘禁に関するワーキンググループ（作業部会）」も、グリーンピース・ジャパンの二人の職員に対する訴追に関し、世界人権宣言と国際人権規約に違反するとの意見書を日本政府に送っていたことがわかりました。

これからも、本当の民主的社会にするために一緒に力を合わせていきましょう。

展示パネルも作られた

治安管理に抗して
「現代の治安維持法」と「現代の赤紙」を撃つ

武内　更一（弁護士）

裁判員制度導入と共謀罪に反対する集会
（霞ガ関　弁護士会館２Ｆクレオで、06年４月25日）

憲法と人権の日弁連をめざす会事務局長の武内です。最初に、皆さんと一緒にご唱和したいと思います。

「共謀罪をぶっとばしたぞ！」「われわれは勝ったぞ！」

本当に全員の力で勝ったと思います。今日の集会タイトルの「弁護士と市民の集い」にはちょっと異和感があります。順序が逆です。「労働者・市民と弁護士の集い」です。弁護士なんて皆の運動の後についていきて、後付けをやっていたということです。弁護士をもちあげる必要は全然ありません。私たちは、運動があって、もちろん自分の問題でもあるから、運動の後にくっついて、一緒に国会前集会とかデモとかをやっていたわけです。

集まって話しただけで犯罪容疑者にされる共謀罪なんて、本当に、「冗談ではない」というのが全体的にある。それを

審議に入る直前の弁護士・市民の国会デモ(05年３月15日)

形にして見せたのが、この運動の勝利性だと私は思います。日弁連の委員会なんかは、はっきり言って、修正を考えたり、結構グラグラしていた。運動が、共謀罪は絶対に許さないという立場を最後まで守り続けたことが成果をもたらしたんだと思います。

権力は労働者の運動、市民の運動を潰そうと思っている。それに対して、妥協とか修正とかはない。これが勝利したものの総括だと思うし、これからやってくる治安弾圧との闘いの鉄則だと思います。また一緒にやりましょう。

私は「現代の治安維持法」共謀罪に反対すると同時に、「現代の赤紙」裁判員制度をぶっつぶす闘いを進めています。人を強制的に呼びだし、戦場に送り込んで、目の前の敵を殺せと命じるのと同じことをやっている。市民を支配の側に組み込もうとするのは、支配が危機だからです。労働者・市民の不満・批判・怒りが大きくなっている。それに対して治安弾圧を強化するために市民を組み込もうとしている。こういう動きは戦前にもありました。陪審制なるまやかしの「司法改革」がありました。そして治安維持法に死刑条項をつくり、全国に特高警察を配備した。同じ年にそれをやっている。まさにこれは司法改悪であり、戦争体制のために市民を取り込む攻撃でした。

共謀罪と裁判員制度はつながっている。共謀罪をぶっとばした力で、裁判員制度をぶっとばしましょう。頑張りましょう。

治安管理に抗して
反戦ビラ入れ弾圧へもさらに厳しい目を

大洞　俊之（立川自衛隊監視テント村）

立川自衛隊監視テント村の大洞です。共謀罪法案の廃案を、皆さんと一緒に喜びたいと思います。ただ、私たちの反戦ビラ弾圧事件に縁の深い葛飾マンションビラ入れ弾圧事件が11月30日に、最高裁第２小法廷で上告棄却され有罪が確定したという残念な結果を初めに報告しておきます。共謀罪廃案とビラ入れ弾圧有罪、ここに治安立法だけではなく治安弾圧・管理の攻防水準が現れていると思うからです。

私たちは、共謀罪が国会に上程された２００３年の秋から自衛隊官舎に反戦ビラを投函して弾圧されました。イラク戦争が始まった時です。共謀罪について言いますと、山下幸夫弁護士と一緒に金沢の弁護士会の集会に行ったことがあります。山下さんが共謀罪、私が反戦ビラ弾圧事件の話をしました。確か参加者は50～60人くらいでした。そんな大きな集会ではないと思ったのですが、送られてきた『朝日新聞』の大きな記事を見て、金沢では大集会だったんだと思いました。つい東京の感覚で考

「君が代」被処分者、根津公子さんも訴え（06年５月19日）

えてしまいますが、地方都市では共謀罪とか反戦ビラ弾圧とかをテーマに集会をやること自体が、すごく大変なことなんだと実感しました。恐らく世間の多くの人が、共謀罪や反戦ビラ弾圧―チラシを撒くことを住居侵入にされることがあるということ自体を知らなかったり、関心を持っていないのが現実だと思います。

今の民主党政権下では、すぐに共謀罪類似法案を作ったりするのは、なかなか難しいだろうと思いますが、ただそういう無関心の間隙を突いて、司法改悪攻撃などが進められる恐れがありますから、広く訴え続けていく必要があると思っています。ビラ撒き弾圧事件でも、板橋高校事件、国公法事件などの裁判が続いていますし、これからも新たな弾圧が起きる可能性があります。こういう動きに厳しく目を向けながら、出来るだけ多くの人に広く訴えつづけていかなければならない。私たちは裁判での闘いだけではなく、国連の規約人権委員会に働きかけて、その最終報告にはビラ撒き弾圧を「危惧している」との文言を盛り込ませることにも成功しました。闘いはこれからです。共に頑張りましょう。

治安管理に抗して

教育基本法改悪反対闘争とのジョイント

見城　赳樹（都教委包囲ネット）

私は２００２年、教育基本法の改悪に反対する運動の呼びかけをし、「教育基本法の改悪に反対する教職員と市民の会」（通称「教職員と市民の会」）を２００２年８月に立ち上げた。

２００３年10月、都教委は「10・23通達」を出す。命令による教育を実施するもので、47年教基法の否定であった。教基法改悪の先取りであり、これを認めることは出来なかった。私たちは、10・23通達に反対することが、東京での教基法改悪反対の運動であると認識した。そこで、２００４年５月、10・23通達の撤回とそれに基づく処分の撤回を掲げて都教委包囲ネット（正式名称は、「都教委の暴走を止めようネットワーク」）を結成した。

２００６年秋、教育基本法の改悪法案が国会に提出され、反対闘争の焦点は国会に於ける法案の成立阻止になった。包囲ネットもその必要を認識していた。ハンスト座り込み実行委員会を作り、

やめろ！教育基本法改悪　つぶせ！共謀罪

11/23 JOINT行動

2006年12月7日発行
カンパ100円

共催：都教委包囲・首都圏ネットワーク　破防法・組対法に反対する共同行動
2006年11月23日＠京橋プラザ区民館（東京）

教育労働者を中心に10月17日からハンスト突入
（写真は11月16日、衆院強行採決に抗議）

集会後、銀座の大通りを通り日比谷公園までデモ

日教組集会に集まった8500人の仲間に熱烈にアピールする国会ハンスト団（10月26日）

250人が集まり、教育基本法改悪・共謀罪新設阻止を叫ぶ（11月23日）

集会報告集

■司会
外山理佳さん（包囲ネット　東京教組執行委員）
藤田五郎さん
（共同行動、山谷労働者福祉会館活動委員会）
■開会の挨拶：共謀罪教基法改悪反対闘争の共闘の意味
石橋新一さん
（破防法・組対法に反対する共同行動事務局）
■講演　宮本弘典さん（関東学院大学教授）
■つぶせ！共謀罪 トーク
山下幸夫さん（弁護士）
林　克明さん（ジャーナリスト）
滝口　誠さん（動労千葉執行委員）
桑山京子さん（靖国・天皇制問題情報センター）
■カンパアピール
山口　直さん（連帯労働者組合・武蔵学園）
■ZAKIさんの唄
■やめろ！教基法改悪 トーク
▼東京の教育現場からの反撃
長谷川和男さん（杉並区教組委員長）
深沢　裕さん（新宿区教組委員長）
曽根　珠さん（品川区教組書記長）
▼予防訴訟に勝利したぞ
永井栄俊さん（「日の丸・君が代」予防訴訟原告団長）
伏見忠さん（被処分者の会）
▼国会前ハンストで闘う
渡辺厚子さん（アイム８９）
難波　広さん（都教委包囲・首都圏ネット事務局）
■集会のまとめ
見城赳樹さん（都教委包囲・首都圏ネット事務局）
■共闘アピール提案
■行動提起：青木茂雄さん（都高教・予防訴訟の会）
■デモ提起：錦部由光さん（救援連絡センター）

リーフレット・報告集

10月から12月まで連日、ハンスト座り込み行動を国会前で実施し、全国へ情報を発信し続けたし、国会前闘争の結集軸になった。この国会前行動の過程で共謀罪新設に反対する人達と出会い、交流が始まった。そして、お互いの闘争課題について学びあう中で、共通した部分があることが分かり、ジョイント行動を計画し実施した。

教基法の改悪は、教育内容を資本の要請で資本の都合の良いものに変更すること（エリート育成の為、競争と格差教育。市場の論理を導入）、同時に愛国心教育を通してナショナリズムの強化、道徳教育を強調することによる内面からの秩序の確立をねらいとしていた。

共謀罪の新設のねらいは、労働組合や市民団体の体制批判運動や要求運動を抑圧し、社会秩序を確立維持することなどであった。それは、外形的秩序である。両者に共通するのは、今後生起する不満や不平に基礎づけられた社会不安や反乱を押さえ込む為のものであった。

こうした権力の側の思惑の一つが阻止されたことは本当に喜ばしい。それは、粘り強く共謀罪新設に反対してきた人たちの努力の結果で、高く評価される。

私たちが反対してきた改悪教基法案は２００６年12月に、残念ながら成立してしまいました。しかし、そこから新たな闘いを始めている。皆さんたちの闘いを見習い粘り強く闘っていく決意です。

治安管理に抗して
16年もの予防拘禁と共謀罪

板垣　宏（迎賓館・横田爆取デッチ上げ弾圧裁判被告団）

共謀罪の実質的な廃案を勝ちとったことの意味・勝利性ははかり知れないほど大きいと思います。私たちは、政治的冤罪事件である「迎賓館・横田爆取デッチあげ弾圧裁判」の被告団（須賀武敏、十亀弘史、福嶋昌男、それに板垣の４名）として、自らの裁判に勝利するための闘いと並んで、共謀罪粉砕の闘いにも参加してきました。なぜなら、私たちへのデッチあげは共謀罪と大いに関連があるからです。

本件は、１９８６年の4月と5月に米軍横田基地と東京サミットのレセプション会場の迎賓館に向かってロケット弾が発射され、国家が国際的にも大恥をかかされたことに対する報復として、「氏名不詳の者との共謀（共謀共同正犯）」としてデッチあげられました。

銀座を席巻、国会に向けたデモ（04年4月11日）

しかし、私たちは両事件に関与しておらず、「共謀」もしていません。本件は、初めから証拠など全くなく、第1回公判において、「本件に証拠はあるのか?」という裁判長の異例の問いに対し、検察官自ら「ありません」と答えています。ところが、当時の右陪席・中谷雄二郎裁判官は雑誌『ジュリスト』の座談会で「証拠がないのは犯人が隠したからだ」との予断発言を行っています。証拠が無いのは無罪の証なのに、それを逆転させ何が何でも「犯人に仕立て上げる」国家権力の意志がはっきりと示されています。

こうした国家意志の下で、私たちは実に16年間（福嶋さんは12年）もの間、東京拘置所に未決拘留され続けたのです。無実を訴える被告は獄中に監禁し続け、獄死すら強要しうるという恐るべき司法の現実がここにあります。「人質裁判」などという水準をはるかに超えています。私たちは、こうした攻撃を跳ね返し、２００４年3月25日に無罪判決を勝ち取りましたが、控訴審では不当にも、一度も事実審理しないまま無罪判決を「破棄・差し戻し」され、現在、差戻し審を闘っています。検察官は差戻し審においても全く立証ができなかったにもかかわらず、論告では15年、13年の求刑を行うなど、あくまでデッチあげを貫こうとしています。本当に許せません。3月23～24日の最終弁論でその論告を徹底的に粉砕し、6月2日の判決公判で必ず再度の無罪判決を勝ち取ります。

本件は「共謀共同正犯」でデッチあげられています。何か「事件」が起きないと「共謀共同正犯」には問えず、逮捕・起訴できません。しかし、共謀罪では「共謀」それ自体が「犯罪」とされるため、単なる「話合い」や「目くばせ」だけで、事件性なし・証拠なしでも容易に逮捕・起訴・勾留が可能となります。したがって共謀罪は既存の法律の何百倍も危険です。だからこそ私たちは共謀罪に絶対に反対なのです。今回の勝利を基礎に、今後も名前や見せかけだけを変えた類似の攻撃や治安弾圧と闘いこれを粉砕しましょう。

治安管理に抗して

改悪入管法と共謀罪は相似形

平野　良子（在日アジア労働者と共に闘う会）

昨年7月、在留外国人に関する制度を大幅に改変する入管法・入管特例法・住基台帳法改悪案が、多くの反対を押し切って国会を通過・成立した（3年以内に施行）。

最大の問題点は、従来、市区町村の所管であった外国人登録制度を廃止し、3カ月以上在留の外国人を「中長期滞在者」として、法務省が発行する「在留（IC）カード」の携帯を義務づけることにより、当該外国人に関するあらゆる情報を法務大臣が一元管理するようになることだ（その個人情報

公明党大会に対しても抗議が行なわれた（06年９月30日）

は法務省が自在に利用するのみならず、他の行政機関との相互照会・提供も可能になる）。在日朝鮮・韓国人など特別永住者には「特別永住者証明書」が市区町村を経由して交付される。「在留カード」の登録・携帯は在留資格のある人に限られ、住基台帳法による外国人の住民台帳への記載もそれに準じるため、オーバーステイや難民申請中の人は「存在しない者」とされてしまう。そうなると、これまでの地道な取り組みによって、在留資格の有無に関わらず限定的ながら獲得してきた子どもの就学権、医療保護、労働法の適用などの諸権利が奪われ、彼らは地下にもぐるような生活を強いられることになる。

「在留カード」所持者にとっても、従来自宅近くの行政窓口で手続きができていたのに遠くの地方入管局まで出向かねばならず、提示義務・常時携帯義務に違反すれば刑事罰を科せられるなど、被る負担は計り知れない。

また在留外国人の所属企業・学校などにも入管に対する個人情報の提供が求められることになり、市民が市民を監視する社会が醸成されていくことも、深刻かつ大きな問題である。日本政府はこの10年間「テロ対策」を口実に毎年のように入管法改悪を強行してきたが、ますますエスカレートする治安管理・相互監視という形での外国人政策は、まさに共謀罪攻撃と軌を一にするものといえよう。

最低賃金以下の劣悪な労働条件で、しばしば賃金不払い、労災、セクハラ・パワハラなど数々の人権侵害を引き起こし、当の外国人労働者が悲惨な事件の犠牲にもなってきた「外国人研修・技能実習制度」については、現行の研修制度は「技能実習１」として技能実習制度（技能実習２）に吸収され、労働法規が適用されることになる。そこだけ見ればよくなるようだが、１から２への移行には技能検定を受けて在留資格の変更手続きをしなければならず、就労先選択・転職の自由もないという点では現行制度と変わりはない。

２００８年度の研修生・実習生死亡者34名（ＪＩＴＣＯ〔国際研修協力機構〕の発表）という恐るべき数字が示すように、苛酷な超過労働による過労死が増えるなか、「私たちは奴隷ではない」として過重な超過勤務手当や未払い賃金の支払いを求めて、研修生・実習生の闘いが拡がっている（先ごろ熊本地裁は全国で初めて研修生・実習生の労働条件に関する第１次受け入れ機関の責任を認める判決を出した）。こうした現場の取り組みによってこそ、制度を変えていくことができるだろう。

治安管理に抗して

風はかわったでしょうか

岡田　靖雄（精神科医）

皆さんは、風がかわったのを肌で感じられたでしょうか。ぼくは医者となって53年、その間肌に感じる風にしたがって行動してきて、風は歴史の方向をしめしてくれました。今回民主党政権になって、

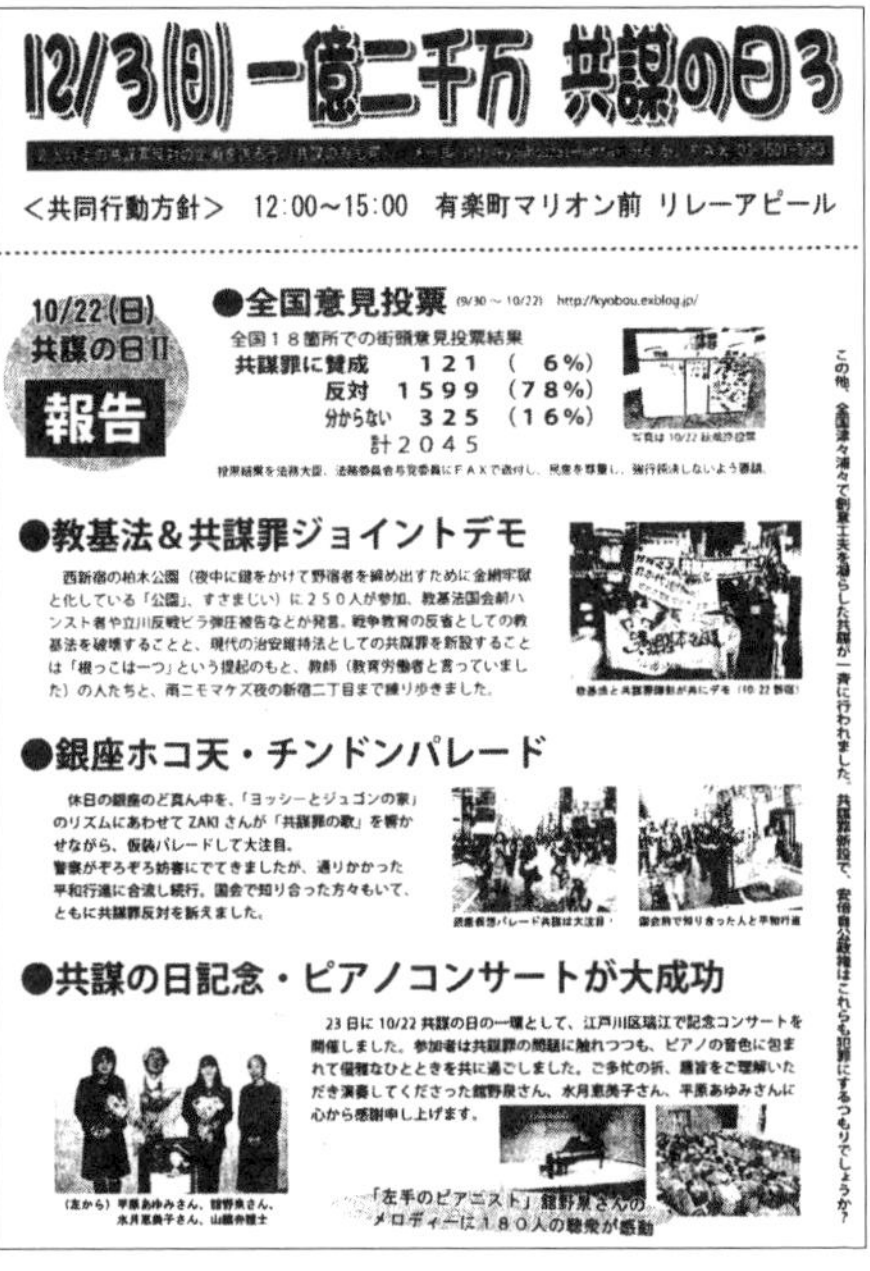

12/3(日) 一億二千万 共謀の日3

＜共同行動方針＞　12:00～15:00　有楽町マリオン前 リレーアピール

10/22(日) 共謀の日II 報告

●全国意見投票 (9/30 ～ 10/22) http://kyobou.exblog.jp/

全国１８箇所での街頭意見投票結果

共謀罪に賛成	１２１	（　６%）
反対	１５９９	（７８%）
分からない	３２５	（１６%）
計	２０４５	

写真は 10/22 新宿方面投票

投票結果を法務大臣、法務委員会与党委員にＦＡＸで送付し、民意を尊重し、強行採決しないよう要請。

●教基法＆共謀罪ジョイントデモ

西新宿の柏木公園（夜中に鍵をかけて野宿者を締め出すために金網牢獄と化している「公園」、すさまじい）に２５０人が参加。教基法国会前ハンスト者や立川反戦ビラ弾圧被告などが発言。戦争教育の反省としての教基法を破壊することと、現代の治安維持法としての共謀罪を新設することは「根っこは一つ」という提起のもと、教師（教育労働者と言っていました）の人たちと、雨ニモマケズ夜の新宿二丁目まで練り歩きました。

教基法と共謀罪廃案が共にデモ（10.22 新宿）

●銀座ホコ天・チンドンパレード

休日の銀座のど真ん中を、「ヨッシーとジュゴンの家」のリズムにあわせて ZAKI さんが「共謀罪の歌」を響かせながら、仮装パレードして大注目。
警察がぞろぞろ妨害にでてきましたが、通りかかった平和行進に合流し続行。国会で知り合った方々もいて、ともに共謀罪反対を訴えました。

●共謀の日記念・ピアノコンサートが大成功

23 日に 10/22 共謀の日の一環として、江戸川区瑞江で記念コンサートを開催しました。参加者は共謀罪の問題に触れつつも、ピアノの音色に包まれて優雅なひとときを共に過ごしました。ご多忙の折、趣旨をご理解いただき演奏してくださった舘野泉さん、水月恵美子さん、平原あゆみさんに心から感謝申し上げます。

（左から）平原あゆみさん、舘野泉さん、水月恵美子さん、山際弁護士

「左手のピアニスト」舘野泉さんのメロディーに１８０人の聴衆が感動

この他、全国津々浦々で創意工夫を凝らした共謀が一斉に行われました。共謀罪新設で、安倍自公政権はこれらも犯罪にするつもりでしょうか？

ビラ

法案としての共謀罪が廃案になったのは、何ともうれしいことです。でもぼくは風がかわったとは感じていないのです。

民主党政権がどれだけの強さをもっているか、また国際連合の国際的組織犯罪条約を国会で承認している（反対は社会民主党だけ）のにいまの世界情勢のなかで共謀罪に類似したものを作らずにおれるのか、疑問です。日本の社会も、安全重視・危険性抑圧へのおおきな動きをとめていません。

草をむしるとき、地上部分をとっただけではだめです。根もちゃんとぬきとらなくてはならない。おおきな根を抜いても、脇根がのこっていると、そこからまた草がはえてくるものです。ぼくは、心神喪失者等医療観察法と共謀罪とは、現に人がなした事ではなくて人の内心によって人をさばく、という点で同根だ、とかんがえて共謀罪反対の闘争にも参加してきました。

ではいま医療観察法はどうなっているのか？　施行後4年半近く、２０１０年は見直しの年です。

この強制医療の対象とされた人に、入院・通院をふくめてすでに13人の自殺者がでていて、これはおなじような病いをもった人の３、４倍です。普通の精神科医療の数倍もの金と人員とを投じている「手あつい医療」のもとで、これだけの自殺者が出ているということは、この法律の失敗のなによりもの証明です。もう一つ、指定入院医療施設の建設は道府県の受け入れがわるくてなかなかすすまないなかで、国は法律をふみにじって、規格はずれの民間病院をも特定入院施設として指定しています。「手あつい医療」の看板もすてさって、そして「車の両輪」として精神科医療全般の水準向上をはかるといったのに、うごいているのは片輪（へんりん）だけです。

こういう実情にもかかわらず、医療観察法の支持者たちは、さらにさらにすすもうとしています。その一つは、人格障害・知的障害・薬物依存など治療困難とされている状態の人にこそとりくむべきだ、という主張です。もう一つは、いまの精神医学がむしろ脳医学というべき方向をとっていることにむすびついています。犯罪の疾病化がおこっています。

こうなると、共謀罪反対などに何年も血道をあげてきた人は医療観察法の対象になりうる、という事態もおこりかねません。皆さんが医療観察法の廃止にも力を入れてくださること、共謀罪のおおきな脇根の一つをたちきるのに力をあわせてくださることをうったえます。

治安管理に抗して

「休火山」となった共謀罪

土屋　翼（国家賠償請求訴訟ネットワーク 事務局長）

共同行動の一翼というか、末席を汚してきた我々の蟷螂の斧効果もあったのか、長い、永い闘いがとりあえず終わった。やれやれ。昨年の暮れ、国賠ネットワークの定例会で、共同行動を降りることを早々と決定した。国賠裁判だけという穴倉の闘争はまずいと、横の繋がりを求めての共同行動入りだったのだが、不十分な協力、支援しか出来なかったし、共謀罪も一段落と判断したためである。反警察ネットには残って、殆ど「財政」でしか協力、支援が出来ていなかったが今後も共に闘って行きたいと思っている。

共謀罪はとりあえずポシャラせたが、また復活するだろう。何故なら、資本主義社会は存在しているだけで「危機」なのであるから、資本主義社会を継続させるために、この種の弾圧・法律は必要不可欠とするからだ。次に、どんなに装いをこらして登場しても、弾圧法であるから、また廃案にすべく、牙は研いで待機しようではないか。歯の抜け始めたロートルでなく、若者の参加が必要は自明である。若者の参加は我々も呻吟している。うーん、特効薬はない。さて……。

ＪＡＬの破綻に税金がつぎ込まれた。赤字分は資本主義社会総体が略取したのだ。3年後、5年後立ち直ったとして、どんなやつらが買い受け甘い汁をするのだろうか？　腹が立つことだ。

残念ながら、日本の労働組合の殆どは、売り上げがアップする経営方針に反対しないし、出来ない。国鉄も同様であった。「赤字路線＝政治路線」というような、資本主義社会総体が潤うような「経営方針」には、無期限ストで対応するしかない。時限ストなどの相変わらずの抗議ストでは、この道はいつか来た道である。資本主義社会にストライキが認められているという「常識」がありながら、ストライキは良くないという考えが蔓延している社会こそ不健全である。ともかく会社が潰れると困るという呪詛から脱却する、労働者の文化革命が強く必要とおもう。こんな、大鉈を振るう論議・実行は、小生の苦手とし、手にあまるところである。肩を寄せ合って、身の丈の生活をすることで、支援しようとおもっている今日この頃、肴は煮干を炙って、お湯割の芋焼酎を肩をまるめてすすっている。

「共謀罪」反対 一言運動

壁に耳　障子に目あり　共謀罪
もの言へば唇さむし　共謀罪
共謀罪　愛のくらしも　監視の目
気がつけば　その友が敵　共謀罪
咳ひとつ　目配せひとつ　共謀罪
笹木 道竹 @東京

ネット社会に魔女狩りがよみがえる共謀罪
ジャンヌ=ダルク ／臨時雇い @神奈川

年年歳歳権力は腐敗する
共謀なくして権力の継続なりがたし
国会の動向は秘書同志の共謀で決まる
共謀がなくて、なんでこの世の政治かな
労働組合は、共謀なくしてなりたたない
よみ人知らず

無人駅　降りて安堵の共謀罪
J・T @厚木市

夏はうれしや、二人そろって共謀罪
T・T @東京

謎多き議事録の墨塗り
開示されれば世論・廃案・沸騰
G・M @松江市

「共謀罪」．安部と一緒に退陣せよ。
荻尾 健太 @東京

国策捜査、警察国家への道
共謀罪
戸田 俊彦 ／自由業 @福岡県

3　21世紀初めの10年　南から北から

21世紀初めの10年　南から北から

信念、岩をも通す

筒井　修（福岡地区合同労働組合）

共謀罪を粉砕した！　この事実は大変嬉しいし、喜ばしいことだ。

思えば、組織的犯罪対策法に反対する市民共同行動を立ち上げたのは、１９９７年１月30日であった。福岡県内を中心にした49の市民・労働団体の連名で、組織的犯罪対策法に反対する市民共同宣言を発表した。こうした私たちの反対運動にもかかわらず、組織的犯罪対策法は制定されてしまった。大体私たちの立法反対闘争というものは、負け続けてきている。私の記憶する限りでは敗訴者負担法ぐらいのものではないか。実際に立法を阻止できたのは。

共謀罪反対闘争も、そのうちどうせ強行されるだろうが、精一杯反対の声を挙げ続けるしかない、という思いで闘い続けて来たのが正直な気持ちである。国会が開会される度に、「今度こそ危ない！」と言い続けて、本当に自分が狼おじさんのようになってきた思いがする。民主党の丸呑み案が出されてきた時には、やっぱりこれで駄目か！　と正直あきらめの境地に達したのは良く憶えている。

それが、今国会での廃案だ！　正直驚いている。信念岩をも通すというが、やはり継続してやり続けることの大切さを身にしみて感じている。

私は、地方にいて、時々、争団連行動と併せて上京して声を挙げるぐらいで大したことはしていないが、やっぱり廃案を勝ち取ったことは嬉しい。

共に、祝杯を挙げよう！　めったにないことだから……

21世紀初めの10年　南から北から
まだまだ課題は残ります

永井みゆき（関西救援連絡センター）

国会前でがんばってこられた皆さん、本当にお疲れ様でした。そして、ありがとうございました。大阪で、ニュースに書くこと以外は、ほとんど頼りっきりで。

再び廃案に追い込んだこと、ともかくも祝いたいですね。

とはいうものの、これで終わったと戦線を解くわけにはいかない…ですよね。

民主党は共謀罪には反対しており、この政権の間は、再度上程される可能性はずいぶん低くなったものの、批准の問題にどう対応するのか。もちろん私たちの立場は、「批准するな！」ではありますが、民主党は国連条約（越境的組織犯罪条約）の批准には反対していません。

廃案となった共謀罪法案には、共謀罪だけでなく、強制執行妨害罪の罰則強化やサイバー犯罪の新

大阪弁護士会も法廷から街へ（06年４月27日）

設についての法案が含まれていました。今後、強制執行妨害罪の罰則強化やサイバー犯罪については、別の法律案として検討される可能性があります。とりわけ、ネット犯罪については、管理強化の必要性がいわれていて、要注意です。

９月17日、中井洽国家公安委員長（拉致問題担当相兼務）は、警察庁での記者会見で、取調べの全過程の録音・録画の導入について「一方的な可視化だけでは済まない」と、おとり捜査や司法取引などの導入を併せて検討していく必要があるとの意見表明を行っています。中井委員長は「全面可視化は、マニフェストにあり、導入に向けて頑張っていく」が、「捜査当局には（共犯者や余罪の）摘発率を上げる武器を持たさないといけない」と語っています。警察による証拠の捏造やあるいはアリバイつぶしが、当然のように行われており、だからこそ、えん罪が後をたちません。正当な捜査が行われていることを前提にした、こうした手法の導入をめぐる検討自体が問題です。

共謀罪は廃案となったものの、他の手法で共謀罪が実体化されないよう監視が必要です。また、民主党政権が方針を変更しないようコンタクトし続ける必要があります。

しかも、政権与党となったことにより、民主党の各議員は議員立法の提出ができない事態となっていると聞きます。衆議院の法務委員会から、社民党議員はいなくなりました。今後は今までより、ロビー活動がし難くなっていきそうです。

今まで作ってきた様々な関係を生かし続けていく工夫が求められそうだと思えるのです。

21世紀初めの10年　南から北から

さらに団結権確保の闘いを

川口浩一（全国金属機械労働組合港合同）

共謀罪法案の廃案という歴史的な成果を勝ち取った運動に、極めて微力ながらも関わりを持てたことに、この闘いを牽引した仲間の皆さんに、私たちは深く感謝します。

港合同は、１９９６年２月、南労会支部のストライキを口実に、港合同役員ら８名の逮捕という大弾圧を受けました。このとき、遠く東京の地から、いち早く支援にかけつけてくれたのが、当時、オウム真理教への破防法団体適用阻止の闘いにも取り組んでいた争団連の仲間でした。このことと全日建運輸連帯労組関生支部との共闘が、その後、私たちが組対法制定阻止、そして共謀罪制定阻止の闘いに関わるきっかけとなりました。

京都集会には８０人参加し成功

19世紀の団結禁止法の再来・現代版治安維持法である共謀罪法案を最終的とも言える3度目の廃案に追い込んだことは、文字通りの歴史的成果と考えます。この成果を糧に、後退を続ける労働者の団結権を確保・拡大する闘いに奮闘しなければなりません。

また、幾多の倒産争議を闘ってきた私たちとしては、共謀罪法案とセットになっていた「強制執行妨害目的財産損壊罪」等の制定に対しても、倒産争議における労働組合の活動を犯罪化するものとして、引き続き阻止すべく闘います。

21世紀初めの10年　南から北から

組合への刑事弾圧をはね返す闘いとともに

全日建運輸連帯労組関西地区生コン支部

2005年1月13日突如として武建一委員長はじめ4名の役員が威力業務妨害で逮捕された。2カ月後の3月、新たに4名が逮捕された（2名は重複）。計6名が逮捕・長期拘留されました。在阪のマスコミを総動員して、武委員長に対して「背任容疑」として大々的なキャンペーンを繰り広げたのです。しかし、「背任容疑」は、未だに事件として立件されず、労働組合である関西地区生コン支部と武委員長が、傍若無人の様なイメージだけを植え付けています。

2005年1月の弾圧から2009年2月の関西宇部事件による5名の逮捕まで、6次にわたる弾圧で、17名の組合員が逮捕起訴（3名は起訴猶予）され最大14カ月にわたり長期拘留をされたのです。この長期拘留の最大の理由は、逮捕された17名全てが黙秘を貫き通した事にある。裁判に於ける争点の殆どが、「事前共謀による集団の威力業務妨害」「組織的犯罪」「集団暴行」等を起訴理由としていました。

本来、労働組合には、集団で行動する「団結権・団体行動権・団体交渉権」が憲法で保障されており、労働組合の行動権には、刑事・民事免責が法律で保障されているにも関わらず、起訴された組合員は、武委員長を初め殆ど有罪判決が出されたのである。武委員長に至っては、直接団体行動に参加していないのに「事前共謀」「行動教唆」を理由に2つの事件で、実刑の判決が言い渡されたのです。

弾圧の嵐が吹く関西から、風雲急を告げる国会前へ駆けつけた

権力が生コン支部に対して、ここまで執拗な弾圧を繰り返すのは、生コン支部が進める、生コン産業に於ける中小企業と労働組合が大同団結し、大手セメントメーカーやゼネコンに対して対等な取引関係を求める、「中小企業による協同組合運動」が、今の日本社会のあらゆる産業に於ける重層支配構造を打ち破る闘いであるからです。

生コン支部は、6次にわたる弾圧の間、この間運動によって積み上げた成果が相手（資本）に奪われたものを取り返すべく組合役員を先頭に組合員が力を結集し、生コン産業に於ける統一条件（土曜休日）等を作り上げています。

生コン支部は、この6次にわたる弾圧によって執行部も組合員も意気が下がるのではなく、逆に鍛えられています。弾圧されればされる程、生コン産業に於ける産業別運動は、地域・運動領域とも拡大を続けています。

従って今後も生コン支部に対する弾圧は、止む事は無いと思います。しかし、産業構造や、現在の支配構造を打ち破る為には、弾圧を恐れていては闘いになりません。生コン支部は今後も弾圧を恐れず、産業の民主化を求め中小労働運動の拡大に全力を尽くす決意です。

21世紀初めの10年　南から北から

迫力！　国会前の闘いに初めて参加

石田　博康（名古屋大学職員）

私が共謀罪反対の闘いとどういう形で出会ったのかをお話します。名古屋大学職員組合の組織率は10％くらいで、そんなに闘いをやる組合ではありません。共謀罪もほとんどやっていませんでした。私は、たまたま上部団体の会議で東京に出てきたときに、何かの拍子で、日弁連の共謀罪に反対する院内集会に参加しようと国会前に行ったら、びっくりしました。びっくりするくらい多くの人が座り込んでいて、子どももいた。その時、「今まで自分は何もやっていないけれども、これでいいのか」と感じました。それで共同行動の人と話をして、連絡してもらうようにし、時々、いろんな闘争に参加するようになった。闘争に参加したのは、３年前の２００６年、それが初めてです。

それから弁護士が中心にやっている裁判員制度に反対する運動などにも参加して名古屋でも運動体をつくってやっています。私みたいに、突然、偶然のようなキッカケで、闘争の凄さにびっくりして、闘いに加わった人間がいるかもしれないと思います。すごい迫力でした。共謀罪は廃案になったけれど、また権力は何時何を出してくるか分からないし、裁判員制度は、運動が追い詰めていますが、敵は全然あきらめていませんから、これからも共にやっていきましょう。

私も名古屋からカサを作って国会へ参加しました

破防法闘争以来15年の闘い

「つぶせ！破防法・共謀罪」静岡県連絡会

稀代の悪法「共謀罪」の廃案をかちとったことに、とりあえず「快哉！」を叫びたい。

私たち「『つぶせ！破防法・共謀罪』静岡県連絡会」は、オウムに対する破防法の団体適用阻止の闘い、そして組対法（盗聴法）反対闘争以来の陣形を崩さず、「共謀罪」粉砕のために、国会上程以前、つまり法制審議会で審議が開始された時点から、大衆行動を立ち上げた。

基本的に毎月1回の情宣行動を、うなぎの寝床のように長い県内各地で実施してきた。長年継続するなかで、飛び入り的にヤンキー娘との掛け合いが始まったり、女子高生から次回の情宣日程を問い合わせる電話が掛かってくるなどの楽しいエピソードも生じた。

県内選出の民主党・公明党国会議員への面談、情宣や署名、講

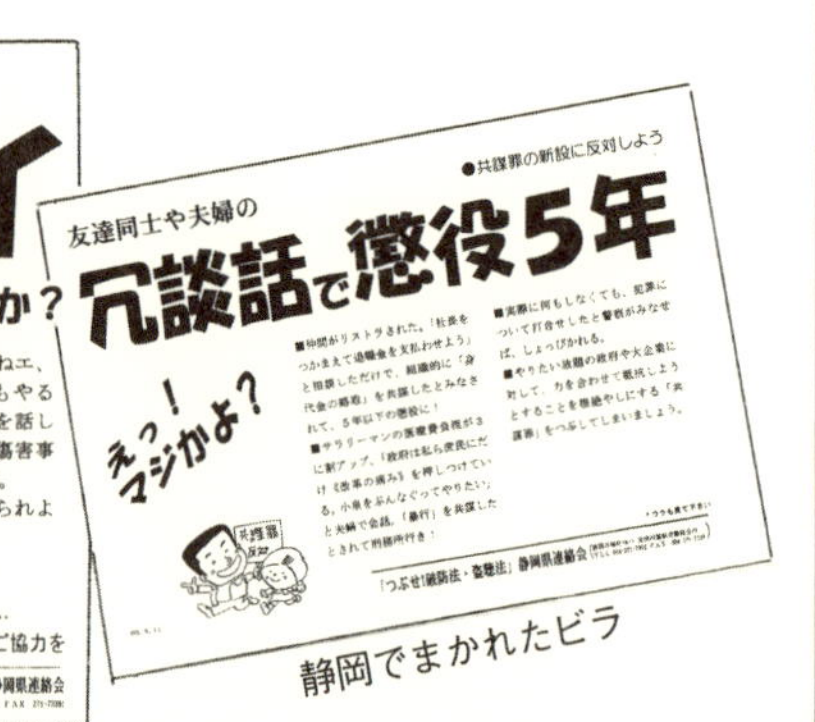

静岡でまかれたビラ

演集会、パンフの販売、ニュースの発行、さらに静岡商工会の大衆集会での寸劇など、さまざまな活動を繰り広げ、それなりに成果をあげたと言えよう。

長年の悪政に対する民衆の怒りの声によって自民党政権が倒され、民主党を中心とする連立内閣が誕生した。しかし、「安全・安心」という巧妙なキャッチコピーをフル稼働して住民をまき込んだ治安国家化の動きは、とどまるところを知らない勢いで進んでいる。

共謀罪反対闘争の勝利をバネにして、さらに連帯を深め、治安国家化＝戦争国家化粉砕の闘いを、広範な民衆のなかに浸透させていくために、お互いに頑張ろう。

21世紀初めの10年　南から北から

佐々木通武（争議団連絡会議・地域共闘交流会）

労働運動は共謀こそがいのち

１９９６年の破防法団体適用を阻止する闘いは１９９７年1月、公安審査会をしてこれを断念させるという成果を得た。公安審査会が処分請求を却下した当日夕方、地域でのビラ情宣を行っていた際に、若いサラリーマンが「これはもうなくなったんですね」と親しげに、私に話しかけてきた。攻防のさなかでは、この問題についていくら訴えかけてもこうした反応は

まったくと言っていいほどなかったから、実に感慨深いものがあった。それまで隠れていたものが勝ったことで見えてくるということもあるのだ。治安法の制定やその適用を巡っての闘いが勝利することはめったにないが、やはりどんな闘いでも勝つということはいいもんだし、勝たねばならないなあと、つくづく感じ入ったものである。

そして、今、共謀罪の3度目の廃案という決定的な勝利がもたらされた。私たちは、長年にわたって職場や争議現場で、経営や権力との熾烈な攻防を闘っている。言うまでもなく共謀罪は労働運動・争議団闘争の死命を制するといっていい法案である。労働運動とは、労働者が自らの生活を守るために、団結の力、組織の力によってたたかうことである。組織的に議論して、組織的に決定し、組織的に展開されるのである。これを「共謀」というのであれば、労働運動は「共謀」こそがその存立と正当性の根拠となっているのである。そしてそれは、闘う者の団結、信頼を基盤にしている。

しかし、組織的犯罪処罰法では、組織的な行為であるからこそ違法性が加重され、その組織的責任が断罪され、共謀罪では話し合っただけで犯罪が構成されるし、スパイ行為を推進するものとなっているのであるから、まさに運動の存立根拠・基盤を全面否定し、その解体を目的としている法律なのだ。

私たちは、国会攻防を軸とした法案成立阻止の闘いと共に、職場現場や、争議現場から、共謀罪を一つの頂点とした、治安管理国家化を打ち抜く闘いを展開し、その過程で、この攻撃の現場での地ならしとしての性格をむき出しにした刑事弾圧との闘いを推し進め、闘いの一翼を担ってきた。この勝利は私たちおよびすべての闘うものに改めてその意味を鮮明化させただろう。職場闘争も反弾圧闘争も治安立法攻撃との闘いも、具体的に勝つために闘われている。この勝利は私

21世紀初めの10年　南から北から

暴処法粉砕の闘いと一体となって

滝口　誠（国鉄千葉動力車労働組合）

動労千葉の滝口です。私たちは、共謀罪については、共同行動に参加して、微力でしたけれども共に闘ってきました。ですから「お祝い」というよりも、何か本当に「嬉しいな」という気持ちがあります。10年くらい皆で一緒に頑張って、廃案にした、ということは近来にないことだと思う。具体的に、目に見える形で、勝ったな～という気持ちを持ったというのはあまりないんです。

民主党マニュフェストは共謀罪を新設しないよと言っていますが、それに代わるものが出てくるのは間違いありません。小沢のいう「普通の国」日本。「普通の国」とは何か？　これは湾岸戦争の反省からでてきているわけです。ですから、これから何をしようとしているのかは、すぐ分かる。

もう一つ、嬉しいことがある。国労臨時大会情宣を暴力行

You'll be charged
With just talking overor emailing....

Scrap the Conspiracy Bill !

-in the extra ordinary Diet-

~Don't allow any repression by police! Withdraw SDF from Iraq!~

We have blocked the attempts of deliberation in the Diet of the repackaged Conspiracy Bill through our continuous efforts. Once again, we will fight to scrap the bill completely through our defensive battle during the extraordinary session in October!
The Conspiracy Bill enables police to arrest people without actual commit of crimes.
It targets our communication and gives the authority the power to round up anybody allegedly involved in 'dubious' discussion. For this reason, it'll bring in a surveillance society which gives the authority a free rein to wire-tapping and undercover operations, in which we will be deprived of freedom of speech. Passing this law will change our future completely. Don't restore the Peace Preservation Law, and smash this organization control law, as well as the SDF dispatch to Iraq!

★ 'Let's go on the collective bargain all night.' →the Conspiracy of Coercion
★ 'Give aid money to the Palestine kids.' →the Conspiracy of Funding to Terrorism
★ 'I'm disgusted enough to kill him!' →the Conspiracy of Murder (5 year sentence)

Is it a crime to send a joking message to a colleague by mobile phone?

'Kick that sick boss' ass !!' Two-year sentence with 'the Conspiracy of Inflicting Injury'?!

What a Horrific Bill Package!

-More than 600 new crimes! -Talks and emails to be reason for arrest
-Many examples of suppression on labor unions and grass-roots movements in the West
-Spy actions by the state -a breakthrough to a surveillance society

1. More than 2,000 supporting groups and advocates for the international joint statement against the new conspiracy bill! Broaden the network of the supporters!!

2. We'll send our delegates to the Million Worker March in Washington on 10.17.
Smash security repression by the power of international solidarity!

3. Hunger Strike! 10.20-22, 8:00am~
Get together in front of the Diet building!

4.11 Conference Planning Committee
International Joint Statement against Conspiracy Bill
Anti LOC (Law against Organized Crime) Network
Joint Action against APA (Action Prevention Act) and LOC

ワシントン行動(04年10月15〜22日)でまいた英文のビラ

為等処罰に関する法律違反で弾圧されたことに対する闘いが、11月27日、遂に暴処法を粉砕し、「共謀」を粉砕しました。細かくは言いませんが、闘いの内部に矛盾をかかえ、それを乗り越えて勝ったんです。動労千葉は最初から組織的に取り組んできました。困難を抱えながらも完全黙秘で闘い、外も内も一体になり、家族も一体になって勝ったんです。

戦時下の治安弾圧としての共謀罪、それと戦時下の司法改悪の問題—裁判員制度は徴兵制です。敵の攻撃はこれから激しくなるでしょうが、団結して闘えば勝てる。共に頑張りましょう。

21世紀の初め10年　南から北から
刑事弾圧と解雇撤回を闘いながら

中野　七郎（全金本山労働組合）

仙台の全金本山労働組合の執行委員の中野です。皆様のご支援により、本山闘争は２００５年に勝利しました。最高裁で負けた2名の解雇を高裁和解の場で撤回させ、希望者全員の職場復帰を勝ち取ったわけです。

私たちは34年の闘いのなかで、延べ１３０数人も不当逮捕されました。それに東京の争議団に対する連続した刑事弾圧、こういう中で共に闘っていくということで、刑事弾圧への反撃、共謀罪の問題を、私たちも真剣に取り組んできました。

といっても仙台なので、法案との国会前などの攻防については取り組むのがなかなか厳しくて、呼びかけられた東京の集会に参加する、あるいはビラを送ってもらって街頭で配布するという程度しかできませんでしたが…。

私は2003年、共謀罪法案が国会に上程されたときに逮捕されて、80日間、拘留されました。私も全国からの支援を受けて闘い抜き、弾圧を粉砕しました。そのときに共謀罪反対の全国集会でアピールさせてもらい、激励されました。共謀罪粉砕！まさに嬉しいことだと思います。「永久廃案」に追い込みましょう。

いま、東京をはじめ全国の争議団に対して間接強制の攻撃や巨額の損害賠償の攻撃が仕掛けられています。全金本山労働組合の組合員も職場では少数ですが、全国の闘いに連帯し、粉砕するために共にがんばっていきたい。

「治安維持法・破壊活動防止法」以上の悪法！「国際的組織犯罪条約」の国内法化！

4/8「共謀罪の新設を許すな」仙台集会

参加ご案内

自由なようで、がんじがらめ…
「戦争と治安・管理」が推し進められている社会…
そこからどうすれば解き放たれるのか…
ともに考えましょう！
まず、知ることからはじめましょう。

連日の、イラク反戦・有事立法反対の闘い、大変ご苦労様です。03年の通常国会で批准されようとしている「国際的組織犯罪条約」。これにともなう国内法整備の一環と称して、現在、法制審議会で、「共謀罪」の新設が審議されています。

現行刑法では、あくまで実際に行為があった場合に、悪名高い「共謀共同正犯」を科していますが、「共謀罪」は実行行為がなくても、人権、環境、労働運動、反戦・平和運動等々で、話したり相談したりするだけで犯罪にするというものです。

すでに盗聴法ができていますが、これでますます人と話もできなくなります。人と人とのつながり(団結・人の輪)そのものを破壊するのが「共謀罪」です。

すでにできている、住民基本台帳法、そして、これも今通常国会で「成立をさせる」と小泉政権が構えている「有事関連3法案、個人情報保護法案」、は、治安・管理を強化し、戦争のできる国家体制への道を突き進もうとする大攻撃です。「いつか来た道」の再来を許してはなりません。

左記のとおり、**学習・講演集会**を開催しますので、ご多忙中とは思いますが、国会情勢との関係でぜひとも多数のご参加をお願いし、みんなで反対の声を上げていきましょう。

2003年4月8日(火)
＊時間：午後6時～
＊場所：仙台市青年文化センター エッグホール
＊講演：小田原紀雄 氏
日本基督教団社会委員会/委員長
(組対法に反対する共同行動)
講演：「戦争と治安・管理の強化をともに考える（仮題）」
呼掛け・主催：全金本山労働組合
☎ 274－0843

地下鉄旭ヶ丘駅(仙台駅から約10分)下車、
東1番出口より徒歩2分

二〇〇三年三月二六日

ビラ

第3部

国会見聞記

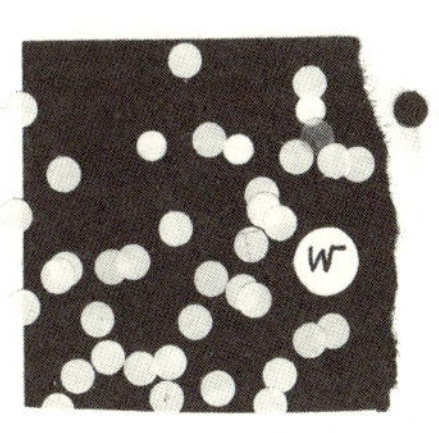

共謀罪法案の廃案を祝う弁護士と市民の集い

09年12月11日

発言者のみなさん、勝利の喜びを語る。
「共謀罪」に反対す
党派国会議員と市民の集い

1　国会議員メッセージ

徹底抗戦・徹底論議でもぎ取った廃案

衆議院議員　民主党
平岡　秀夫

「共謀罪法案の廃案を祝う弁護士と市民の集い」が開催されるに当たり、お祝いのメッセージをお送りいたします。

今年7月の衆議院の解散によって、それまで衆議院で継続審議となっていた「共謀罪創設法案」が廃案となりました。更に、8月末の総選挙で民主党が中心となった新政権が誕生しましたので、新たな「共謀罪創設法案」の提案も封じ込まれました。共謀罪の創設に反対をして来られた市民や弁護士の皆さんに心からお祝いを申し上げると共に、皆さんの粘り強かった活動に心から敬意を表したいと思います。

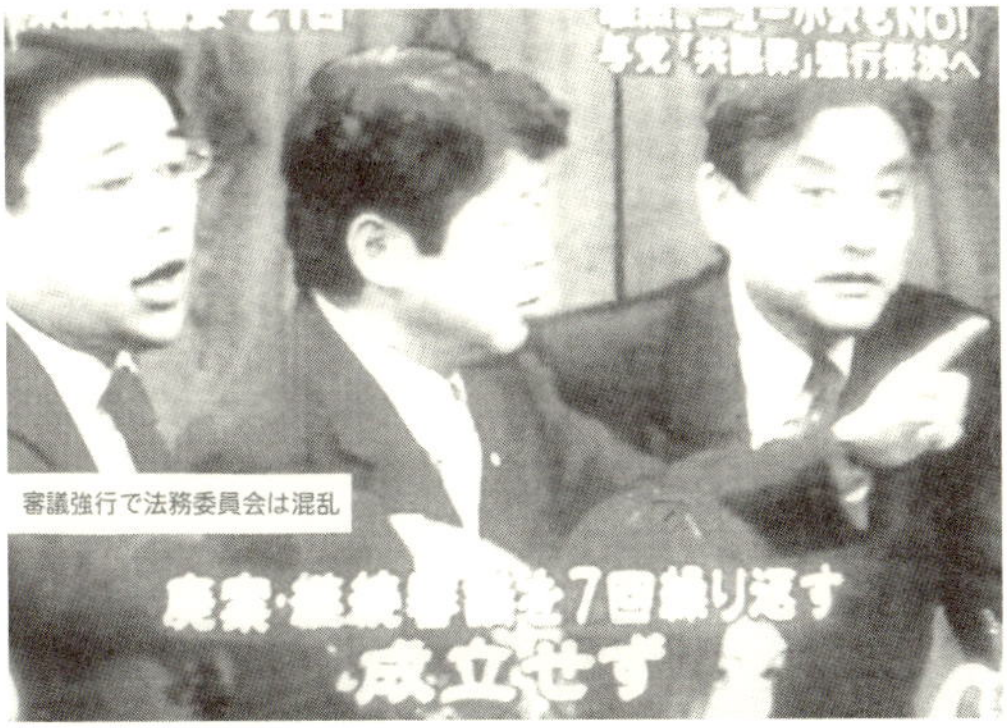

私、平岡秀夫も、皆さんとともに「共謀罪創設法案」の廃案を目指して国会で戦って参りました。4年前の「郵政民営化解散総選挙」で野党が大敗してしまった後に衆議院法務委員会の野党筆頭理事

左から高山智司、平岡秀夫、河村たかし議員（TVニュースから）

に就任した私は、衆議院で3分の2以上の圧倒的な議席を獲得した与党に対して、「共謀罪創設法案」の成立を阻止すべく、弁護士会の皆さんの知恵と市民の皆さんとの連帯に支えられて、徹底抗戦を挑んで参りました。政府・与党がとても飲めないであろうと考えられた修正案も提案し、徹底的な論戦を展開して行ったのです。

当時の民主党の考え方は、「共謀罪の創設自体には反対であるが、国際的な組織犯罪の捜査に相互協力しようとする国連組織犯罪防止条約の締結のために必要不可欠なものであると言うならば、その内容を最大限制限的にして創設することは止むを得ない」という立場に立ち、かつ、「共謀罪創設に伴って生じる虞のある弊害をできる限り少なくする」という考えで法案の修正案を提出していたのです。

しかしながら、与党も「共謀罪創設法案」の成立に執念を燃やし、最後には、私たち民主党の修正案を丸呑みするという行動（当時の自民党・国対委員長のイニシャルをもじって「ウルトラH」とも呼ばれました。）まで採って、私たちを追い込んできました。この土壇場は、それまでの国会審議の中で示された政府の見解が変更されたことを文書で確認することなどを求めることで、与党の行動が如何にいい加減なものであるのか、天下に示すことによって凌いだことをよく記憶しています。

そして、その後、民主党「次の内閣」法務大臣に就任した私は、民主党の「共謀罪の創設」に関する見解を修正することとしたのです。即ち、民主党政策インデックス２００９に示されたように、「国連組織犯罪防止条約が定める重大犯罪のほとんどについて、我が国では現行法で既に予備罪、準備罪、幇助犯、共謀共同正犯などの形で共謀を犯罪とする措置が取られています。従って、共謀罪を導入しなくても国連組織犯罪防止条約を批准することは可能です。」という見解です。

終わりに臨み、「共謀罪創設法案」の廃案のために結集された皆さんに改めて感謝申し上げますとともに、皆さんの力が、今後とも、自由で民主的な社会を築き上げていくために更に一層発揮されていきますことを念願いたしまして、私のお祝いのメッセージとさせていただきます。

二度と上程させないために問われること

参議院議員　民主党
松野　信夫

「共謀罪法案の廃案を祝う弁護士と市民の集い」にご参集の皆様、大変ご苦労様です。皆様方の共謀罪廃案に追い込んできた熱意あふれる闘いにまずもって深甚の敬意を表します。

共謀罪法案は、これまで衆議院で何度も審議がなされてきました。一時は危機的な状況にもなって、あわや法案の修正案が

松野信夫氏のシュプレヒコールが情勢を一変させた（05年７月26日）
左から、松岡徹、小林千代美、松野信夫、辻惠、福島みずほ議員

東京新聞　2006年（平成18年）6月2日（金曜日）　©中日新聞東京

「共謀罪」一転成立へ

与党 民主案を全面受け入れ

きょうにも衆院委採決

国際犯罪に限定

自民、公明両党は一日午後の衆院法務委員会理事会で、「共謀罪」創設を柱とする組織犯罪処罰法改正案について、民主党の修正要求を全面的に受け入れることを表明した。与党は二日の法務委で、民主党案を与党と民主党の賛成多数で可決する方針だ。与党が一度は成立を断念した「共謀罪」法案は、一転して今国会で成立する公算になった。＝関連2面

民主党は二日の法務委で政府の答弁を聞いた上で、採決の是非を含む対応を最終的に決定する。政府は民主党の主張に沿った答弁をする方向だ。

同改正案をめぐっては、与党と民主党がそれぞれ修正案を提出。政府案や与党案では共謀罪の適用対象が広すぎるとの指摘があることから、民主党は①対象犯罪を「懲役・禁固四年以上」に当たる罪としている政府案を、「懲役・禁固五年超」に絞る②国際的な性格を持つ犯罪に限る－などと修正した。

「共謀罪」創設を求める国際組織犯罪防止条約は、二〇〇〇年に国連で採択され、日本も署名手続きは済ませている。この条約は処罰対象を国際的な犯罪に限定してはならないとしている。

しかし民主党は、国際犯罪に限定しても条約の趣旨・目的に反するとは考えられず、留保（一定の条項を自国には適用しないという意思表示）することはできると主張。政府・与党は「条約から逸脱する」と批判してきた。

参院選にらみ政略優先

【解説】「共謀罪」創設をめぐる与野党の攻防は一日、一度は今国会での法成立を断念した与党が突如、民主党の修正案を「丸のみ」する形で決着する方向となった。与党が「丸のみ」してでも成立にこだわったのは、世論の支持が野党に傾く「共謀罪」論争を、来年夏の参院選まで引っ張ろうと図る民主党の思惑をつぶすのが狙いだ。

与党は五月十九日の衆院法務委員会で、強行採決も辞さない構えを見せていたが、小泉純一郎首相サイドは国会審議への影響を懸念。与党は河野洋平衆院議長のあっせんを受け入れる形で採決を見送った。この時点で事実上、強行採決は封印されてしまった。

そうなると民主党との修正協議に活路を見いだすしかないが、民主党案が、処罰対象を「国際的な組織犯罪」に限定している部分がネックとなった。与党は、国連で採択された共謀罪の新設を求める「国際組織犯罪防止条約」が、処罰対象を国際的な犯罪に限定してはならないとしていることから、ここだけは頑として譲らなかった。

それが一転、一日午後になって、自民党は民主党案の「丸のみ」を民主党に提案した。政府・与党は民主党案を「条約違反だ」と批判してきた。それを全面的に受け入れれば、整合性はどうなるのか。政府は二日の国会審議で、この点を明確に説明する責任がある。

自民党幹部は「まとまれば何でもいいんだ。問題があれば（法制定後に）改正すればいい」と言い放った。民主党の攻撃封じという政略だけが先行したご都合主義との批判は免れない。

（政治部・佐藤圭）

「成立」か「見送り」か、新聞も毎日見出しをかえた

成立するのではないかという危惧もしておりました。しかし、皆様方の本当に粘り強い闘いで成立を阻止することができました。

国会では政権交代を果たしましたが、まだまだ試行錯誤が続くかと思います。皆様方の平和を求め、また人権擁護を求める声を国政の中でも反映させていかなければなりません。今般の廃案をふまえて、二度とこうした法案が提出されないように今後とも必要な取組をしていかなければならないと考えております。しかし、まずはこれまでの活動のご苦労に感謝し、また今後ともご指導を賜りますようお願い申し上げます。

私は、これからも憲法9条を守り、日本の平和を確実なものにするとともに、国民の基本的人権を擁護するために参議院議員として活動していく決意を申し上げ、皆様へのメッセージといたします。

「現代の治安維持法」と喝破、光明が見えた

衆議院議員　民主党
辻　恵

第159回通常国会の2005年6月に、共謀罪法案が初めて実質審議入りをした時、こんな法案を通過させるようでは何のために衆議院議員になったか分からない、政治生命を賭けてもあらゆる手段を講じて絶対に成立させない、という強い覚悟をもって自らに言い聞かせました。南野法務大臣の法案の趣旨説明の間中、10分間にわたって一人で野次を飛ばし続け、実質審議入りに応じた法務委員会の民主党理事に対しても、政治家としての見識を欠く行為であり、実質審議に応ずるべきでないと、その場で詰め寄りました。

審議入りをどうしても止められない状況の中で、民主党の質疑のトップバッターとして「人類の歴史に進歩はないのか。今この時に現代の治安維持法というべき悪法の審議に衆議院議員として立ち会

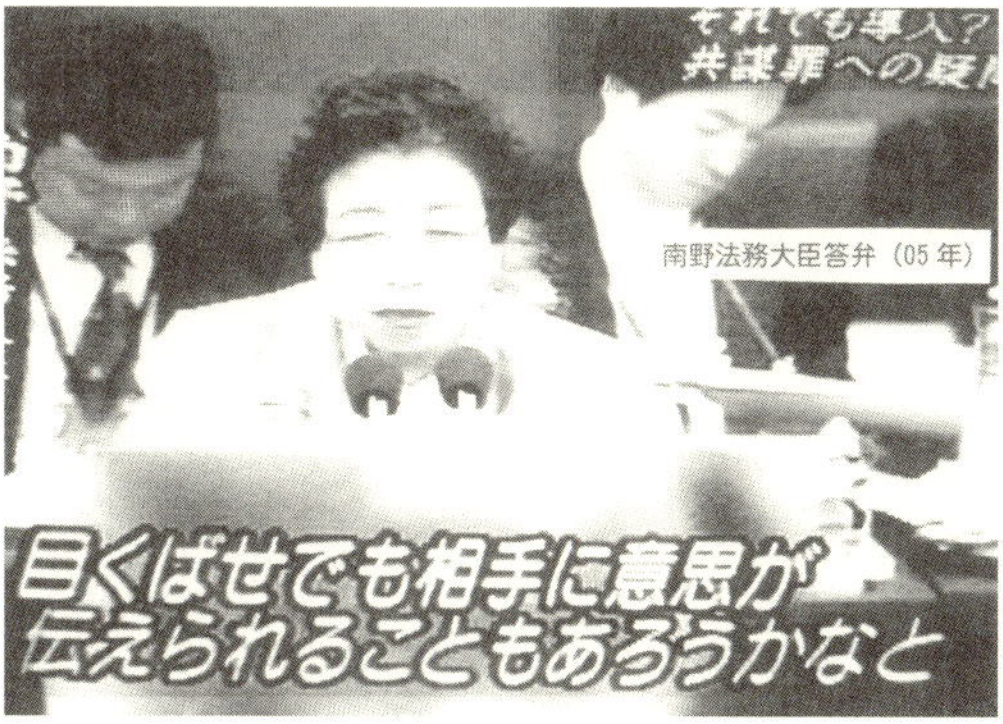

意味不明発言を続けた南野法相も廃案に一役かったという声も

わざるを得ないのは痛恨の極みであり、何としても成立を阻止しなければならない」と冒頭で述べ、又、民主党内の修正に応じようとする動きに対しても、志を同じくする同僚議員と力を合わせて正面から押し返して、衆議院の解散風が本格化するまでの約1カ月間必死の思いで闘ったわけです。衆議院が現に解散になった時には、これで歴史的汚点に手を染めなくて済む、と心底ホッとしたことを、今でも昨日のことのように思い出します。自分の政治家としての原点を再確認することが出来た貴重な体験でした。

共謀罪が廃案になった郵政選挙で落選したものの、共謀罪を廃案に出来たという満足感があり、これを糧として4年間の浪人生活を頑張れたのだなと正直思います。２００９年8月30日の総選挙勝利による政権交代によって、取り敢えず共謀罪攻撃は一旦撃退出来たわけですが、法務当局の思考と体質は一向に変わっておらず、キチンと筋の通った真っ当な政権にしていかない限り、より巧妙な新たな治安攻撃が仕掛けられてくることは必定です。本当の意味での勝負はこれからであり、やり甲斐のある闘いに向けて、気を引き締めて立ち上がる決意です。

本日ご参集の皆さまとは更に深い連繋を取らせて頂きながら、原点を忘れず本当に国民が主役となる社会を作るために、衆議院議員として全力を挙げて頑張ることをお誓い申し上げ、お祝いのメッセージとさせて頂きます。

市民の思想・良心を守り抜くために

参議院議員　社民党
福島みずほ

みなさん、こんにちは。社民党党首、福島みずほです。本日は、集会に参加できず、大変申し訳ありません。とても残念に思っています。

２００３年に共謀罪の法案が上程されて以来、皆さんと何度、集会を開いたことでしょうか。数々の院内集会、星陵会館での集会など、ついこの間のことのように思い出されます。

新しい政権が生まれました。これまで続いた自民党政治のように、市民の思想・良心、労働運動や市民運動を抑圧するのではなく、この新しい政権は、市民の運動や意見をしっかりと受け止めていく政権でなくてはなりません。

私は、集会には出席できませんが、今日お集まりの皆さんとともに、国会内外で、皆さんとともに

院内集会で発言する福島みずほ議員（06年５月12日）

闘い、共謀罪の廃案を勝ち取ってきたことを喜び合いたいと思います。

私自身、新しい政権に閣僚として参加しています。また来年7月に行なわれる参議院議員選挙では、全国比例区での改選が控えています。一層忙しくなりますが、これからも、皆さんと力を合わせて、市民の自由を守り抜くため、頑張っていきたいと思います。共に、がんばりましょう。

各位　院内集会にぜひご参加を
「共謀罪」に反対する超党派国会議員と市民の集い

05年7月

7月12日、遂に共謀罪を含む刑法などの改正案の本格審議が衆議院法務委員会で始まりました。

共謀罪は、600以上の主要犯罪について、犯罪が実行される前に単に合意したと言うだけで、犯罪を成立させてしまう極端な内容のものであり、現代版治安維持法とも、思想処罰法ともいわれる稀代の悪法です。また、共謀罪の捜査のためには盗聴捜査の拡大が計画されることは必至です。

法務省は、このような法律制度は国連越境組織犯罪条約の批准のために必要な措置であり、組織犯罪集団を対象とするもので一般市民を対象とするものではないなどと説明しています。

しかし、実際の法案では、行為の組織性だけは要件とされているものの、組織犯罪集団の関与などは定められていません。

また、法務省は条約上行為の越境性を要件とすることはできないとしていますが、条約の審議経過を記した公文書の多くが不開示とされており、条約の制定経緯は極めて不明朗なままです。

更に、今回の法案には証人買収罪の規定や、サイバー犯罪について証拠収集を広範に行える規定なども盛り込まれ、多くの問題点を内包しています。

ここに、国会審議の始まった共謀罪の人権侵害につながる深刻な危険性について、私たち国会議員が中心となって呼びかけ、広く市民に訴える機会として「共謀罪に反対する超党派国会議員と市民の集い」の開催を緊急に呼びかけます。

共謀罪に反対し、廃案に追い込むべく、今まさに院内外の力をここに結集していきましょう。

ぜひ、ご出席、取材のほど、よろしくお願いします。

院内集会

とき　8月9日（火）午前12時～午後1時

ところ　参議院議員会館　第1会議室

■呼びかけ人（50音順）

石毛えい子（衆議院議員）　稲見哲男（衆議院議員）　井上哲士（参議院議員）　糸数慶子（参議院議員）　小川敏夫（参議院議員）　神本美恵子（参議院議員）　喜納昌吉（参議院議員）　近藤正道（参議院議員）　小林千代美（衆議院議員）　小林元（参議院議員）　佐々木秀典（衆議院議員）　首藤信彦（衆議院議員）　樽井良和（衆議院議員）　辻惠（衆議院議員）　中川治（衆議院議員）　仁比聡平（参議院議員）　福島みずほ（参議院議員）　藤田一枝（衆議院議員）　松岡徹（参議院議員）　松野信夫（衆議院議員）　円より子（参議院議員）　水岡俊一（参議院議員）

（2005・7・25現在）

■連　絡　先

松野信夫事務所3508-7391　井上哲士事務所3508-8710　福島みずほ事務所3508-8506

秘策「丸のみ」不発

「共謀罪」継続審議へ

小沢氏が一喝、民主急変

焦る細田氏、根回し不足

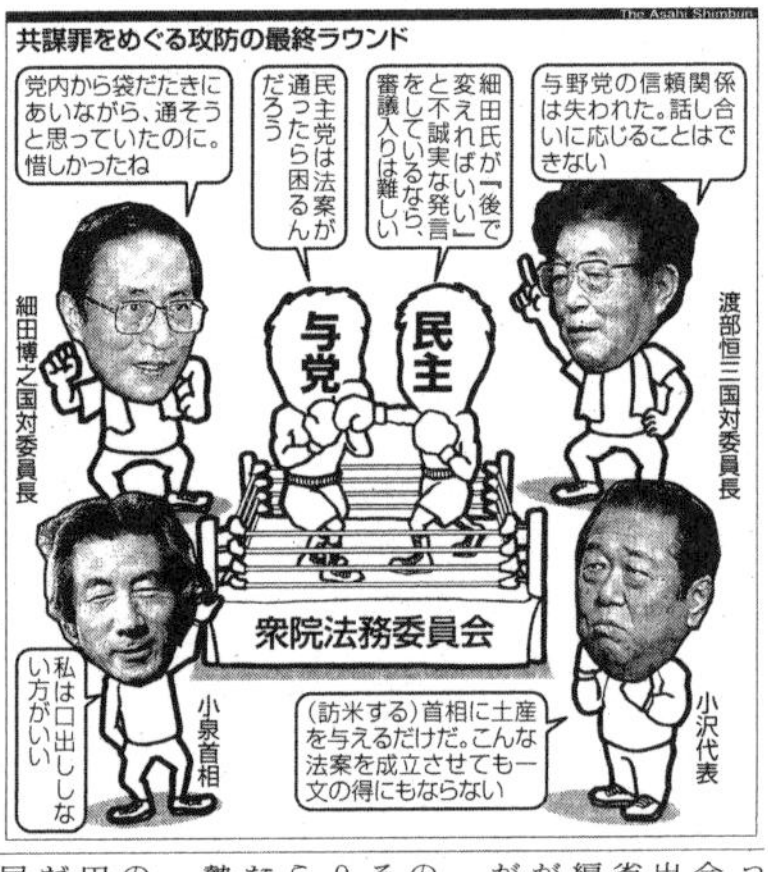

「共謀罪」をめぐる与野党協議の中で、自民党の細田博之国会対策委員長が最後の逆転を狙って仕掛けた「民主案丸のみ」の奇手は、肝心の民主党に拒まれて不発に終わった。衆院法務委員会の理事クラスでは受け入れに傾いた民主党だが、小沢代表の「一喝」で態度を一変させた。小泉首相に会期延長を拒まれる中で勝負に出た細田氏だったが、小沢民主党の出方を読み違えたことで、与党は同法案の棚上げを余儀なくされた。

＝1面参照

The Asahi Shimbun

共謀罪をめぐる攻防の最終ラウンド

党内から袋だたきにあいながら、通そうと思っていたのに。惜しかったね

民主党は法案が通ったら困るんだろう

細田氏が『後で変えればいい』と不誠実な発言をしているなら、審議入りは難しい

与野党の信頼関係は失われた。話し合いに応じることはできない

細田博之国対委員長

与党

民主

渡部恒三国対委員長

衆院法務委員会

私は口出ししない方がいい

小泉首相

（訪米する）首相に土産を与えるだけだ。こんな法案を成立させても一文の得にもならない

小沢代表

細田氏が動いたのは、1日午後の衆院本会議から。議場内で民主党の渡部恒三国対委員長に「民主党案丸のみ」との秘策を提案。公明党幹部や法務委の理事の説得に回った。話を聞いた公明党幹部はのけぞった。「強烈なサプライズ。イナバウアーだ」

政府・与党は「民主党案では国際組織犯罪防止条約の批准はできない」と繰り返していた。丸のみ案には与党内からも疑問の声が上がった。だが、細田氏は「このままでは政争の具になる。次の首相に残すのはいかがか」と押し切った。

会期延長を首相に拒まれ、与党は重要法案を継続審議とせざるを得なかった。共謀罪まで次の国会に積み残せば、今後、提出が見込まれる防衛庁の省昇格法案や在日米軍再編関連法案の審議に影響が出る――。そんな焦りが背景にあったようだ。

細田氏の提案に驚いたのは民主党側も同じ。ある国対幹部は「本当に100％丸のみなら、こちらがどうこう言う筋ではない」と採決に応じる姿勢を示した。

こうした流れを止めたのが小沢代表だった。細田氏から「採決できそうだ」との報告を受けた自民党の中川秀直政調会長は「細田は男になった」とつぶやいたが、その前に小沢氏は、鳩山由紀夫幹事長に「こんな法案成立させても、一文の得にもならない」と伝えていた。

2日になると、歯車は細田氏の狙いとは逆方向にさらに回り始める。

麻生外相が「民主党案では条約の批准はできない」と明言。政府への根回し不足が露呈した。さらに、細田氏自身が臨時国会で再改正する考えを漏らしたとの報道が飛び込んだ。民主党にとっては、採決拒否の格好の口実となった。民主党は自ら出した法案の採決に応じないという矛盾を抱えていたからだ。採決に応じれば、「民主党が共謀罪を成立させた」として世論の批判を受ける恐れもあった。民主党幹部の一人は「向こうがエラーしてくれて良かった」と胸をなで下ろす。

鳩山氏は2日の記者会見で細田氏の地元の山陰地方の神話を持ち出し、こう皮肉った。「因幡の白ウサギのような話だ。（海を）渡りきる前に本音をしゃべっちゃう人もいるんだなあ」

その細田氏は2日午後、記者団にこう話した。

談も多数予定されている。

2006年(平成18年)6月3日　土曜日　朝日新聞

2　法務委員会傍聴記

審議で露呈した共謀罪の危険性

佐藤　陽治（破防法・組対法に反対する共同行動）

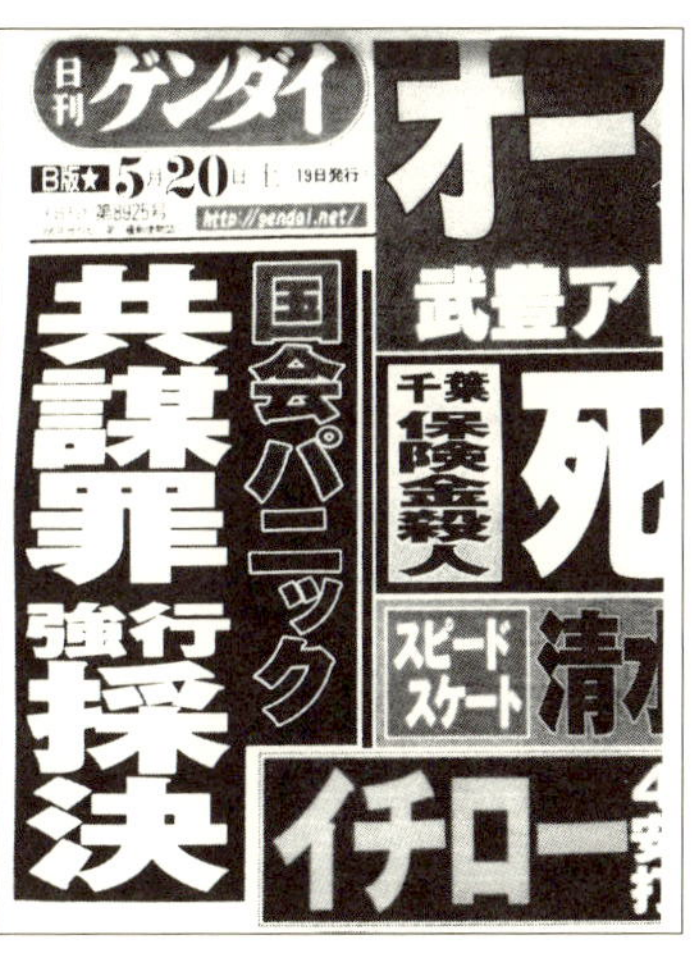

２００３年３月に国会上程された共謀罪法案は、衆院の解散に伴って３度目の廃案となったが、その間の国会攻防にはいくつかの決定的局面があった。南野（のうの）法相による法案の趣旨説明を強行した２００５年６月から、法案成立のために自公政権―法務省が七転八倒した２００６年６月までである。２００５年９月の郵政選挙による小泉圧勝にもかかわらずなぜ採決を強行できなかったのか。欠かさず続けた衆院法務委傍聴の中から明らかにしたい。

■２００５年春　あっと驚く南野法務大臣の登場

国会内外で共謀罪反対運動が燃え広がり始めた最中の南野法相の任命は、奇手か、経歴からみて順番が来たためか、それとも…よくわからない。南野智恵子議員は、阪大助産婦学出身だけに厚生関係のポストが長く、しかも参院歴13年は大臣になる資格充分だ。厚生大臣であればうなずける。しかし、論争の多い法相への就任とは意表をつく人選だった。

しかし南野法相は如才なく、委員会室に入ってくる与野党の議員に区別なく「よろしくお願いします」と頭を下げていた。06年春、偉そうにふんぞり返っていた石原伸晃法務委員長とは極めて対照的であった。しかし、その経歴から、この人は、その後の審議ではずいぶん苦労したことと思う。

2005年6月24日に法案の趣旨説明を行なった。これは官僚が用意した大きな文字で書かれた文章を読み上げればすむことで、何の問題もない。審議に当たっても、与党議員は質問項目を提出したり、法務省の役人が議員会館周りをして聞きだして、予め分厚い答弁書を作るから、法相は役人が開いて差し出すのを読めばいい。

しかし野党議員の場合は、そうはいかないケースがある。たった1項目しか出さない議員もいる。参考人という名の各省局長クラスとの質疑の中で、突然、大臣に答弁を求める場合もある。民主党・辻恵議員の「共謀罪は現代版の治安維持法ではないか」との質問には、「治安維持法」の歴史と意味を知らなかったのだろう、小さい目を白黒させて答弁に詰まり、論議は中断した。法務省の論理が破綻する、激しい国会論争の幕開けであった。

■05年秋　目配せひとつで、共謀罪は成立する！

この頃の法務委員会には与野党の論客が多かった。野党では平岡秀夫、高山智司、枝野幸男、独特な河村たかし、社民党の保坂展人、与党では、何と早川忠孝、漆原良夫、野次の一兵卒の平沢勝栄など。

その中で、保坂議員は、持ち時間が短いながら、独特の質問を繰りだし、ブログ「どこどこ日記」の情報価値は絶大であった。保坂議員の２００５年10月24日の質疑を紹介する。ここで引き出した答弁は、マスコミを通して広く伝わり、社会を震撼させ、全国での闘いを呼び起こすに十分だった。

保坂　共謀罪は独立して成立する「独立犯」か？

内外タイムス　平成１７年(2005年) ７月２３日

共謀罪反対で議員、市民ら１７０人結集

対象犯罪増えた!!

無制限に拡大の恐れ

憲法違反を指摘

衆院第２議員会館で21日、超党派の国会議員と弁護士、市民ら約１７０人が集まり共謀罪反対集会が開かれ、「日本の民主主義、人権を守るため共謀罪を絶対に廃案に追い込もう」との発言が相次いだ。

集会には民主、社民の国会議員14人が出席。共謀罪は12日に衆院法務委員会で審議入りしたが、郵政民営化に反対した法務副大臣が更迭されて空席となっているため、民主党が「違法状態だ」と追及。また、南野知恵子法相が法案内容を理解できずに答弁できず審議が中断した。その後、委員会での審議はストップしたままになっていると報告された。

松野信夫衆院議員（民主）は「共謀罪の対象となる犯罪の数は、法務省は当初約５６０としていたが、審議入りした時には６１４、さらに最近では６１９と説明している」と明かし、これを受けて辻恵衆院議員（民主）は「刑の重罰化が進む傾向を考えると、無制限に拡大される恐れがある」と指摘した。

対象となるのは4年以上の懲役・禁固に当たる罪で、道路交通法違反や消費税法など日常生活にかかわる法律違反も含まれている。

佐々木秀典衆院議員（民主）は「共謀罪は盗聴法と連動してくる。盗聴法が取り締まる側にとって使い勝手のよいものにされ、拡大解釈される恐れがある」と監視社会への懸念を訴えた。また土井たか子衆院議員（社民）は「法案は国連越境組織犯罪条約を立法根拠としているが、憲法98条には条約は誠実に順守するとあり、それに悪乗りして刑法の原則をひっくり返すのは憲法違反。合法の名において違憲がまかり通る社会になろうとしている」と話した。

条約には「組織的犯罪集団が関与するもの」との共謀罪適用要件に制限がかけられているが、法案では明文化されておらず、12日の初審議では自民党議員からも「共謀罪の規定は条約と範囲が違うのではないかという疑いをぬぐえない」などと疑問の声が上がり、与党と法務省の間で水面下で修正の動きも出始めているようだ。

共謀罪とは　犯罪行為に着手しなくても話し合いで合意したとみなされただけで犯罪が成立、処罰するという内容で、「平成の治安維持法」などと呼ばれる。法務省は一般市民を対象としていないと説明しているが、行為の組織性を要件とするだけで、実際には拡大解釈が可能となっている。２００３年に上程され廃案となったが、04年にサイバー対策法案などと一括して再上程された。

「共謀罪廃案」と気勢を上げる国会議員と市民ら＝21日、衆院第２議員会館

『内外タイムス』（2005年７月23日）

大林刑事局長　その通り。

保坂　独立して成立する犯罪であれば「既遂」があり「未遂」もあるか？

局長　共謀という行為によってただちに既遂に入るので未遂という概念はない。

保坂　共謀罪の共謀と、共謀共同正犯の共謀は同一の定義か？

局長　ほぼ同一。

保坂　「君はそこ、お前は見張り」などと役割分担をしなくても暗黙でもいい、黙示的な共謀でもいいか？

局長　証拠の判断でケースバイケースだが、黙認による共謀もある。具体的な犯罪に対して、犯罪をしようという主体的な合意である以上は共謀と言える。

保坂　言語なし。目配せ、リーダーが威光を放った、こういう場合も共謀が成立する？

局長　まず、共謀としては目配せでも十分共謀が成立する場合はある。

■2006年5月19日　強行採決失敗と石原の口パク事件

5月18日の法務委理事会で、自民党の提案を受けて石原法務委員長が翌19日の委員会採決を決定、夕刊の『日刊ゲンダイ』一面には「共謀罪強行採決」の大見出しが踊った。

19日、マスコミが法務委員会室にあふれんばかりに集まり、反対運動も衆院第2議員会館前に朝から多くの人が集結、大傍聴団を送りだした。

共同行動は、法務委員会が開かれる時は、常に4～5人の傍聴態勢をとっていたが、この日は他の団体の傍聴者もあわせ40名ほどに達した。しかし衆院法務委の傍聴席は貧弱で、委員席の後ろに傍聴人用の長机を二つ並べた程度しかなかった。そこに40人もの傍聴者が詰めかけたので、30分交代での傍聴を強制され、後は、別室でのテレビ傍聴となった。委員会室は、マスコミと傍聴者、国会議員秘書、衛視らであふれ、立錐の余地もないほどであった。

議場は、与党議員が全員出席し、強行採決態勢。ところが野党席は空っぽ。野党議員に出席を要請する役は、自民党の松島議員で、しきりに民主党に要請を繰り返している。そのうち、石原委員長が立ち上がり、何かをしゃべった。しかし議員の怒声で何を言っているのか誰も聞き取れない。私たちには、口をパクパクさせたようにしか見えなかった。与党議員が一斉に立ち上がって、強行採決態勢をとったように私には見えたが、議員は一斉に委員会室出口に殺到した。

廊下はごったがえした。私には何が起きたのか分からなかったので、記者に聞いたところ、石原は「散会」と言い、両手の上げ下げをして、議員の興奮を抑えようとしたのだと言う。マスコミも一斉に引いていった。後で分かったことだが、教基法その他の重要法案に悪影響が出るのを恐れた小泉が河野衆院議長に「野党と更に協議するように」と言わせた

審議の渦中、院外に出て報告する保坂展人議員（06年5月19日）

労働者市民とマスコミであふれた院内集会（06年４月26日）

急を聞いて連日国会前に集まる（06年５月12日）

本日 衆院法務委 採決強行阻止！廃案に

与党、口先三寸で民主党案丸のみ

現代の治安維持法
共謀罪
自公の大ペテン

両修正案 不支持 71%（Livedoorニュース）

修正しても「現代の治安維持法」に変わりなし
制定後の対象拡大も不可避

6/1 に与党が民主党修正案の丸呑みを提案してきました。与党理事は、一旦成立させてから修正していけばいい、などと狙いをあけすけに語っています。共謀罪の危険性…「現代の治安維持法」という本質は全く変わりないのです。修正ではなく廃案にしなければ、結局は市民（特に労働運動・市民運動）に向けられてくることになるのは不可避です。本日の採決を絶対に阻止しよう！

姿勢は本質的に同じ

審議での恐るべき認識を全面撤回すべき

「銀行でお金を下ろした時点で現行犯逮捕」（自民・漆原委員）
「目配せだけでなく、まばたきでも共謀罪は成立」（大林刑事局長）
「言語が違うので外国の共謀罪の事例はわからない」（山中外務政務官）

危険だらけの共謀罪　廃案以外にない

実行を取りやめた「中止犯」が成立せず、処罰されてしまう
密告制度導入、警察による盗聴・スパイ捜査～監視社会への道
グリーンピースやアムネスティを「国際組織犯罪集団」とみなす恐れ

共謀罪運用の中心的組織
警視庁公安二課長が万引（29日）
腐敗した警察権力に「凶器」を渡すな
労働運動・市民運動監視　立川反戦ビラ弾圧を主導の部署

■6月国会前行動（採決後は全面変更）
朝ビラ：8時半 丸ノ内線国会議事堂前駅出口集合
座り込み：9時半～衆院第二議員会館前
昼集会：12時～13時
★6日（火）全日行動（夕方まで）
★7日（水）～13時予定
★9日（金）全日行動（夕方まで）
★13日（火）全日行動（夕方まで）

■10日（土）「一億二千万、共謀の日」
2人以上で様々な企画をしよう（呼びかけ：署名運動）
集約先 FAX:03-3591-3583 mail:info@kyoubouzai-hantai.org
＜全体方針＞ 11時～13時マリオン前
16時半 集会（場所未定：水谷橋公園？）

■13日（火）超党派議員・市民大集会
18時半　一ツ橋・日本教育会館１０００人ホール

www.hanchian.org
破防法・組対法に反対する共同行動
東京都新宿区西早稲田2-3-18-31日本基督教団社会委員会気付
電話・FAX 03(3207)1273　メール kyoudou@hanchian.org
2006年6月2日発行

06年6月2日　　　　ビラ

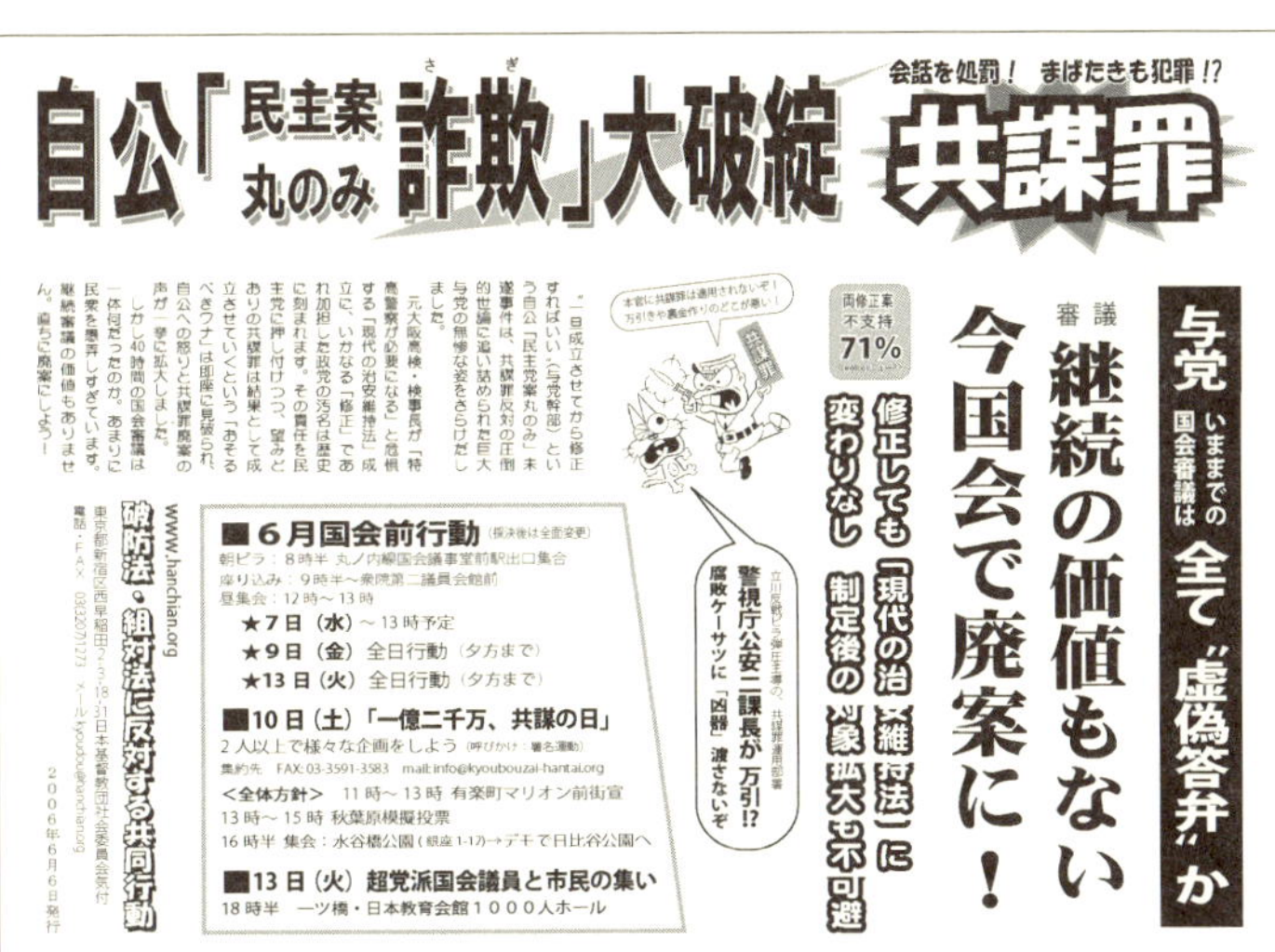

自公「民主案丸のみ 詐欺（さぎ）」大破綻

会話を処罰！　まばたきも犯罪!?
共謀罪

与党 いままでの国会審議は 全て〝虚偽答弁〟か

審議
継続の価値もない
今国会で廃案に！

両修正案 不支持 71%

修正しても「現代の治安維持法」に変わりなし　制定後の対象拡大も不可避

〝一旦成立させてから修正すればいい〟（与党幹部）という自公「民主党案丸のみ」未遂事件は、共謀罪反対の圧倒的世論に追い詰められた巨大与党の無惨な姿をさらけだしました。

元大阪高検・検事長が「特高警察が必要になる」と危惧する「現代の治安維持法」成立に、いかなる「修正」であれ加担した政党の汚名は歴史に刻まれます。その責任を民主党に押し付けつつ、望みどおりの共謀罪は結果として成立させていくという「おそるべきワナ」は即座に見破られ、自公への怒りと共謀罪廃案の声が一挙に拡大しました。

しかし40時間の国会審議は一体何だったのか。あまりに民衆を愚弄しすぎています。継続審議の価値もありません。直ちに廃案にしよう！

■6月国会前行動（採決後は全面変更）
朝ビラ：8時半 丸ノ内線国会議事堂前駅出口集合
座り込み：9時半～衆院第二議員会館前
昼集会：12時～13時
★7日（水）～13時予定
★9日（金）全日行動（夕方まで）
★13日（火）全日行動（夕方まで）

■10日（土）「一億二千万、共謀の日」
2人以上で様々な企画をしよう（呼びかけ：署名運動）
集約先 FAX:03-3591-3583 mail:info@kyoubouzai-hantai.org
＜全体方針＞ 11時～13時 有楽町マリオン前街宣
13時～15時 秋葉原模擬投票
16時半 集会：水谷橋公園（銀座1-17）→デモで日比谷公園へ

■13日（火）超党派国会議員と市民の集い
18時半　一ツ橋・日本教育会館１０００人ホール

www.hanchian.org
破防法・組対法に反対する共同行動
東京都新宿区西早稲田2-3-18-31日本基督教団社会委員会気付
電話・FAX 03(3207)1273　メール kyoudou@hanchian.org
2006年6月6日発行

06年6月6日　　　　ビラ

のだった。

■6月2日　民主党修正案丸呑み詐欺未遂事件

5月19日強行採決失敗のあと、与野党の間で何回も修正協議が続けられた。民主党は与党が絶対に呑めないと考えた修正案を携えて臨み、数を頼みに押してくる与党の攻撃をどうかわすかと協議に応じていた。6月2日17時40分過ぎという、とんでもなく遅い時間から法務委が開会したが、野党議員は誰一人出席していなかった。

自民党西川議員によれば、協議は「本当に言葉ではなかなか表現できないような状況で延ばされ続けてきた」が、「私どもは（民主党案に）賛成しますが、あなたは賛成されたら何か困りますか」と聞いたら「野党提案の法案が通っても何の困ることもありません、こういう答えでありましたので、ああ、これは採決ができる」と思っていた。しかし今日も「採決に臨まない」。「外務大臣発言、細田国対委員長発言があったからきょうは採決に応じない、こう変わった」「これはもう、私としてはどうしても理解ができない状況」だという。

麻生外相の「これ（民主党案）では条約の批准はできませんね」発言、細田国対委員長の小さく生んで大きく育てる発言をめぐる攻防が、委員会の外で繰り広げられ、野党の出席拒否―採決不可能なまま、6月2日の法務委員会は寂しく散会せざるをえなかった。実は、この日以降、共謀罪法案の法務委審議は一度ももたれていない。この一瞬が共謀罪の命運を決めたのだ。

法案関連資料

犯罪の国際化及び組織化並びに情報処理の高度化に対処するための刑法等の一部を改正する法律案の概要
法務省刑事局

1　「国際組織犯罪防止条約」の締結に伴う罰則等の整備の概要
(1)　組織的な犯罪の共謀罪の新設〔組織的犯罪処罰法〕
(2)　証人等買収罪の新設〔組織的犯罪処罰法〕
(3)　犯罪収益規制関係規定の整備〔組織的犯罪処罰法〕
(4)　贈賄罪及び関係罰則につき国外犯処罰規定の整備〔刑法、組織的犯罪処罰法等〕

2　強制執行を妨害する行為等に対する罰則整備の概要
(1)　強制執行を妨害する行為についての処罰対象の拡充〔刑法〕
(2)　上記犯罪及び関係罰則の法定刑の引上げ〔刑法等〕
(3)　加重処罰規定の新設〔刑法及び組織的犯罪処罰法〕

3　ハイテク犯罪に対処するための法整備の概要
(1)　コンピュータ・ウイルスの作成、供用等の罪の新設等〔刑法〕
(2)　わいせつ物頒布等罪の構成要件の拡充〔刑法〕
(3)　電磁的記録に係る記録媒体に関する証拠収集手続の整備等〔刑事訴訟法等〕
(4)　通信履歴の電磁的記録の保全要請等〔刑事訴訟法等〕

国連組織犯罪条約

第五条　組織的な犯罪集団への参加の犯罪化
1　締約国は、故意に行われた次の行為を犯罪とするため、必要な立法その他の措置をとる。
(a)　次の一方又は双方の行為（犯罪行為の未遂又は既遂に係る犯罪とは別個の犯罪とする。）
(i)　金銭的利益その他の物質的利益を得ることに直接又は間接に関連する目的のため重大な犯罪を

行うことを一又は二以上の者と合意することであって、国内法上求められるときは、その合意の参加者の一人による当該合意の内容を推進するための行為を伴い又は組織的な犯罪集団が関与するもの

(ii) 組織的な犯罪集団の目的及び一般的な犯罪活動又は特定の犯罪を行う意図を認識しながら、次の活動に積極的に参加する個人の行為

a 組織的な犯罪集団の犯罪活動

b 組織的な犯罪集団のその他の活動（当該個人が、自己の参加が当該犯罪集団の目的の達成に寄与することを知っているときに限る。）

(b) 組織的な犯罪集団が関与する重大な犯罪の実行を組織し、指示し、ほう助し、教唆し若しくは援助し又はこれについて相談すること。

2 1に規定する認識、故意、目的又は合意は、客観的な事実の状況により推認することができる。

3 1(a)(i)の規定に従って定められる犯罪に関し自国の国内法上組織的な犯罪集団の関与が求められる締約国は、その国内法が組織的な犯罪集団の関与するすべての重大な犯罪を適用の対象とすることを確保する。当該締約国及び1(a)(i)の規定に従って定められる犯罪に関し自国の国内法上合意の内容を推進するための行為が求められる締約国は、この条約の署名又は批准書、受諾書、承認書若しくは加入書の寄託の際に、国際連合事務総長にその旨を通報する。

第三十四条　条約の実施

1 締約国は、この条約に定める義務の履行を確保するため、自国の国内法の基本原則に従って、必要な措置（立法上及び行政上の措置を含む。）をとる。

2 第五条、第六条、第八条及び第二十三条の規定に従って定められる犯罪については、各締約国の国内法において、第三条1に定める国際的な性質又は組織的な犯罪集団の関与とは関係なく定める。ただし、第五条の規定により組織的な犯罪集団の関与が要求される場合は、この限りでない。

3 締約国は、国際的な組織犯罪を防止し及びこれと戦うため、この条約に定める措置よりも精細な又は厳しい措置をとることができる。

サイバー犯罪条約

第五款　コンピュータ・データのリアルタイム収集

第二十条　通信記録のリアルタイム収集

1　締約国は、自国の権限のある当局に対し、コンピュータ・システムによって伝達される自国の領域内における特定の通信に係る通信記録についてリアルタイムで次のことを行う権限を与えるため、必要な立法その他の措置をとる。

a　自国の領域内にある技術的手段を用いることにより、当該通信記録を収集し又は記録すること。

b　サービス・プロバイダに対し、その既存の技術的能力の範囲内で次のいずれかのことを行うよう強制すること。

i　自国の領域内にある技術的手段を用いることにより、当該通信記録を収集し又は記録すること。

ii　当該権限のある当局が当該通信記録を収集し又は記録するに当たり、これに協力し及びこれを支援すること。

2　締約国は、自国の国内法制の確立された原則により1aに定める措置をとることができない場合には、当該措置に代えて、自国の領域内にある技術的手段を用いることにより、自国の領域内において伝達される特定の通信に係る通信記録をリアルタイムで収集し又は記録することを確保するため、必要な立法その他の措置をとることができる。

3　締約国は、サービス・プロバイダに対し、この条に定める権限の行使の事実及び当該権限の行使に関する情報について秘密のものとして取り扱うことを義務付けるため、必要な立法その他の措置をとる。

4　この条に定める権限及び手続は、第十四条及び第十五条の規定に従うものとする。

第二十一条　通信内容の傍受

1　締約国は、自国の権限のある当局に対し、自国の国内法に定める範囲の重大な犯罪に関して、コンピュータ・システムによって伝達される自国の領域内における特定の通信の通信内容についてリアルタイムで次のことを行う権限を与えるため、必要な立法その他の措置をとる。

a　自国の領域内にある技術的手段を用いることにより、当該通信内容を収集し又は記録すること。

b　サービス・プロバイダに対し、その既存の技術的能力の範囲内で次のいずれかのことを行うよう強制すること。

i　自国の領域内にある技術的手段を用いることにより、当該通信内容を収集し又は記録すること。

ii　当該権限のある当局が当該通信内容を収集し又は記録するに当たり、これに協力し及びこれを支援すること。

2　締約国は、自国の国内法制の確立された原則により1aに定める措置をとることができない場合には、当該措置に代えて、自国の領域内にある技術的手段を用いることにより、自国の領域内における特定の通信の通信内容をリアルタイムで収集し又は記録することを確保するため、必要な立法その他の措置をとることができる。

3　締約国は、サービス・プロバイダに対し、この条に定める権限の行使の事実及び当該権限の行使に関する情報について秘密のものとして取り扱うことを義務付けるため、必要な立法その他の措置をとる。

4　この条に定める権限及び手続は、第十四条及び第十五条の規定に従うものとする。

共謀罪政府原案&与党・民主党修正案

◆政府共謀罪原案（組織的な犯罪の処罰及び犯罪収益の規制等に関する法律の一部改正　2005年10月）

（組織的な犯罪の共謀）

第六条の二　次の各号に掲げる罪に当たる行為で、団体の活動として、当該行為を実行するための組織により行われるものの遂行を共謀した者は、当該各号に定める刑に処する。ただし、実行に着手する前に自首した者は、その刑を減軽し、又は免除する。

一　死刑又は無期若しくは長期十年を超える懲役若しくは禁錮の刑が定められている罪　五年以下の懲役又は禁錮

二　長期四年以上十年以下の懲役又は禁錮の刑が定められている罪　二年以下の懲役又は禁錮

2　前項各号に掲げる罪に当たる行為で、第三条第二項に規定する目的で行われるものの遂行を共謀した者も、前項と同様とする。

◆与党修正案（2006年4月21日）

第六条の二

1　次の各号に掲げる罪に当たる行為で、団体の活動（その共同の目的がこれらの罪又は別表第一に掲げる罪を実行することにある団体に係るものに限る）として、当該行為を実行するための組織により行われるものの遂行を共謀した者は、その共謀をした者のいずれかにより、その共謀に係る犯罪の実行に資する行為が行われた場合において当該各号に定める刑に処する。ただし、実行に着手する前に自首した者は、その刑を減軽し、又は免除する。

一　死刑又は無期若しくは長期十年を超える懲役若しくは禁錮の刑が定められている罪
　五年以下の懲役又は禁錮

二　長期四年以上十年以下の懲役又は禁錮の刑が定められている罪
　二年以下の懲役又は禁錮

2　前項各号に掲げる罪に当たる行為で、第三条第二項に規定する目的で行われるものの遂行を共謀した者も、前項と同様とする。

3　前二項の規定の適用に当たっては、思想及び良心の自由を侵すようなことがあってはならず、かつ、団体の正当な活動を制限するようなことがあってはならない。

第七条の二：原案に3項を追加

3　前二項の規定の適用にあたっては、弁護人としての正当な活動を制限するようなことがあってはならない。

◆民主党修正案（2006年4月27日提示、会期満了により廃案）

第六条の二

次の各号に掲げる罪に当たる行為（国際的な組織犯罪の防止に関する国際連合条約第三条2（a）から（d）までのいずれかの場合に係るものに限る。）で、組織的犯罪集団の活動（組織的犯罪集団（団体のうち、死刑又は無期若しくは長期五年を超える懲役若しくは禁錮の刑が定められている罪又は別表第一第二号から第五号に掲げる罪を実行することを主たる目的又は活動とする団体をいう。次項において同じ。）の意思決定に基づく行為であって、その効果又はこれによる利益が当該組織的犯罪集団に帰属するものをいう。第七条の二において同じ。）として、当該行為を実行するための組織により行われるものの遂行を共謀した者は、その共謀をした者のいずれかがその共謀に係る犯罪の予備をした場合において、当該各号に定める刑に処する。ただし、死刑又は無期の懲役若しくは禁錮の刑が定められている罪については、実行に着手する前に自首した者は、その刑を減軽し、又は免除する。

一　死刑又は無期若しくは長期十年を超える懲役若しくは禁錮の刑が定められている罪
　五年以下の懲役又は禁錮

二　長期五年を超え十年以下の懲役又は禁錮の刑が定められている罪
　二年以下の懲役又は禁錮

2　前項各号に掲げる罪に当たる行為（国際的な組織犯罪の防止に関する国際連合条約第二条2(a)から(d)までのいずれかの場合に係るものに限る。）で、組織的犯罪集団に不正権益（組織的犯罪集団の威力に基づく一定の地域又は分野における支配力であって、当該組織的犯罪集団の構成員による犯罪その他の不正な行為により当該組織的犯罪集団又はその構成員が継続的に利益を得ることを容易にすべきものをいう。以下この項において同じ。）を得させ、又は組織的犯罪集団の不正権益を維持し、若しくは拡大する目的で行われるものの遂行を共謀した者も、前項と同様とする。

3　前二項の適用に当たっては、思想、信教、集会、結社、表現及び学問の自由並びに勤労者の団結し、及び団体行動をする権利その他日本国憲法の保障する国民の自由と権利を不当に制限するようなことがあってはならず、かつ、会社、労働組合その他の団体の正当な活動を制限するようなことがあってはならない。

◆与党再々修正案（2006年5月19日　会期満了により廃案）

第6条の2　次の各号に掲げる罪に当たる行為で、組織的な犯罪集団の活動（組織的な犯罪集団（団体のうち、その結合関係の基礎としての共同の目的が死刑又は無期若しくは長期五年以上の懲役又は禁錮の刑が定められている罪又は別表第一（第一号を除く。）に掲げる罪を実行することにある団体をいう。）の意思決定に基づく行為であって、その効果又はこれによる利益が当該組織的な犯罪集団に帰属するものをいう。）として、当該行為を実行するための組織により行なわれるものの遂行を共謀した者は、その共謀をした者のいずれかによりその共謀に係る犯罪の実行に必要な準備その他の行為が行われた場合において、当該各号に定める刑に処する。ただし、死刑又は無期若しくは長期五年以上の懲役又は禁錮の刑が定められている罪に係るものについては、実行に着手する前に自首した者は、その刑を減軽し、又は免除する。

共謀罪創設法案の審議再開の前提となる要求
民主党　平岡　秀夫（2006年12月6日提出）

1　アメリカの留保について

アメリカ合衆国は、州法では極めて限定された共謀罪しか定めていない場合があることを国務省の大統領宛批准提案書の中で指摘し、国連越境組織犯罪防止条約によって州レベルでの立法の必要がないようにするため、留保を行った上で条約を批准した。

また、アラスカ、オハイオ、バーモントなどの州レベルでは広範な共謀罪処罰は実現していないことを外務省も認めた。

（1）共謀罪について、例えば質問主意書の政府答弁書（平成17年11月11日付及び平成18年6月13日付）では、「共謀罪の対象犯罪について更に限定することは、条約上できない」と答弁していたが、この答弁の訂正を政府答弁書においてすること。

（2）アメリカの批准について、政府はこれまでの答弁において、この留保の事実を知りながら、そのことについて全く説明してこなかった。このような政府答弁を行ったことについての顛末の説明と謝罪を、委員会審議再開前に行うこと。

（3）アメリカが留保を行っていることに対する我が国の異議申し立てに関し、我が国が条約に加盟したときには、異議を申し立てることになるのか。この点に関し、以下の点について、委員会審議再開前に開示すること。

①申し立てるとすれば、いつ、どのような異議を申し立て、その異議について国連（マルチ）との関係及びアメリカ（バイ）との関係でどのような決着を目指すのか。

②申し立てないとすると、なぜ申し立てないのか。

（4）アメリカ合衆国50州のそれぞれについてどのような共謀罪があるかを調査して、その調査結果を委員会審議再開前に提示すること。

なお、アメリカの国運宛の批准理由書及び国務省から大統領宛の留保理由書を翻訳して、委員会審議再開前に提示されたい。

2　国連における条約審議の経緯等について

国連における条約審議の際、日本政府の見解として「行為参加罪の第3オプション」を提案していたにもかかわらず、その後「共謀罪オプション」に転換された経緯を明らかにするための記録（公電等）を示すことを外務省は拒否し続けている。

（1）第2回アドホック委員会で日本政府の提案していた「参加して行為するオプション」では、どのような内容の国内法が必要となると考えていたのか、日本政府内で検討されていたはずである。もし、具体的な「参加罪の規定」を検討していなかったとしたら、どのような対応をするつもりであったのか。この提案当時に、検討された「参加罪の規定」又は検討していた対応方針を、委員会審議再開前に提示すること。

（2）国連越境組織犯罪防止条約第34条第1項に規定する「自国の国内法の基本原則」に関し、政府が第2回アドホック委員会に提出した提案では「日本の国内法の原則では、犯罪は既遂か未遂段階に至って初めて処罰されるのであり、共謀や参加については、特に重大な犯罪に限定して処罰される。」と説明しているのに、政府の国会答弁（平成17年10月21日南野法務大臣）では「『自国の国内法の基本原則』とは、各国の憲法上の原則など国内法制において容易に変更できない根本的な法的原則を指す」としている。この政府答弁が政府提案時と変わってきた経緯を、委員会審議再開前に関示すること。

（3）第2回の公式会合に関する公電（平成11年3月31日付大使から外務大臣宛第465号）P・14でマスキングされた部分（8行分）については、非公開とする理由は全く見あたらず、また、我が国の意思決定の過程を知る上で不可欠なものであるから、委員会審議再開前に開示すること。

（4）第7回会合において行われた非公式会合は、条約起草のためのアドホック委員会の一部であり、非公式会合とはいうものの、その経過は公式会合に報告されるべき性質を持っているものであり、その記録（11

ページ分の公電）を委員会審議再開前に開示すること。

（５）第７回アドホック会議の公式会合に関し、日本政府代表団がした提案（参加罪については、参加する行為がその犯罪行為の成就に貢献することを認識しつつなされたものであることを要件とする新しい類型の参加罪の規定を設けるとする内容）を撤回した過程とそれに関する協議の内容についての詳細は、平成12年2月16日発信の公電に別途詳細に記載されている。その公電の中でマスキングされている2頁分の文書を委員会審議再開前に開示すること。

3　世界各国の新規立法等について

国連条約批准にあたって、どのような新規立法が行われたのかは、共謀罪新規立法の必要性を裏付けるための最も基本的な資料であり、政府の包括的な調査が期待されるところである。しかしながら、質問主意書でも質問されているが、政府答弁書では、共謀罪の新規立法を行ったことが確認されているのはノルウェーのみという状況である。

（１）政府による悉皆的な調査の結果の資料を、委員会審議再開前に提出すること。併せて、政府としては、この問題について、いつ、どのような方法で、どのような諸国について調査を行ったのかを示すこと。

（２）日本弁護士連合会の調査によれば、「組織犯罪の関与する重大犯罪の全てについて共謀罪の対象としていないことを認め、国連事務総長に通知している国」が5ケ国（ブラジル、モロッコ、エルサルバドル、アンゴラ、メキシコ）存在する。また、国連薬物犯罪事務所が新しく作成した文書では、これらの国について別の記載があると説明されている。これらの国々について、共謀罪の具体的な制定状況・内容を調査し、委員会審議再開前に報告すること。

（３）各国のオバートアクトがどのように規定されているのか（２００５年10月21日法務委での平岡質問関係）及び立法化に当たって合意に準備行為等を伴うことした国の規定状況はどうなっているのか（２００５年10月28日法務委での平岡質問関係）を調査し、委員会審議再開前に報告すること。

（４）英米法の国での共謀罪の適用状況（２００６年5月19日法務委での平岡質問関係）について調査し、

委員会審議再開前に報告すること。

（5）英米法以外の諸外国の国内法整備状況（2006年10月20日法務委での保坂質問関係）について調査し、委員会審議再開前に報告すること。

（6）TOC条約の締結過程において、批准に際し、現行日本国内法で対応可能かどうか、どのような検討をおこなったか、委員会審議再開前に報告すること。

（7）条約の留保と外交的解決を図ることをどう検討したか。委員会審議再開前に報告すること。

自民党「条約刑法検討に関する小委員会」における検討結果（案）（2007年2月）

1　本小委員会における検討の経緯及び趣旨

①経緯

国際組織犯罪防止条約は、国際的な組織犯罪の防止・処罰のための各国の法整備や国際協力についてのグローバル・スタンダードを定めた国連条約であり、世界130か国が締結し、我が国以外のG8諸国はすべて締結済みである。我が国でも、平成15年の通常国会で同条約の締結について承認がなされ、間もなく4年が経過するが、条約刑法が成立しないため、未だ同条約の締結に至っていない。

我が国は、来年（平成20年）にはサミットの議長国を務めることとなっており、テロ・組織犯罪の防止・処罰のための国際的なネットワークの構築において、積極的な役割を果たす必要がある。そのため、条約刑法についても、幅広い国民の理解を得て、速やかに成立させる必要がある。

②検討の趣旨

条約刑法については、これまでの国会審議等を通じ、国民から様々な意見が示されており、その中には、「組織的な犯罪の共謀罪」の対象犯罪が600を超えることなどから、一般の国民が広く処罰の対象とされるのではないかとの不安の声も多かった。

「組織的な犯罪の共謀罪」は、組織的かつ重大な犯罪の共謀に限って処罰の対象とするものであり、このような不安は誤解に基づくものも多い。

しかし、「組織的な犯罪の共謀罪」について広く国民の理解を得るためには、国際組織犯罪防止条約が、国際的な組織犯罪を防止し、これと戦うための協力を促進することを目的とするという原点に立ち返り、その対象犯罪については、現実にテロ組織等の組織的な犯罪集団が実行するおそれがあり、ひとたび実行されると重大な結果が生じてしまうため、その防止のために、実行前の謀議の段階で処罰することが真に必要であると考えられるものに限定することが適当である。

③検討の結果

本小委員会では、このような考え方から、対象犯罪の絞り込みなど、「組織的な犯罪の共謀罪」の修正について検討を行い、有識者、関係省庁、日弁連からのヒアリングも行った上で、別紙「テロ等謀議罪の対象犯罪（案）」を含む修正案を取りまとめたものである。

2　修正案の概要

本小委員会において取りまとめた修正案の骨子は、別紙「犯罪の国際化及び組織化並びに情報処理の高度化に対処するための刑法等の一部を改正する法律案に対する修正案要綱骨子（素案）」のとおりであり、その要点は、以下のとおりである。

①「組織的な犯罪の共謀罪」という名称の修正

テロ等の重大な組織犯罪が実行されて甚大な被害が発生することを防止するために、謀議の段階で処罰を行うものであることが明確になるように、「テロ等謀議罪」という名称に修正することとする。

②対象犯罪の限定

国際組織犯罪防止条約が、国際的な組織犯罪を防止し、これと戦うための協力を促進することを目的とするものであることを踏まえ、「テロ等謀議罪」の対象犯罪は、現実にテロ組織等の組織的な犯罪集団が実行するおそれがあり、ひとたび実行されると重大な結果が生じてしまうため、その防止のために、実行前の謀議の段階で処罰することが真に必要であると考えられる犯罪に限定することとし、そのような犯罪の類型として、「テロ犯罪」、「薬物犯罪」、「銃器等犯罪」、「密入国・人身取引等犯罪」、「その他、資金源犯罪など、暴力団等の犯罪組織によって職業的又は反復的に実行されるおそれの高い犯罪」の5つの類型を挙げた上、各類型に該当すると考えられる犯罪を具体的に列挙することとする。

このような考え方に基づき、対象犯罪の限定についての具体的な案として、別紙「テロ等謀議罪の対象犯罪（案）」を取りまとめた。

③「テロ等謀議罪」の対象となり得る団体の限定
「組織的な犯罪集団」、すなわち、結合関係の基礎としての共同の目的が「テロ等謀議罪」の対象犯罪等を実行することにある団体のみを対象とするものとすることにより、対象となり得る団体を限定する。

④「共謀」の意味の明確化
「具体的な謀議を行い、これを共謀した者」という表現に修正し、具体的な謀議がなければ「共謀」には当たらず、例えば、目配せをしただけでは「共謀」に当たることはないことを明確にする。

⑤「共謀」だけでは逮捕も勾留も処罰もされないものとすること
「共謀」に加えて、「実行に必要な準備その他の行為」が行われない限り、処罰できないものとし、また、これが行われたという嫌疑がない限り、逮捕・勾留をすることもできないものとする。

⑥運用上の留意事項の明記
「テロ等謀議罪」の規定の適用に当たっては、思想・良心の自由等、憲法の保障する自由・権利を不当に制限してはならないこと、また、労働組合その他の団体の正当な活動を制限してはならないことを明記することとする。

本小委員会において取りまとめた修正案の要点は以上のとおりであり、このような修正を行うことにより、条約刑法に関する国民の懸念・不安を払拭し、国民の幅広い理解を得て、条約刑法を速やかに成立させることが重要である。

3　今後の方針

①修正案の提出時期等
条約刑法は、現在、国会において継続審議中であり、修正案の具体的な提案時期や詳細については、今後、国会審議の状況や野党等との協議等を踏まえて慎重に決定すべきである。

②十分な広報活動等

一方、特に「組織的な犯罪の共謀罪」については、これまで、一般の国民が犯罪について話し合っただけで処罰の対象となるのではないかとの懸念など、誤解に基づく不安や懸念も多かったのではないかと考えられる。このような不安や懸念を払拭し、条約刑法や本小委員会で取りまとめた修正案の内容について国民の十分な理解を得るためには、様々な角度から、十分な広報活動を行う必要がある。

このような取組により、幅広い国民の理解を得て、条約刑法を速やかに成立させるべきである。

声明

中井国家公安委員長ー警察庁の「ダーティーな捜査手法」導入策動を許さない！

■中井国家公安委員長の言う「盗聴・おとり捜査・司法取引」は冤罪多発の道だ！

■警察庁は足利事件など「密室での自白強制による冤罪」を真摯に自己批判しろ！

鳩山政権の中井洽国家公安委員長が、就任早々から、警察・検察取調べ全過程の録音・録画ーいわゆる捜査可視化法案に横槍をいれ、「新たな捜査手法」導入の必要を言い立てている。" 可視化するのなら警察に別の武器を与えるべきだ" とし、「おとり・潜入捜査」「司法取引」導入や「警察盗聴の拡大」を図ろうとしている。共謀罪法案に反対してきた私たちは、中井国家公安委員長のこうした発言・越権行為を激しい怒りをもって糾弾する。

「新たな捜査手法」とは「盗聴」「おとり・潜入捜査」「司法取引」の３点セットであり、「ダーティーな捜査手法」として、これまで麻薬取締りなどの一部を除いて導入されてこなかったものである。インターネット・携帯電話などの警察による常時盗聴が著しい人権侵害を引き起こすことは明らかであり、「おとり・潜入捜査」「司法取引」は警察官が爆弾を提供して交番爆破の罪で共産党員を逮捕し、警官は免罪され栄転した菅生事件を例に引くまでもなく「司法の廉潔性」を著しく侵害するものである。「司法取引」とは" 飴玉・刑罰を持ってする自白強制" に他ならない。

組織犯罪対策三法や共謀罪法案はもともと「新たな捜査手法」導入とセットであり、１９９７年組対法法制審諮問時、あるいは国際的組織犯罪条約調印時などに刑事訴訟法改悪が検討されてきた。しかし法務省が共謀罪審議への悪影響を恐れ「当面の課題ではない」と先送りしてきたのであり、自民党や警察庁が従来から執拗に検討・提言してきたものである。中井の属する「民主党マニュフェスト２００９」にはもちろん載っていない。何時から中井国家公安委員長は、国策捜査をする警察庁の手先になったのか？アメリカでは特に公務員犯罪に対して、共謀罪・わなかけ捜査はセットで多用されており、小沢幹事長秘書逮捕事件を想起すべきであろう。

足利事件・氷見事件・志布志事件などの冤罪多発は、警察による「密室での自白強制」の結果であると共に、無罪推定原則を捨て去った警察・検察・裁判所などの組織的・人的腐敗の結果である。人権侵害をみずから是正・チェックできないほど腐敗しきっているのだ。「自白依存」解消をいうのなら、２３日もの異様な長期拘留、人質司法からして是正すべきであろう。「（通信傍受や司法取引など）証拠を集める他の手法を増やす」ことなどは、捜査可視化とはまったく「別々に検討するもの」（森山法相）であり、中井国家公安委員長及び警察庁は火事場泥棒のようなまねはすべきでない。そもそも国家公安員会・警察庁が法務省の頭越しに刑事訴訟法改悪を言い立てること自体、越権行為であろう。警察庁の国土安全保障省昇格の野望が透けて見えるというものだ。

足利事件などの国家犯罪を居直り、逆手にとって冤罪多発への武器を手に入れようとする中井国家公安委員長ー警察庁の火事場泥棒的振る舞いには鉄槌を下す必要がある。共謀罪を葬った私たちは、警察庁が共謀罪法案成立で狙っていた獲物＝「ダーティーな捜査手法」導入をも阻止する。私たちは警察がオールマイティーとなり、スパイがうようよする社会の到来を決して望まない。仲間を裏切らせ、相互不信を勧める制度など真っ平御免であり、私たちは、戦争と治安管理のこれ以上のエスカレートは労働者民衆の力で絶対に阻止する。

２００９年１０月１０日

共謀罪反対闘争勝利報告集会 参加者一同

勝利報告集会声明

第4部

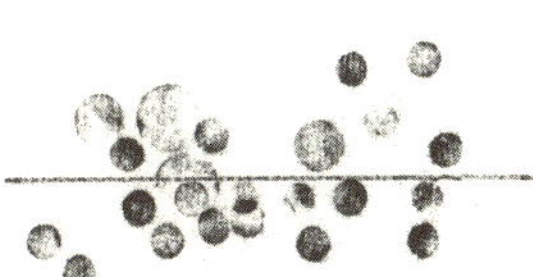

共謀罪を取りまく情勢は変わったか

共謀罪を取りまく情勢は
どのようなものだったか

弁護士
永嶋　靖久

1　「新自由主義」とは何だったか

(1)　合衆国における株価と監獄人口のグラフ

２００８年10月23日、米下院監視・政府改革委員会の公聴会において、グリーンスパン（１９８７～２００６年、ＦＲＢ議長）は、「米国は１００年に一度の信用の津波に襲われており、消費と雇用への影響は避けられない。」と述べた。１００年に一度の信用の津波は、ダウジョーンズ（ニューヨークの株式新聞）の

共謀罪　テロ対策法　監視社会に強い懸念

中京で反対集会

共謀罪などの問題点について考える参加者（京都市中京区・ウィングス京都）

実際に罪を犯していなくても、犯罪の計画を話し合っただけで罪に問われる可能性がある「共謀罪」と、テロの未然防止を掲げた「テロ対策基本法」に反対する集会が二十五日、京都市中京区のウィングス京都で開かれた。講演や質疑を通し、警察権限の強化や監視社会の常態化など、起こり得る問題について議論を深めた。

市民団体でつくる実行委員会が主催し、約五十人が参加した。

初めに実行委が、共謀罪について▽現行刑法では極めて例外的な「共謀」への処罰を六百以上の犯罪に拡大する▽共謀の立証のため、盗聴捜査などが不可欠になる―などと問題点を挙げた。

続いて、大阪弁護士会所属の永嶋靖久弁護士が、テロ対策基本法について「犯罪を認定する基本要件が、行為ではなく犯意、思想になる」と指摘。共謀罪との共通性に触れつつ「さまざまな社会運動に対する監視を強め、活動の芽を摘んでしまおうとする法律だ」と話した。

政府は今国会で共謀罪の創設を目指し、テロ対策基本法は二〇〇七年までの成立を目指している。

株価グラフにも現れている[図1]。そして、このグラフは合衆国監獄収容者数の推移のグラフに驚くほど酷似している[図2]。

第1に、この2つのグラフの酷似には根拠があるのだろうか。

第2に、ダウジョーンズの株価は、2007年10月を頂点に急落した。監獄人口のグラフも同じような急落を見せるのだろうか。

まず一昨年の急落の以前、70年代以降、株価が突然ロケットのように急上昇したのはなぜだろう。

[図1]ダウジョーンズ工業平均株価100年の推移
資料　https:/www.dwaverages.com/

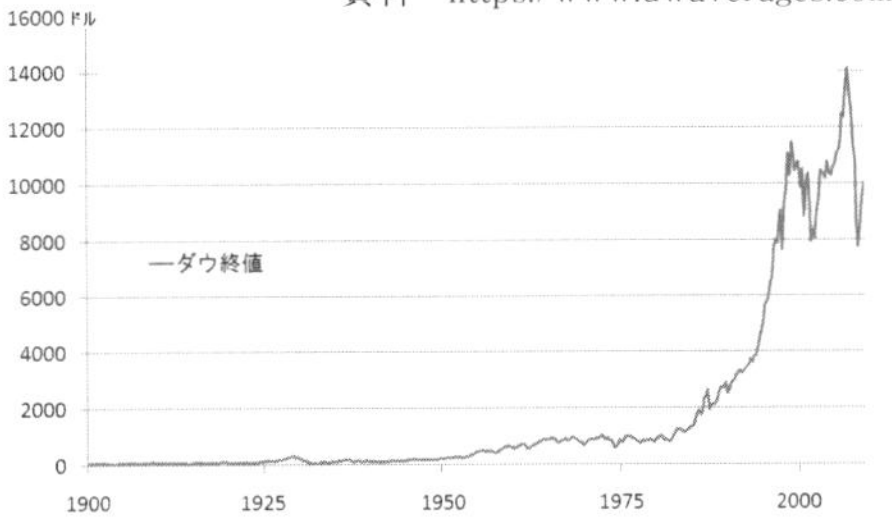

[図2]合衆国の監獄人口の推移
資料　http://www.albany.edu/sourcebook/

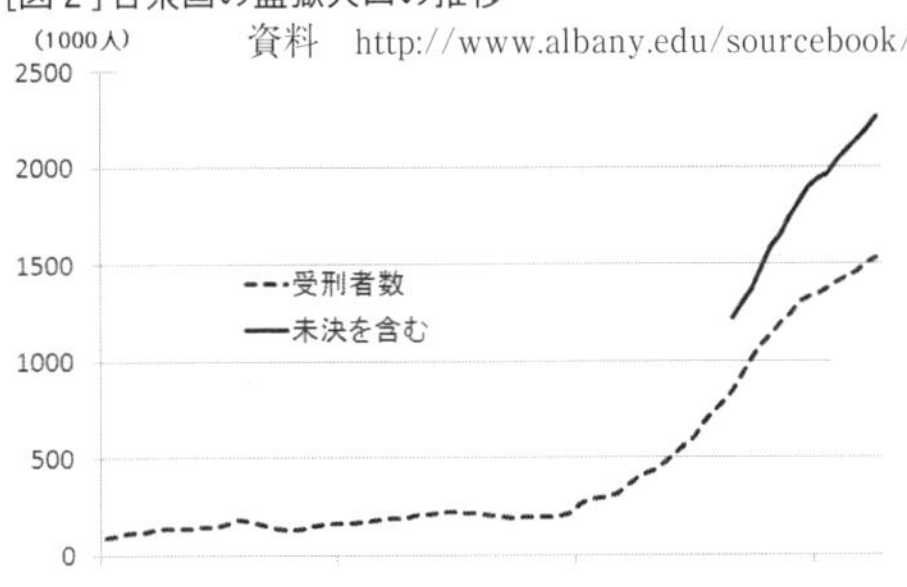

70年代以降は一体どのような時代だったか、この100年間の世界全体の政治経済情勢の中で、考えてみよう。

(2) 100年間の世界の政治経済の動き

1914年に第一次世界大戦が始まり、1917年にロシア革命が勝利した。この第一次世界大戦の過程で、国際的な決済や取引の基軸となる通貨は、イギリスのポンドからアメリカのドルに移り始め、世界の貨幣がアメリカに流れ込む時代が続いた。アメリカでは株価がどんどん上昇した。

しかし、GMの株価が80セント下がったことをきっかけに幕を開いた1929年の株価の暴落は、世界恐慌を呼び起こした。この大恐慌は、第二次世界大戦へとつながった。2007年サブプライムローン問題をきっかけに始まった世界金融危機は、クルーグマンらのように世界恐慌と呼ぶべきなのだろうか。そして、現在の世界金融危機あるいは世界恐慌は、戦争へとつながらずにはいないのだろうか[図3・4]。

[図3]株価崩落から世界恐慌へ

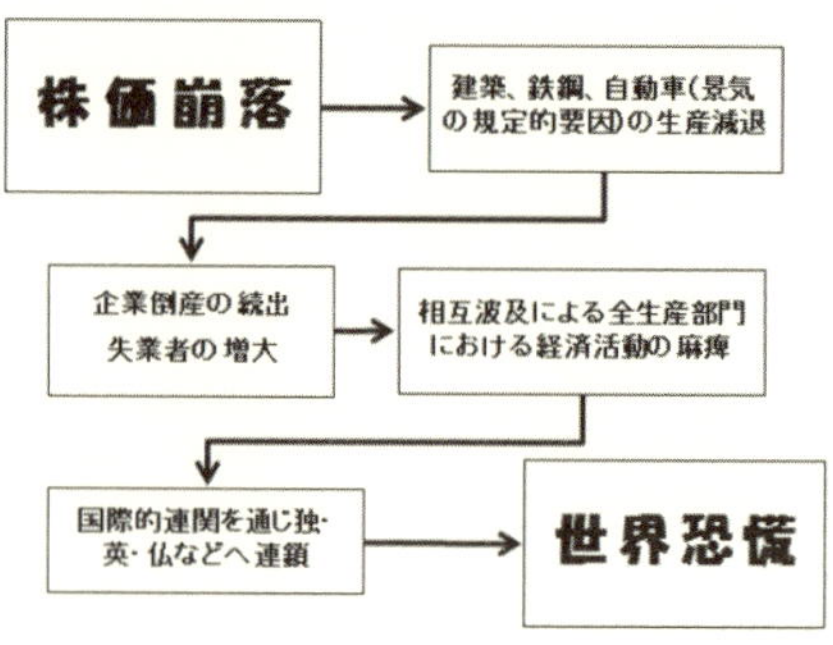

[図4]世界恐慌から世界大戦へ

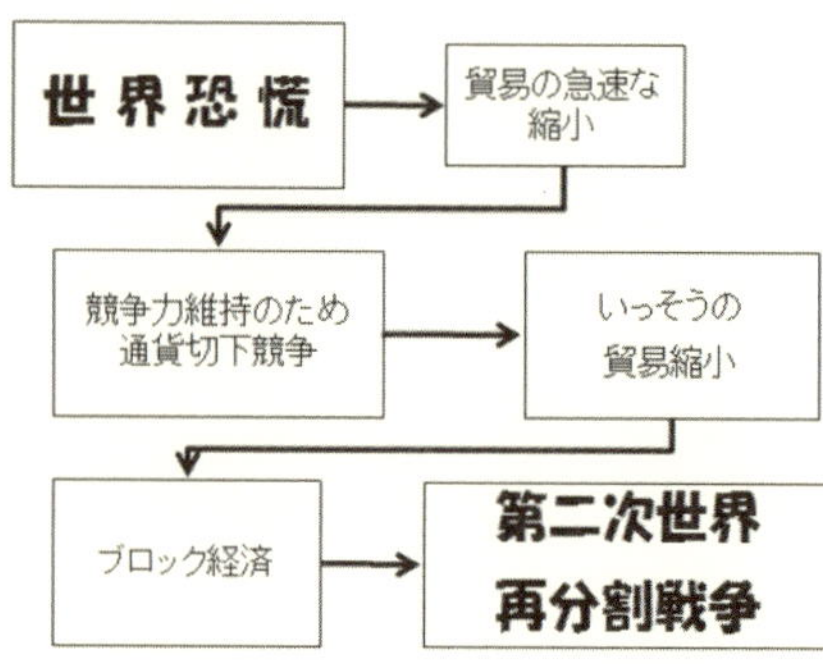

第二次世界大戦の終わりが見えてきた１９４４年、戦後の国際通貨金融の根幹を決めるブレトンウッズ協定が締結され、ＩＭＦ体制が成立した。「自由・無差別・多角的」な世界貿易体制がうたわれ、通貨の切下げ競争への教訓から、35ドルを１オンスの金と交換できることを前提として、加盟国の通貨のドルに対する交換比率を原則として固定させる固定相場制が義務づけられた。ドルは、名実共に基軸通貨となった。

１９５０年頃、世界の金は合衆国に集中していた。しかし、資本主義諸国家間の不均等な発展、とりわけ西ドイツと日本の資本主義が、めざましく発展していくなかで、合衆国の金・外貨準備高は減少していく。

さらに60年代に入ってから、ベトナム戦争への軍備の調達のために、合衆国は世界中にドルをばらまいた。

70年前後には、合衆国と西ドイツの金・外貨準備高が入れ替わる［図5］。米ドルはそれまでの金に対する価値を維持することができず、１９７１年、ニクソンは金とドルの交換の停止を宣言する。

同時に、たとえば１ドル＝３６０円のようなそれまでのドルに対する為替レートの固定の時代は終わり、変動相場制に移行した。ブレトンウッズ体制下のドルの価格（１オンス＝35ドル）を１としたとき、ニクソンショック以後、ドルの対金価値はどれだけ下落したか。［図6］をみると、なぜ、サミットが必要とされたかよく理解できる。１９７５年、サイゴン解放の年に、フランスのランブイエで第１回サミットが開催され、２００８年Ｇ20サミットまでＧ６ないしＧ８での主要国首脳会議が、続くことになる。

[図５]金・外貨準備高(純金換算)の推移
資料　鯖田豊之『金が語る20世紀』中公新書

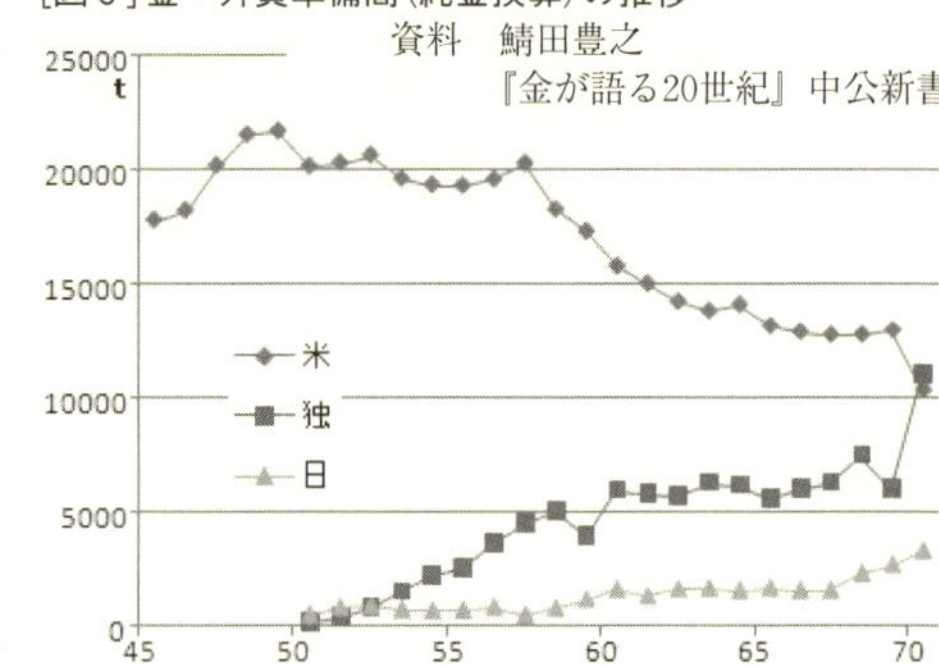

[図６]ブレトンウッズ協定下を１としたドルの対金下落の推移
資料　http://www.usagold.com/reference/prices/history.html

ほぼ30年間ブレトンウッズ体制の枠組みの中で動いてきた世界の経済は、70年代初頭の金ドル兌換の停止、変動相場制への移行から、大きく様相を変えた。以後、合衆国において対外投資への法的規制が廃止されたこともあわせて、産業資本・金融資本はなんの制約もないかのようなグローバルな展開を始める。それと同時に、「マネー」―現実の資本から切り離された架空資本が世界を駆けめぐる時代が始まる。[図１]のグラフの70年代後半以後の急上昇は、その表れだ。

１９７５年には、ミルトン・フリードマンが全世界の構造改革のバイブルとなった『資本主義と自由』を著す。彼は、「競争資本主義とは、経済活動の大半が民間企業によって自由市場で行われるような仕組みを指す。このような自由競争による資本主義は、経済における自由を保障する制度であると同時に、政治における自由を実現する条件でもある」という。新自由主義の思想である。

［表１］　2009年度国家歳入と企業売上の比較

（単位　億ドル）

1	米国	25,240	16	オーストラリア	3,503
2	日本	17,200	17	サウジアラビア	2,937
3	ドイツ	15,910	18	ノルウェー	2,662
4	フランス	14,070	19	**シェブロン**	2,632
5	イタリア	10,680	20	スウェーデン	2,599
6	イギリス	10,560	21	メキシコ	2,571
7	中国	8,478	22	ベルギー	2,394
8	スペイン	5,981	23	**トータル**	2,347
9	カナダ	5,941	24	**コノコフィリップス**	2,308
10	**ロイヤルダッチシェル**	4,584	25	大韓民国	2,275
11	**エクソン・モビル**	4,429	26	**イング**	2,266
12	オランダ	4,059	27	**中国石化**	2,078
13	**ウォルマート**	4,056	28	**トヨタ**	2,044
14	**BP**	3,671	29	**日本郵政**	1,988
15	ロシア	3,646	30	オーストリア	1,964

資料：Fortune Global 500, CIA The World Fact Book

（３）70年代以降の世界の政治経済の動き

70年代以降、特に85年頃から、各国の海外直接投資は爆発的に伸びる。そして、巨大でグローバルな資本、多国籍企業が登場する。現代のグローバル資本の巨大さを知るために、各企業の売上げを各国政府の予算と比較してみよう。

フォーチュングローバル５００（世界の売上げ高ランキング上位５００社）２００９年版とＣＩＡホームページに掲載された各国政府の予算を、一つの表にして、上から30の政府と企業を並べてみる［表１］。

ロイヤルダッチシェル、エクソン・モビル、ウォルマート、ＢＰ（英国石油）の売上げは、ロシア政府の予算規模を超えている。トヨタの売上げは、大韓民国政府の予算規模とあまり違わない。

２００８年版では売上げ第１位は、小売り業資本・ウォルマートで、ロシア政府の国家予算とほとんど同じだった。２００８年版にはＧＭやダイムラーの名前があったが、２００９年版に基づく表では姿を消した。石油と金融業が売上げ上位の企業であることに変わりはない。これが、70年代から現在に至る新自由主義と表現される時代が生み出した巨大企業だ。

グローバルな資本はその巨大さを誇るだけではない。東京証券取引所が２０１０年1月4日から稼働させたシステムの処理速度は、注文1件当たり5ミリ秒（1ミリ秒は１０００分の1秒）と報じられている（『日経新聞』ウェッブ版２０１０年1月3日）。ニューヨークやロンドンの証券取引所の処理速度もほとんど同じだそうだ。超巨大な資本が超高速で回転している。

新自由主義の時代を画した、あるいは特徴付ける政治的な事件を挙げておく。

１９７９年　[英]サッチャー首相就任
１９８１年　[米]レーガン大統領就任、全米航空管制官スト・１万人以上解雇、麻薬との戦争
１９８２年　[日本]中曽根首相就任
１９８４年　[英]全英炭鉱スト
１９８５年　[日本]国鉄・専売・電電（分割）民営化
１９８５年　プラザ合意（ドル高是正のための協調介入、この年、米が純債務国に転落）
１９９１年　湾岸戦争・ソ連解体
２００１年　９・11事件と米・英のアフガニスタン空爆開始

新自由主義の30年の流れを労働法制の再編という観点からも見ておこう。それが、資本と労働者とのあいだの闘争を表しているからだ。

１９８５年、日本で、敗戦後禁止されていた間接雇用が労働者派遣法制定により、解禁された。使用者がその責任を果たさず、労働者を不均等待遇し、賃金を中間搾取することが法的に認められるようになり、労働者の団結は著しく阻害されることになった。当初は、例外的な職種に限られたが、違法に拡大し続ける現状を法が追認しながら、派遣労働は広がり続けた。

１９８７年には労働基準法が改正された。週40時間労働制の実現を口実に変形労働時間制と裁量労働制を導入するものだった。以後、労働時間に対する法規制の「弾力化」が進む。短時間労働者が増えることで、全労働者を通しての年間平均労働時間は減少したように見えても、人間としての生活リズムに反する働かせ方が法的に許され、残業時間の上限規制がない下で過労死にいたるほどの長時間労働を強いられる労働者が激増した。

このような傾向は日本だけではない。ヨーロッパでも同じだ。ヨーロッパでは日本と同じように、派遣労働が拡大し、労働時間に対する法的規制が緩められるという方向での労働法制の再編が進んだ[表2]。

労働時間の推移を超長期の時間軸で見てみよう[図7]。資本制の生産が、機械を動かして工場の中で行

[図７]800年間の年間労働時間の推移（英国・米国）
社会実情データ図録から転載
http://www2.ttcn.ne.jp/honkawa/3120.html

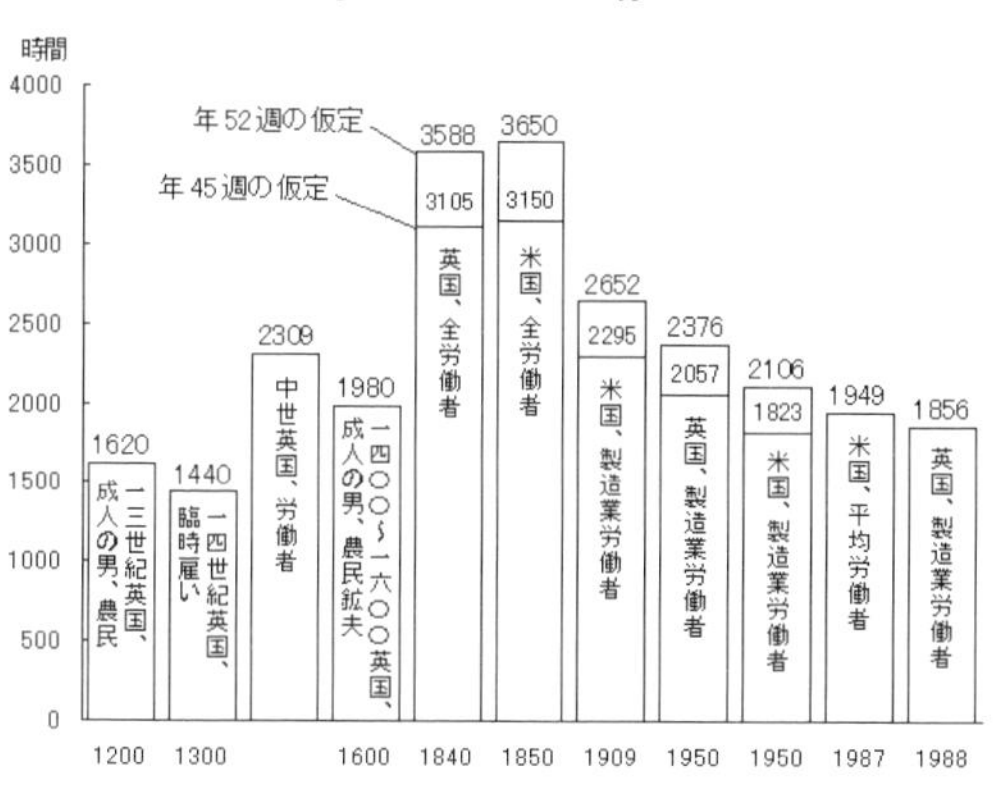

	日　　本	世　　界
2003	労基法(有期契約原則3年・解雇ルール法制化・裁量労働制拡大) 派遣法(製造業解禁・派遣期間延長) 職安法(許可・届出手続の簡素化・職業紹介業と料理店業・飲食店業・質屋業・貸金業等との兼業禁止撤廃) 雇用保険法(保険料引き上げ・失業給付の引下げ)	(韓)勤労基準法改正(2度の改正で変形労働時間・裁量労働時間等導入)
2004	労組法(審査の迅速化・的確化)	(仏)企業別あるいは分野別協定による産別協定への例外規定を可能に 児童労働者1億7000万(内危険労働従事者7000万)
2005		(仏)オブリー法改正(標準労働時間年間1820時間、時間外上限220時間に引上げ)・CPE(若年解雇法)をめぐる闘争
2006	労働審判開始	国連経済社会理事会(ECOSOC)ハイレベル会合「完全かつ生産的な雇用とディーセント・ワークに関する閣僚宣言」を採択
2007	労働契約法・パート労働法	世界の失業者数は1億8990万人。世界人口の1/2は、寄与的家族従業者や、リスクの大きい独立自営形態という脆弱な就労形態。4億8700万人が、自分と家族のために1日1人当たり1ドルを超える収入を得ることができない(1日2ドルの貧困線を下回っているのは、13億人)。

[表2]　日本と世界の労働法制再編の動向

	日　　本	世　　界
1985	派遣法制定(派遣労働を例外的に解禁)・男女雇用機会均等法制定	
1987	労基法(3カ月単位の変形労働時間制・フレックスタイム制・裁量労働制)	
		90年代以降EU諸国で、民間職業紹介の解禁が続く
1993		(独)派遣上限期間の延長と派遣労働者の雇用形態の多様化を認める方向での法改正繰り返し
1994		(独)新労働時間法(変形労働時間・フレックスタイム)・解雇規制法改正(適用除外範囲の拡大)
1995	新時代の日本的経営	(独)この頃以降、解雇の正当事由につき使用者の裁量の幅が判例上拡大
1997		(韓)勤労基準法改正 (ILO)民間職業紹介と労働者派遣事業を包括する民間職業紹介所を原則として認める181号条約採択
1998	労基法(1年単位の変形労働時間制・裁量労働制の拡大・一定の要件を満たせば契約期限の上限1年→3年) 派遣法(原則自由化) 職安法(民間有料職業紹介の許可)	(仏)オブリー法(35時間労働とフレックス)
2000	雇用保険法(保険料引き上げ・国庫負担の暫定低減措置の廃止・失業給付の引下げ)	14歳以下の労働者1億9000万(内危険労働従事者1億1000万)
2001	個別的労働関係紛争処理制度開始	
2002		(仏)オブリー法改正

われるようになると、動いていない機械や工場は死んだ資本になってしまうから、資本は、夜も労働者を働かせるようになる。機械や工場が拡がるとともに一気に労働時間が激増するけれど、イギリスで工場法制定へ向けた闘いが始まった19世紀初め以降２００年間、労働時間は、ジグザグはありながらも、短くなる方向に進んできた。ところが、一貫して右下がりだった各国の労働時間はこの30年間、横ばいあるいは、反転して上がる傾向が見られた[図8]。世界中で労働時間について同じような傾向がみられた。世界恐慌はふたたび労働時間を短くさせてはいるが。

派遣労働を含む不安定雇用の推移の指標として、世界のパートタイム労働者数の推移を見ておこう

[図８]年間実労働時間の国際比較
社会実情データ図録から転載
http://www2.ttcn.ne.jp/honkawa/3100.html

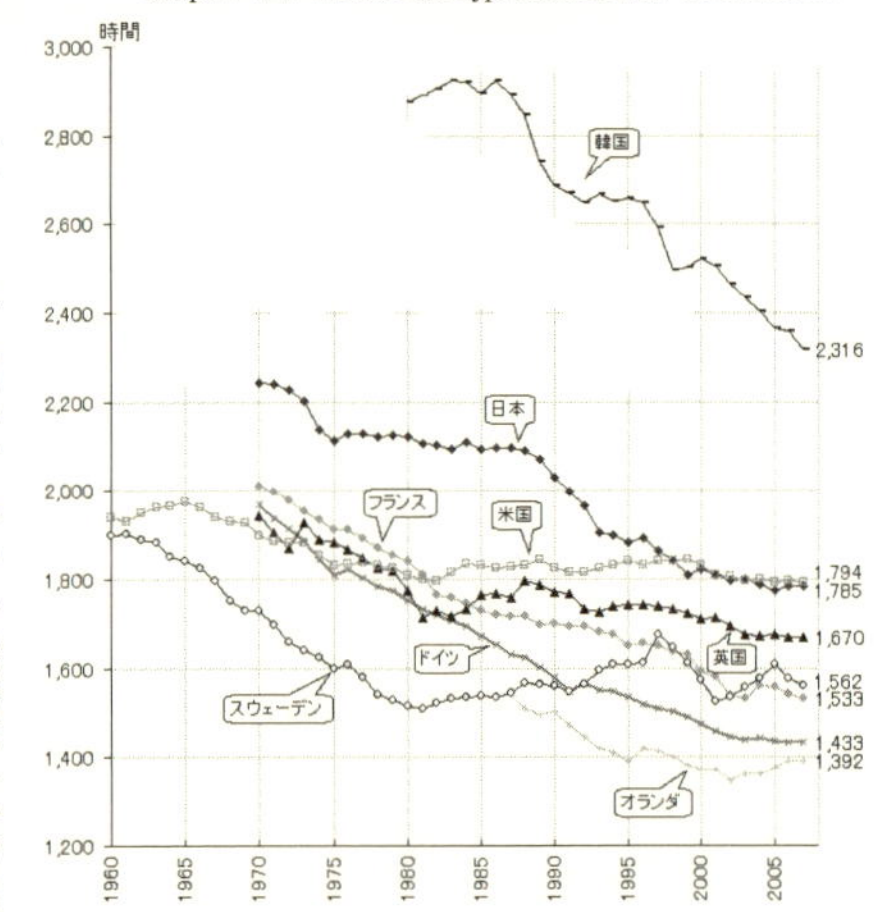

[図９]パートタイム労働者の比率の推移
社会実情データ図録から転載
http://www2.ttcn.ne.jp/honkawa/3200.html

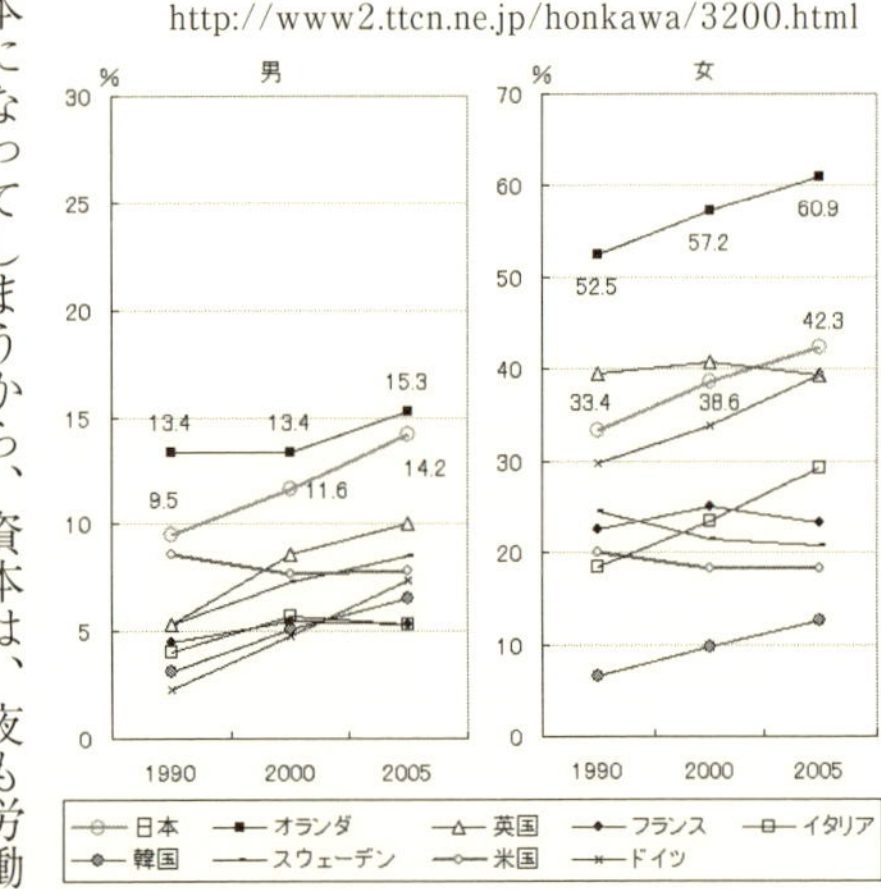

［図9］。ここでも、多くの国で、この30年間、右肩上がりの傾向がはっきりとある。労働時間の長時間化・不安定雇用と失業者の増大を基本的な傾向として、世界的に労働条件が平準化に向かっているのではないだろうか。これらのグラフは、各国の資本と労働者との関係を、おおまかだが、わかりやすく映し出していると思う。

2　70年代以降の日本と諸外国での治安法制の再編

治安政策は、この30年間、日本と諸外国でどのように再編されてきたのか。

（1）各国の監獄人口の推移

監獄の収容者数の変化は、治安政策の推移のわかりやすい指標の一つだ。監獄の収容者数の増減の傾向を厳密に見るには、通常、10万人当たりどれだけの人間が刑務所に入っているかという拘禁率を用いる。しかし、30年程度では国ごとの総人口に有意な増減はないだろうし、国ごとの実数で見た方が、一国的な傾向を見るにはわかりやすい。ここでは、実数で推移を見る。合衆国における収容者数の推移は［図2］のとおりだ。イングランド・ウェールズ、日本、スペイン、イタリア、フランス、オランダにおいても、獄中者数が増加している［図10・11、表3］。

比較対象の年が国によって異なっているが、ドイツを除くすべての国で大幅な伸びを示している。非正規労働者に対する差別が世界で最も少ないと称賛されるオランダで、最大の伸びを示しているの

[表3]各国監獄人口の増加比率

国	比較年	%
イングランド・ウェールズ	83～05	184
フランス	72～05	165
ドイツ	97～05	106
イタリア	72～05	222
スペイン	83～05	438
日本	75～05	173
オランダ	72～05	756
ベルギー	72～05	159
ギリシア	83～05	267
スウェーデン	72～05	170
デンマーク	72～05	121
アイルランド	72～05	292
米合衆国	75～05	625
ポルトガル	83～05	211

はなぜだろうか。

(2) 監獄人口の激増をもたらしたもの

各国で監獄人口が激増した理由として、まず考えられるのは、「新自由主義のもたらした貧困や抑圧が犯罪を増加させ、それによって監獄人口が激増したのではないか」ということだ。しかし、実際はそうではない。この30年の間、どこの国でも犯罪は増加していない。少なくとも、監獄人口の激増に見合うような犯罪の激増はなかった。多くの国では逆に犯罪が減少している。犯罪の減少とは関わりなく、あるいはそれに反して監獄人口だけが増えてきた。

犯罪は増えていないけれども、獄中者は増えている。そのことに大きく関わって、犯罪報道の増加がある。

たとえば、アンジェラ・デイビス『監獄ビジネス』によれば、合衆国では１９９０年から１９９８年の間に殺人事件の件数は全国で半分に減ったにもかかわらず、3大ネットワークの殺人事件報道はほとんど4倍に増加したと言われる。日本でも、浜井浩一・芹沢一也『犯罪不安社会』によれば、『朝日新聞』朝刊の凶悪・殺人に関する記事件数は１９８５年を１００とすると２０００年には約５００、２００２年に約３００、２００３年に約４７０だったという。この間、殺人の認知件数は横ばいなのに。

２００９年３月21日、京都で「グローバル化する厳罰化とペナルポピュリズム」のシンポジウムがあった。「ペナルポピュリズム」とは直訳すれば「刑罰のポピュリズム」だ。マスコミの治安悪化キャンペーンが、情緒的な反応を市民の中に生み出す。市民の怒りは刑事司法制度に向かい、政治家も巻き込んで、法と秩序キャンペーンが巻き起こり、力による犯罪対策、つまり、警察力の増強や厳罰化といった分かりやすい対策が選択されるようになる。日本犯罪社会学会編『グローバル化する厳

[図10] 日本の監獄人口の推移

資料　各年版犯罪白書

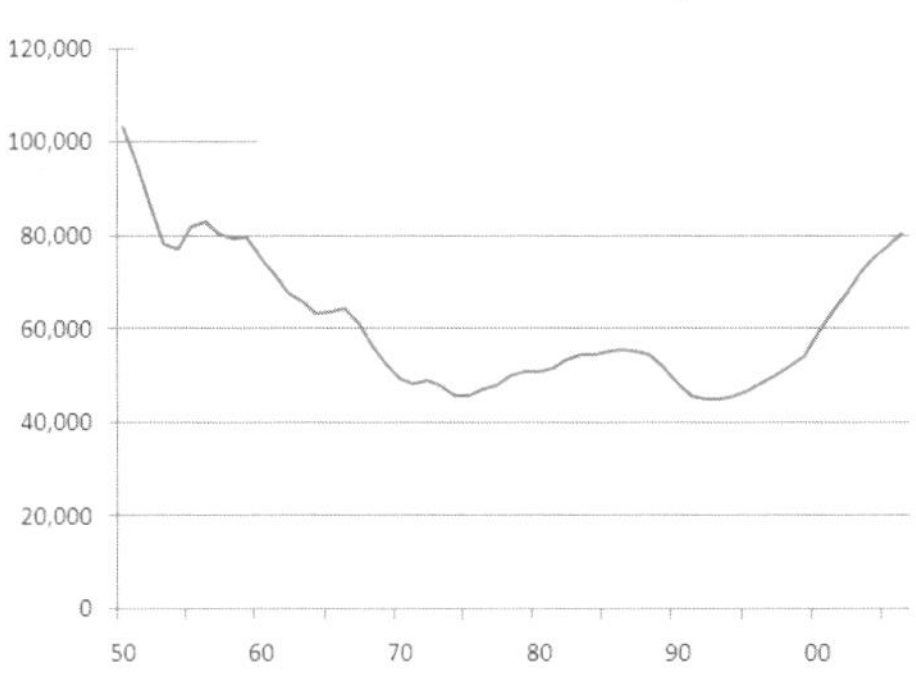

[図11] 各国の監獄人口の推移

資料　http://www.kcl.ac.uk/depsta/law/research/icps/worldbrief/

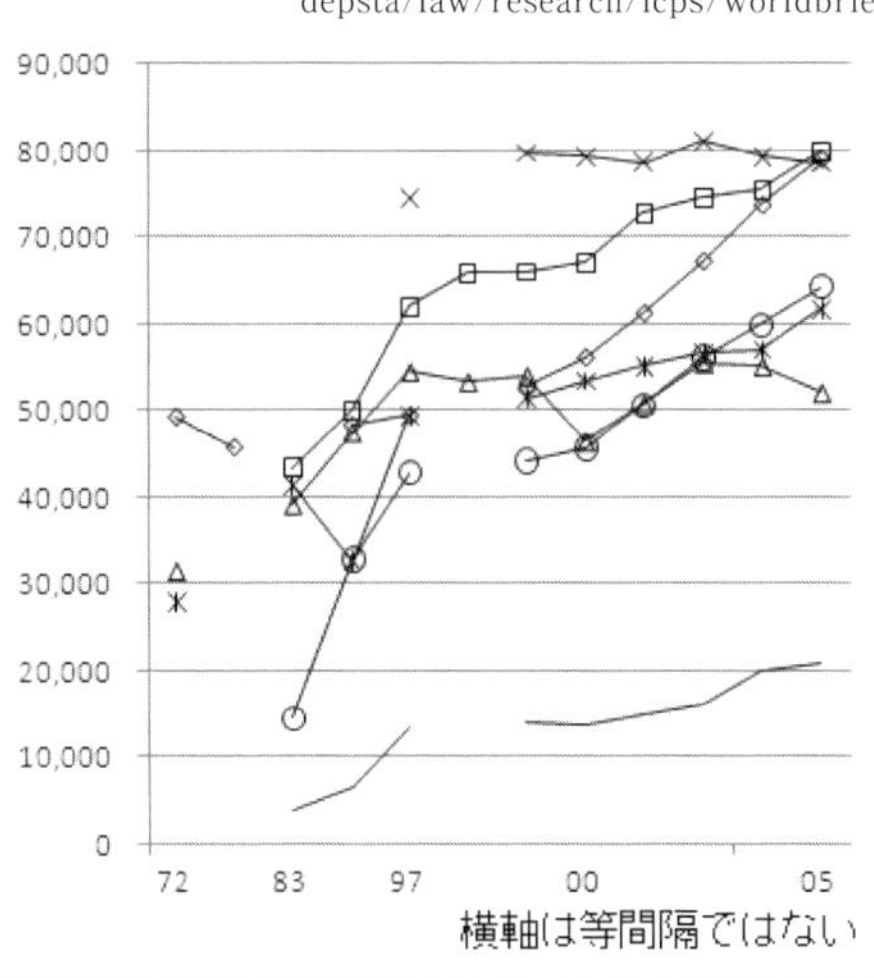

罰化とポピュリズム』によれば、これが、ペナルポピュリズムの典型的なパターンだという。

先進資本主義国の中で、拘禁率の高さが合衆国に次ぐのは、ニュージーランドだ。ここでは、「理にかなった判決言渡トラスト」という団体が、誇張された殺人被害者数の十字架を国会前に並べる活動などをして、厳罰化を大きく進めた。厳罰化の傾向がポピュリズムと深く結びついていることを表している。そして、合衆国や「国家を民営化した国」ニュージーランドで、厳罰化傾向やペナルポピュリズムの思想が目立つのは、これらの傾向や思想もまた、新自由主義あるいは新自由主義を生み出したと同一の経済的現実から生まれているからではないか。

監獄人口の増加と新自由主義の関係をうかがわせるのが、監獄人口と所得格差を表すジニ係数との相関関係だ。『グローバル化する厳罰化とポピュリズム』では、西ヨーロッパ諸国においては、ジニ係数の低い国ほど（所得格差の小さな国ほど）拘禁率が低く、ジニ係数の高い国ほど（所得格差の大きな国ほど）拘禁率が高い、また、GDPに占める福祉予算の割合の高い国ほど拘禁率が低い。さらに、1980年から2000年にかけて、所得の不平等と拘禁率との関連、福祉支出との関連が強まってきている。「社会的支出を減らしている国々は、拘禁率を急激に増加させてきた国々でもあるのだ」と報告されている。[1]

ジニ係数の推移も超長期で見る時、この200〜300年の間、右肩下がりを続けてきたが、30年前から右肩上がりになるという、労働時間と同じ傾向を見せている。

監獄人口が激増した国々では、犯罪が増えたから刑事司法や監獄に必要な政府予算が増え、そのために福祉予算が減ったのか。そうではないだろう。「自己責任」と「小さな政府」を説く新自由主義的政策の下で、社会福祉予算は削減され、犯罪の増加とは関わりなく、あるいは犯罪の減少にもかかわらず、刑事司法や監獄に要する国家支出が増加していったのだ。ロイック・ヴァカン『貧困という監獄』によれば、合衆国では、１９７９年から１９８９年に刑務所予算が、実質値で95％増加したが、その一方で病院予算の増額は行われず、高校への予算は２％、福祉予算は41％削減されたという。

日本で、この問題を統計的に示すとどうなるのか。ここでは、警察官定員の推移と地方公務員数の推移との比較だけを指摘しておこう[図12・13]。

[図12] 日本の地方公務員数の推移（Ｈ６～20）
http://www.soumu.go.jp/iken/kazu2.html から転載

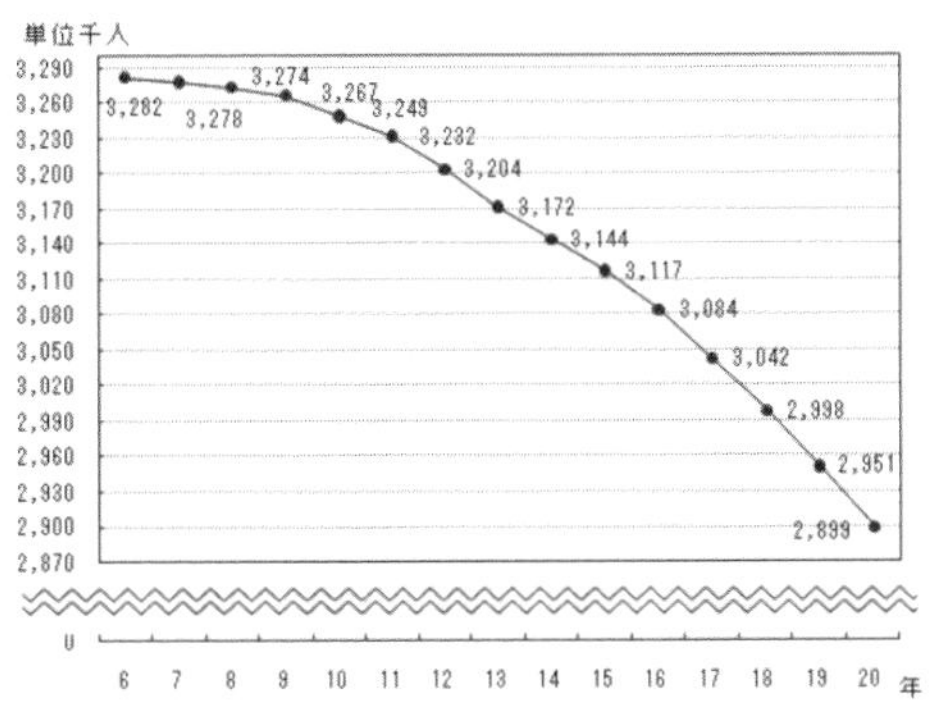

[図13] 日本の警察官定員数の推移
資料　http://www8.cao.go.jp/bunken/h15/041iinkai/7.pdf
03年までは警察官政令定数の推移
以後は、各年度の政府予算案に関する記事から

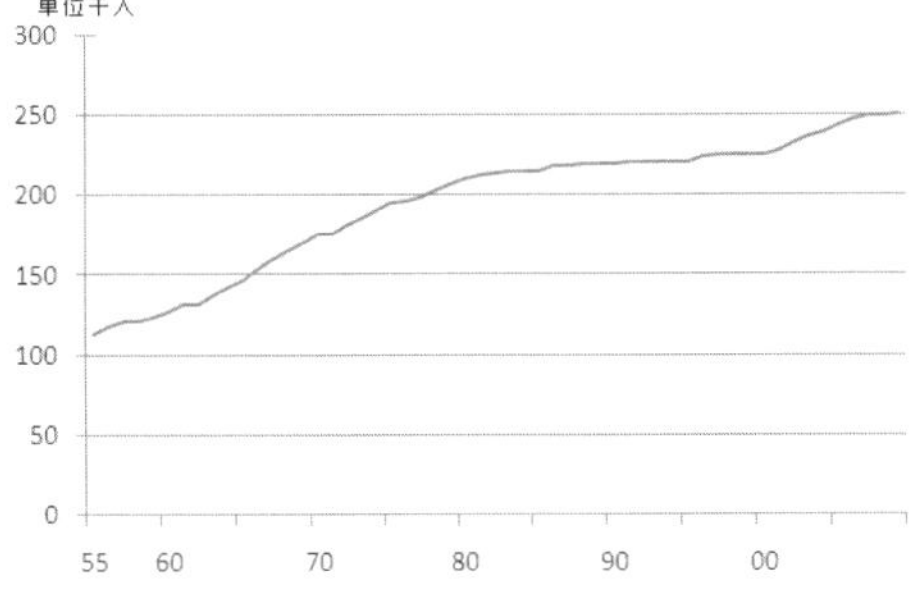

また、監獄人口の増加とほぼ時期を同じくして、監獄の民営化が始まる。80年代以降、資本が直接、監獄経営を行うようになった。有名な企業にはコレクション・コーポレーション・オブ・アメリカ（CCA）、ワッケンハット、GEOグループ、セクロなどがある。軍事・原発警備・教育などもこれらの企業の業務だ。日本では、セコムが、２００５年から山口県にある美祢社会復帰促進センターを法務省と協働で運営し、センターのセキュリティ・総務支援・刑務作業支援を行っている。２００７年からは、栃木県にある喜連川社会復帰促進センターと黒羽刑務所でも同様の業務を開始した。民営化された監獄では、囚人が多ければ多いほど、利潤も大きくなるという仕組みが生まれるのではないだろうか。監獄人口の増加・監獄の民営化は、刑罰の退行を伴って現れた、といわれる。[2]

（3）変化する監獄の意味

監獄人口の爆発的増大の原因がどこにあったとしても、肥大する監獄は、今までとは異なる新たな社会的機能を持つようになるのではないか。飛躍的に増加した「囚人たち」は誰だったのか。合衆国の被収容者は、アフリカ系、薬物事犯者であることが特徴だという。さらに、１９９９年の調査では、被収容者は、３分の１が収容前に解雇されており、３分の１が５０００ドル以下の年収であり、65%が高校中退者だったという。[3] 他方、ヨーロッパ大陸でも、雇用形態の変容と社会保障制度の再編により、長期的に社会から周縁化された層が福祉／刑罰政策の連携と強化の対象となった、という。（前掲『貧困という監獄』）

これらに共通するのは、「嫌がる人々に不安定雇用を甘受させ、改めて労働を市民の規範として定立し、そこからあぶれた人々を収容せよという要請である。アメリカでもフランスでも、刑罰制度の再編は労働市場の再編を補完し、支える形で同時進行している。」「アダム・スミスのいう『見えざる手』が、今日『鉄の手袋』をはめて回帰したのである」（同）。新自由主義は、犯罪の増加を媒介として監獄人口の増加を招いたのではない。監獄人口の増加は新自由主義の貧困対策そのものなのだ。

（４）各国の治安法制再編の動向

では、各国において、「鉄の手袋」はどのような装いをもって現れてきたのか、現れようとしているのか。国連・サミットなどと、アメリカ、ＥＵ、英、仏、独、日本の治安立法の動きを、この半世紀ほどの期間で見たのが各国治安立法年表［表４、２３２～２４９頁参照］だ。

合衆国では、９・11以降、愛国者法を始め様々な治安立法を制定したが、ブッシュは、２００２年一般教書演説で「われわれのテロに対する戦いは、順調に始まったが、まだ、始まったばかりだ。」と述べた。イギリスでは、ブレアが、２００５年「ゲームのルールは変わった」と述べた。ブッシュやブレアは、９・11を契機に「テロとの戦い」を打ち出したように見えるが、治安法制再編の動きは２００１年９月11日の後に始まったのではない。９・11を契機に、これらの状況がはっきりと目に見えるようになったけれど、［表４］を見るかぎり、９・11の10年も20年も以前から同じような傾向があった。世界の主要資本主義諸国で同じような事態が進んでいる。治安管理のグローバル化とでもいうべき、全体として同じ方向に向かう、緊密に連関した治安政策が世界中で同時に進んでいるのだ。

3 治安管理のグローバル化

（1） 各国の治安法制再編に共通する特徴

では、個別ばらばらでなく、全体として統一した傾向をもって、世界で同時に進んでいる、治安政策の内容とはどのようなものであり、どのように進んでいるのか。各国の治安政策の再編にはどのような共通した特徴があるのか。

①「敵味方刑法」あるいは「新しい刑罰学」

新しい現実的な基盤に照応して誕生する新しい治安政策は、新しい刑法思想を伴って現れる。ドイツでは「敵味方刑法」、アメリカでは「新しい刑罰学」などと呼ばれる思想がそれだろう。

敵味方刑法では、「前倒し、重罰による闘争、手続的保障の制限といった用語によって、国家はその市民と語るのではなく、その敵を威嚇する。」「敵は実際上、人格ではない。つまり、観念的に言えば、敵味方刑法は、その Gehegtheit（維持すること）あるいは Totalitat（全体性）が敵の恐れる全てのことに依存する戦争なのである。」（ギュンター・ヤコブス「現代の挑戦を前にした刑法学の自己理解」『立命館法学』２８０号、訳・松宮孝明）

② 福祉国家から「安全安心」への移行と人権概念の転換

第二次世界大戦以後、西ヨーロッパ諸国と日本において、国民統合の一つの基軸としてあった福祉国家の思想に、今では「安全・安心」が取って代わったようだ。この動きはフランスにおける、安全指針計画法・日常安全法・国内治安指針計画法制定の一連の流れや、日本の地方自治体における安全安心条例の制定運動に見ることができる。

「〈加害者の人権〉と対置された〈被害者の人権〉が、『殺人犯によって殺されない権利』という内実を帯び、帰結として現状よりも質的に効果的な犯罪予防措置が要求されるならば、〈監視社会〉あるいは〈監視国家〉が人権の名で正当化される」。ここでは、「安全安心」のために、監視すること監視されることが人権だ。「人権概念の転換は、支配の政治的正当性に関わる現象として進行してはいないか」（西原博史「国家による人権保護の道理と無理」樋口陽一他編著『国家と自由』）「安全なくして自由なし」！

③データベース国家─監視・管理の問題

「データベース国家」とも表現される監視も際立った共通点だ（ソロモン・ヒューズ『対テロ戦争株式会社』）。

これは単なる技術の問題ではない。合衆国における電子監視法・犯罪者記録カード・メーガン法（性犯罪者の情報登録・公表制度）・リアルＩＤ法、ＥＵでは、国境管理のシステムとしてつくられたシェンゲン情報システムに、２００１年で１０００万件以上のデータが蓄積されているという。イギリスのＣＣＴＶ（監視カメラ）・ＤＮＡデータベース、フランスのＣＣＴＶ・犯罪者司法データベース、日本のＮシステム・ＣＣＴＶ・住基カード・ＤＮＡデータベースの運用開始など、「データベース国家」化は、世界中で急速に進んでいる。

デビッド・ライアン『監視社会』は、現代社会の監視を「あらゆるレベルでのリスク管理としての監視」と呼んで、次のようにいう。監視カメラは誰に向けられるのか。監視カメラは、特定の方向に向けられることで、社会的な分割を強化する。監視によって社会秩序が形成され、監視自体が社会的分割を強化する。新たな監視と管理の対象として、マイノリティをマイノリティとして認知し、分類し、そして管理していく、そのようなものとして監視と管理のシステムが機能しているのではないか。

④**情報の国際的な共有化**

2004年警察庁『テロ対策推進要綱』は、「外国治安情報機関等と緊密な情報交換を行い、テロ組織やテロリストの動向に関する情報を入手すること」「国内の不審者に関する情報収集を強化するとともに、これに的確な分析、評価を加えることが肝要」だという。EUにおいても「通貨統合の次は、警察と監獄の統合か?」とされる(前掲『貧困という監獄』)。

⑤**9・11を契機とするテロ対策と国際犯罪対策の一体化**

ローマ・グループ(G8テロ専門家会合)は、1978年、ハイジャック対策や国際テロの動向について意見交換を行う場として発足した。リヨン・グループ(G8国際組織犯罪対策上級専門家会合)は、1995年のハリファックス・サミットにおいて、各種犯罪分野における刑事法制や法執行協力の在り方について検討する場として設置された。両者は、9・11の後、合同で開催されるようになり、名称もG8ローマ/リヨン・グループと変わった。2002年には『国際組織犯罪と闘うための40の勧告』の内容を見直し、国際組織犯罪対策に加え効果的なテロ対策について規定した『国際犯罪に関するG8勧告』を策定した。

それまで、対象の目的も行動原理も異なるため、別個のグループによって別個の対策が検討されてきた「マフィア対策」と「テロ対策」が統一化されたのだ。いわば、日本における「暴力団対策」と「過激派対策」の統一だ。

（２）グローバル化する治安管理

国連、合衆国、ＥＵ諸国、日本などは、１９６０年代のハイジャック対策関連の条約や法律制定に始まり、サミットがスタートした70年代以降、様々な治安立法を強化してきた。サミットが開かれる度にテロリズム対策や国際組織犯罪対策が提起され、強化され、条約が批准されることで、各国の関連国内法が成立したり、規制が大幅に広がってきた。過去20年間の間にすべての先進資本主義国で大成功を収めたネオリベ経済政策、すなわち、財政緊縮、減税、公的支出の削減、民営化、資本の特権の強化、金融市場と金融取引の即時開放、雇用の流動化、社会保障費の削減などを指してワシントンコンセンサスという。「だが、『ワシントンコンセンサス』の概念をさらに拡大し、ネオリベ政策の当然の結果として生じた生存権の危機と治安の悪化、そして貧困を管理する刑罰政策も加える必要がある。」（前掲『貧困という監獄』）

4 「テロとの戦い」という戦争

（1）「テロとの戦い」とは何だったか

これらの治安立法は、「テロとの戦い」（対テロ戦争）という言葉によって正当化されながら進められてきた。では「テロとの戦い」とは何だったのか。

２００３年ホワイトハウス『対テロ国家戦略』は、「敵は一人の人間ではない。一つの政治体制でもない。無論一つの宗教でもない。敵はテロリズム―サブナショナル集団又は非公然エージェントによって非戦闘員をターゲットに行使される政治的動機に基づく計画的な暴力―である」とした上で、①テロリストとテロ組織を打ち負かす（Defeat）、②テロリストに支援させない（Deny）、③テロリストが利用する根底的な社会的悪条件を削減する（Diminish）、④米市民と米権益を国内外で防護する（Defend）という4D目標を掲げ、「この国家戦略は、国力のあらゆる要素―外交、経済、情報、金融、法執行、諜報、軍事―を持続的に、強固に、体系的に適用し、上記4つの目標を同時に追求することによってのみ成功がもたらされるという対テロ戦の現実を表したものである。」という。

（2）融合する〈治安管理―戦争〉〈警察―軍隊〉

かつて、戦争は、主権国家同士の、軍事力の行使を中心とする全面的な戦いとして戦われた。しかし、テロとの戦いは、主権国家同士の戦いではなく、軍事力の行使が中心となることもない。軍事は一つの要素でしかなくなる。〈治安管理―戦争〉〈警察―軍隊〉が融合するのはその帰結だ。軍事活動と警察活動は一体化する。現実に、制度としても、実体としても、各国において、警察と軍隊が結びついていく。「国際活動と国内政治とが似通い、混じり合ってきた[3]」。ドイツ連邦軍はハイリゲンダムサミットで[4]、日本の自衛隊は洞爺湖サミットで、そして合衆国でも、カテリーナのような災害時を除いて国内展開することのなかった連邦軍が、２００８年11月から百数十年ぶりに国内配備される、というように、軍隊の自国内への展開が国内情報収集活動をも含んで進んでいる。他方、警察は国際紛争地帯への派遣について、国際会議を開催するなどしながら国外展開を進め、その重武装化は、軍隊のレベルに近づいてきている。

（3）「テロとの戦い」がもたらしたもの

ＥＵ官僚ジョン・ブラウンは「テロリズムの定義という危険な試み」で、次のようにいう（http://www.diplo.jp/articles02/0202-2.html 訳・北浦春香）。国際法の分野にテロリズムという言葉が初めて登場したとき、その概念は明確に定義されておらず、戦争犯罪と同一視されかねなかった。そこで、両者を区別する必要から、政治的目的がテロリズムの基準となった。「ここで、劇的なパラダイム転換が遂げられる。卑劣な犯罪の詳細なリストと冗長な記述に代わって、新たな犯罪行為を設定するためには、その政治的目的に言及すればよいことになった。」

では、政治目的への言及によって新たな犯罪行為が設定されるとき、何が起きるか。

小野坂弘は、『特別刑法・破防法』の中で、治安維持法と破防法の違いを、こう指摘した。治安維持法は「国体の変革を目的として結社を組織したもの」には死刑をもって対応し、思想を思想として統制しようとした。治安維持法は内部の敵との戦争、軍事問題であった。これに対して、破防法は、実際は「共産主義解体」であるにもかかわらず、政治的に無色であるかのように振る舞う必要から規制対象を「暴力主義的破壊活動」を行った団体とし、一定の外的行為への表現を要件とした。「破防法の性格は、今日の日本が《緊急国家》であることをやめたという規範的事実に規定されている。日本国憲法下の日本は、大日本帝国のごとく《緊急国家》たることを公然と標榜できないのである。破防法違反行為（者）といえども、やはり〈善⇅悪〉の尺度で、換言すれば《犯罪問題》として扱うほかはないのである。」

「テロとの戦い」は、その政治目的を捉えて敵を措定する、国の内外を問うことのない戦争である。これは、小野坂の表現にならうなら、まさに「緊急国家」、すなわち「憲法の停止」の公然たる標榜だ。合衆国で令状なしの盗聴に対する違憲判決、イギリスで対テロ法が欧州人権条約に違反するという判決、ドイツでハイジャック機撃墜規定に対する違憲判決などが相次いだ。これは、各国で従来の憲法システムに矛盾するような法律が登場していること、「テロとの戦い」が「憲法の停止」であることを、如実に表している。「もし地球全体が現在、永続的な戦争状態に陥っているとすれば、民主主義の停止も常態化するだろう。[3]」

5　共謀罪を必要とした情勢はどのように変わり・変わらないか

(1)「共謀罪」とは何だったか

共謀罪は、実行行為処罰を原則とする近代刑法原理を大きく外れて、徹底した処罰の前倒しを目指し、思想・表現や集会・結社、団結それ自体を処罰しようとするものであり、そのための国家による監視・市民相互の監視を創り出そうとする、今までにない包括的な治安立法であった。このような共謀罪の特徴は、治安管理のグローバル化の特徴であり、まさにその中で必然として登場してきたことを示している。

「共謀罪」はなぜ必要とされたのか、誰が、どのような情勢が共謀罪を必要としたのか、さらに進んで、治安管理のグローバル化を推し進めたものはなんだったのか。軍と警察は一体化し、戦争と治安は溶け合い、治安政策はトータルなものに変わり、個別の「政策」ではなくなった。70年代以降の資本主義が、その現実的基盤だ。

帝国主義の時代の戦争が世界の再分割戦争なら新自由主義時代の戦争が「テロとの戦い」だったのかもしれない。しかし、「新自由主義」が資本主義の現状の経済的な表現ではないのと同じように、「テロとの戦い」も治安と溶け合う戦争の性格を正しく表していないだろう。

70年代以降の資本主義は、単に「グローバル」というだけではない、新たな「様相」を見せている。資本主義は70年代以降どのように変わり、あるいは変わらなかったのか？　治安法制の再編は、それとどのように結びついているのか？　そのことが更に解明されなければならない。

(2)「新自由主義」は破綻したか、「テロとの戦い」は終ったか

少数の巨大資本による独占と金融寡頭支配の進んだ現代では、「自由競争による資本主義」など存在しようがない。新自由主義者が旗印にした「小さな政府」は、実際は、破綻した大独占企業に巨額の公的資金(税金だ)を惜しげもなくつぎこむ、「最悪の大きな政府」だった。リーマンショック以後の社会経済状況は、「自由競争による資本主義」が、圧倒的多数の人々には、「経済における自由」も「政治における自由」も実現しないことをはっきりと明らかにしている。

オバマは、大統領選挙に際して、大統領就任から16カ月間でイラクから撤退することを公約した。クリントン国務長官は「オバマ政権は対テロ戦争の語の使用を中止した」と表明した。英外相ミリバンドは「テロとの戦いは誤りだった」と述べた。[5] 今や、「テロとの戦い」というスローガンは、古びたかのようだ。新自由主義と「テロとの戦い」がもたらしたものに対する人々の怒りが、合衆国ではブッシュ共和党政府に代えてオバマ民主党政府を、日本では麻生自公政府に代えて鳩山民主連立政府を登場させたのは間違いない。

しかし、オバマは「平和のための戦争」に兵士を送り続けている。ミリバンドは、テロリストに対して戦争をも含んだより多様な対策をとるべきだと主張しているにすぎなかった。2008年10月以降、51の国で2000万人以上が職を失い、500万人以上が職を失う危機に瀕しているが、人々に苦難を強いることなく世界恐慌を克服する方途は、世界でも日本でもいまだ示されていない。

（3）共謀罪は、今後、どのように姿を変えて表れるか

「現在における犯罪化と重罰化への傾向は、一過性ではなく不可避かつ不可逆な現象」だ（井田良「刑事立法の活性化とその行方」『法律時報』２００３年２月１日号）。処罰の前倒し・思想の処罰・完全な監視へ向けた攻撃は、テロリストに対する多様な対策の中で、様々に形を変えて続くと見なければならない。

すでに、共謀罪に注目が集まる中で、「『テロ対策法』検討へ　認定組織構成員の集会や行動制限　政府、年内に骨格」（『読売新聞』２００６年１月７日）という新聞報道があった。記事によれば、その目的はテロの未然防止にあり、テロの定義は「集団が政治的な目的で計画的に国民を狙って行う暴力行為」、法の内容は「テロ関連団体」や「テロリスト」と認定した組織と人物に対する①一定期間の拘束、②国外への強制退去、③家宅捜索、④通信傍受、などの強制捜査権行使である。破防法も、刑法体系の中の異端の戦争法ではあったが、形式的には、あくまで犯罪と刑罰の法律であり、法が定める行政的対応は、解散命令だけだった。しかし、テロ対策法は、「犯罪」と「刑罰」について定めた法律ではなく、社会的リスクを同定し、カテゴライズし、監視し、管理するための、監視・拘束・監禁・追放を手段とした、政治目的の行動に対する、未然の包括的・網羅的な対策の法律だ。テロ対策基本法は、まさに「テロリスト」「対策」の基本となるパラダイム転換の「基本法」だ。そして、ここでいう「政治的な目的」とはどのようなものだろうか[6]。

自公政府が、民主連立政府に代わり、支配の矛盾はいっそう大きくなった。９条改憲、有事法制、治安法制再編は、新しい政府の下で、より大きな矛盾をはらみながら、登場するだろう。冒頭で掲げた第１の問い、すなわち株価のチャートと監獄の収容者の数のグラフの酷似には根拠があるのか、と

いう問いに対しては、根拠はある、と答えよう。そして、第2の問い、日本と世界の監獄の収容者を減らすことができるかどうかという問いに対しては、それはひとえに日本と世界の民衆の闘いにかかっていると答えなければならない。

［注］

（1）「国ごとの収監率の推移の違いは、各国の犯罪率の差ではなく、福祉や刑罰の領域における政策の違いと、各国内部の社会経済格差の度合いによって説明される」という比較研究があることは、ロイック・ヴァカン『貧困という監獄』でも指摘されている。

（2）行刑システムが「粗野でシニカルになり、…民主的社会においては司法機関と切り離されてはならない…政治的・社会的・道徳的性質の諸原理を軽視する」傾向にあることを意味する。アメリカの場合、マイノリティーの極度に高い拘禁率、社会統制の手段としての暴力への寛容の高まり、行刑目的が社会復帰から懲罰・拘禁に変わったことなどが、主要な退行傾向である（フィリップ・J・ウッド「刑産複合体の出現—刑務所民営化の背景にあるもの—」『山梨ロージャーナル』創刊号）

（3）「こうした新種の戦争が出現したことのひとつの結果は、戦争が空間的にも時間的にも不確定なものになったことだ…合衆国の指導者が『対テロリズム戦争』を宣言したとき、彼らはそれを世界中に拡大し、何十年、あるいは何世代にもわたって無制限に続けなければならないことを強調した。社会秩序を創造し維持するための戦争に終わりはない。それには継続的で絶え間のない力と暴力の行使が必要なのだ。言い換えれば、こうした戦争に勝つことはできない—というより、日々勝ち続けなければならないのである。こうして今や戦争は、警察活動と潜在的に区別が付かなくなっているのだ」

「セキュリティを目的とした軍事活動と警察活動とが渾然一体となることで、国民国家の内側と外側の違いはかつてないほど小さくなっている。国外では低強度の戦争を行い、国内では高強度の警察活動が行われる」

（ネグリ『マルチチュード』）

（４）ドイツにおける警察と軍の接近について、「第二次世界大戦後一貫して別個の行政作用として扱われ、かつ、その統制のあり方も大きく異なってきた警察力と軍事力が、この事件をきっかけとして、少なくとも機能面では接近し始め、部分的には重なり合うようにさえなったという意味において、９・11テロは、ドイツの統治システムに大きな変革をもたらしたものとして位置づけることができるだろう」（渡邉斉志「ドイツにおけるテロリズム対策の現況」『外国の立法』２２８号）

（５）２００９年1月15日、英ミリバンド外相のガーディアン紙への寄稿

「問題は我々が、テロの使用に対して、その根源で、利用できる全ての手段を用いて、攻撃を加える必要があるのかどうかということではない。我々はそうしなければならない。問題はどのようにしてするかだ。テロリストのグループをひとくくりにすればするほど、穏健派と過激派の間で、あるいは善と悪の間で、単純な二元論的闘いの線を引けば引くほど、我々は、共通点のほとんどない集団の統一を求める人々の術中に陥いることになる。テロリスト集団に対しては、武器と資金の流れを阻止し、その主張の浅薄さを暴露し、彼らの追随者を民主政治に導いて、その根源において対処されなければならない。」

http://www.guardian.co.uk/commentisfree/2009/jan/15/david-miliband-war-terror

（６）『１９９６年度近畿公安調査局内部資料』には、「国内公安動向」に「（1）政治・選挙関係…選挙の情勢並びに各種団体の取組の実態把握・政局関連情報の把握」「（2）経済・労働関係…雇用問題に対する連合、全労連、全労協及び傘下労組の動向把握、中間管理職、パート・派遣労働者、外国人労働者など未組織労働者の組織化をめぐる労働団体等の動向把握」「（3）大衆・市民運動関係…基地反対運動の動向把握。特に、地方自治体における日米地位協定見直しの意見書・決議の採択状況」「（4）法曹・救援、文化、教育関係…左翼法曹団体、弁護士会による司法改革や破防法反対の取組の実態把握・各種裁判支援闘争の動向把握、労働弁護団による労働争議や労働者の解雇・配転問題の取組の実態把握・諸団体による死刑廃止や人権擁護の取組の実態把握」などが記載されていたとされる。

	EU・仏・独	日本
2007	【仏】 刑法改正、これまで刑の上限のみを加重してきた累犯加重規定について、下限をも加重 【独】 連邦軍サミットに治安出動(違憲・改憲議論)	改憲手続法 防衛庁→防衛省昇格 警察庁「警察総合捜査情報システムの業務・システムの最適化計画」 Winnyで1017のNシステム設置場所情報流出 犯罪収益移転防止法 少年法改正(14歳未満の「触法少年」に関する強制調査権を警察に与える) 『公法研究』特集「現代における安全と自由」 核テロ防止条約に基づく爆取・化学兵器禁止法・サリン防止法・細菌兵器禁止等条約実施法・火炎びん処罰法・核物質等規制法・放射線障害防止法改正 美祢社会復帰促進センター開設
2008		少年法改正(被害者等の少年審判傍聴など) 洞爺湖サミット 「犯罪に強い社会の実現のための行動計画2008」
2009		自衛隊と海上保安庁初の合同訓練

外国の立法No228、監獄ビジネス、貧困という監獄、対テロ戦争株式会社、新聞記事、関連サイトなどより作成

補[表4]　世界の治安立法の動向⑨

	国連・サミットなど	米	英
2007	IT技術、重要エネルギー施設、交通保安関連対策をはじめ、テロリストによる過激化の扇動・勧誘への対処、「テロ対策に関するG8首脳声明―グローバル化時代の安全保障」、「国連のテロ対策の取組に対するG8の支援に関する報告」		イングランド・ウェールズで約470万人分のＤＮＡデータ(うち30％は同一人物のものとされる)を登録
2008	司法・内務相会合、若者・移民の過激化議論(洞爺湖サミット)	連邦軍(第3歩兵師団第1旅団戦闘チーム)が、南北戦争終結以来、ハリケーンなどの緊急時を除いて、150年ぶりに米国本土で、実戦配備	アイスランド政府が国内銀行を国有化したことへの報復措置として反テロ法を適用し、アイスランドの銀行が持つイギリス国内の資産を凍結
2009		CCA、ほぼ半数の州と10以上の自治体で60以上の施設	

	EU・仏・独	日本
2005	【EU】 2004年行動計画改訂、防止・保護・追跡・対処の4分野に再構成 【仏】 2005年刑法改正、累犯加重規定の適用範囲拡大、売春あっせんや暴行等の犯罪の再犯にも同規定を適用 2005年には、社会司法追跡調査の対象が故殺、謀殺、拷問、野蛮行為等の犯罪に拡大 社会司法追跡調査の一手法として、一定の性犯罪や生命侵害犯罪等を犯した者に対し、釈放後の再犯防止のために不可欠であるとの医学的判断が必要であるなど、一定の条件を付して移動電子監視措置(発信器を対象者の身体の一部に装着させ、その所在を司法当局が把握する)を一般運用 ビデオ監視カメラ30万台 【独】 パスポートに生体認証導入、航空安全法(ハイジャック機の撃墜等)	都道府県で国民保護計画策定 文科省ゼロトレランス方式の検討開始 陸自と警察初の合同実働訓練 DNA型記録取扱規則・細則制定し、DNAデータベースの運用開始(08/2末までに被疑者約2万人、現場資料約1万6000件を登録)合同実働訓練
2006	【仏】 テロ対策法(テロ予防のために「上流にさかのぼって」情報収集ができるよう、国家警察や国家憲兵隊に新たな権限を付与する) 【独】 ハイジャック機の撃墜規定に違憲判決(共和国基本法87条「連邦は、(国の)防衛のために軍隊を設置する。」)	市町村で国民保護計画策定 入管法改正(上陸審査時における外国人の指紋顔写真の提供義務付け・「公衆等脅迫目的の犯罪行為」を行うおそれがあると認めるに足りる相当の理由がある者として法務大臣が認定する者又は国連安全保障理事会決議等の国際約束により入国を防止すべきものとされている者の退去強制・航空機等の長に乗員・乗客に関する事項の事前報告を義務付け) 大阪で保護者に、正当な理由なく、16歳未満を午後8時以降外出させない義務を条例化

補［表４］　世界の治安立法の動向⑧

	国連・サミットなど	米	英
2005	核テロ防止条約(死又は身体の重大な障害等を引き起こす意図をもって放射性物質又は核爆発装置等を所持・使用する行為等を犯罪とし、その犯人の処罰、引渡し等につき規定) テロの扇動行為の禁止等に関する安保理決議1624採択 「テロ対策に関するG8首脳声明」	国家情報活動戦略 REAL ID 法(運転免許証、身分証明書の多項目の個人情報を個々人について一元的にデータベース化し、それを国内の様々な場所から参照可能とする) 愛国者法の時限を2006.2.3に 一部の州で一部の性犯罪者についてGPSによる終身監視を義務付け	ブレア12ポイント計画(「ゲームのルール(安全保障と人権擁護のバランス)は変わった」 重大組織犯罪及び警察法 テロリズム防止法。2005年5月16日に調印した欧州評議会のテロリズム防止条約を批准する目的。同条約は特に、テロリズム犯罪を行わせるための公然とした挑発、テロリズムのための要員募集及び訓練の阻止に重点 ビデオ監視カメラ400万台(2007年に2500万台の見込み)
2006	2006年５月２日　国連総会でアナン「テロリズムに対抗して団結する：グローバルなテロ対策戦略に向けた勧告」発表、「国連グローバル・テロ対策戦略に関する総会決議」を採択 国連のテロ対策等の強化、重要エネルギー・インフラ設備に対するテロ等への対処に関する協力の強化、官民協力の重要性やテロリストの勧誘等に対処するための戦略の策定等を内容とする「テロ対策に関するG8首脳宣言」、テロ対策関連で国連に焦点を当てた初めてのG8首脳文書「国連のテロ対策プログラムの強化に関するG8首脳声明」	特別軍事法廷法(合衆国に対する敵対行為に従事又は支援する違法な敵性戦闘員について拘束への異議申立権を剝奪) オハイオ愛国者法(職務質問時に氏名や住所を答えないことを犯罪とし、その逮捕を認める等) 連邦裁判所、NSAの令状なしの盗聴プログラムを違憲として停止命令 メーガン法について、全国の登録制度を強化し、州間を移動した性犯罪者等の登録義務違反を連邦法違反として処罰 QDR「我々と戦争状態にない国(安全地帯)における戦争の遂行」	ベルリン国際映画祭銀熊賞受賞の「グアンタナモへの道」で収容者を演じた俳優２名とモデルの元収容者２名が、帰国後警察に拘束・取り調べ。 テロリズム法(テロリズムの奨励・テロリズム刊行物の配布・インターネット上のテロリズム奨励及びテロリスト刊行物頒布・テロリスト活動の準備とテロリストの訓練・放射能関連の機器並びに物質及び核の施設並びにサイトへの関与につき犯罪化と罰則の強化。テロリスト組織の禁止・テロリスト容疑者の勾留・捜索・その他の捜査権限・テロリズムの定義等)

	EU・仏・独	日本
2003	【仏】 国内治安法計画法1条改正①安全は基本的権利であり、かつ個人的及び集団的自由の行使の条件である。②国は、共和国の領土全体にわたって、国の諸制度及び諸利益の防衛、法律の尊重、治安及び公の秩序の維持、人及び財産の保護に配慮することにより、安全を確保する義務を負う。 【独】 刑法のテロリスト団体編成罪改正(テロリスト団体を指揮した者やこれに参加した者に対して科される刑の上限引上げ) 児童に対する性的虐待の罪の法定刑を更に引き上げ 性犯罪受刑者のうち一定の要件を満たす者については、社会治療施設への収容義務付け	共謀罪法案上程 「犯罪に強い社会の実現のための行動計画」犯罪対策閣僚会議(「安全なくして自由なし」) 緊急治安対策プログラム 有事3法・イラク特措法
2004	【EU】「テロリズムとの闘いに関する宣言」「2004年行動計画」(司法協力のための法的措置・法執行のための協力強化及び情報交換体制の確立・情報システムの効率の最大化・域外諸国間境界管理強化及び書類保護・情報の共有等) 【仏】 新型犯罪司法適合化法 未成年者に対する性犯罪、拷問、野蛮行為を伴う故殺・謀殺、未成年者に対する売春あっせん等の一定犯罪を対象とした犯罪者司法データベース制度。このデータベースには、本人の氏名、住所、住所変更等に関する情報が登録され、対象者本人には一定期間住所の証明等の義務(一般には未公開) 【独】 自由刑の執行が終了する前に、当該受刑者が社会にとって重大な危険性を有することが明らかになった場合に、裁判所が、裁量で事後的に保安監置を命ずることができる制度を導入	有事7法成立　米軍支援法・ACSA改定(日米物品役務相互提供条約)改定 「テロの未然防止に関する行動計画」 組織犯罪対策要綱 刑法(重罰化)・刑訴法改正

補［表４］　世界の治安立法の動向⑦

	国連・サミットなど	米	英
2003	開発途上国に対するテロ対策支援の調整等を目的とする「テロ対策行動グループ（CTAG）」の設立等を盛り込んだ「テロと闘うための国際的な政治的意思及び能力の向上：G8行動計画」「交通保安及び携帯式地対空ミサイルの管理強化：G8行動計画」採択	対テロ国家戦略（戦略目標としての対テロ原則「4D」） 21世紀のためのバイオ防衛 バイオシールド計画法	2003年刑事司法法。特定の暴力犯罪又は特定の性犯罪をした者が、同様の犯罪を繰り返して、公衆に重大な危害を加える危険性があると評価される場合には、終身刑又は公衆保護のための拘禁刑を必要的に言い渡し。これと併せて、同法に基づいて、特定の暴力犯罪又は特定の性犯罪をした者が、同様の犯罪を繰り返して、公衆に重大な危害を加える危険性があると評価される場合、拘禁刑の期間に加えて、刑期の満了後も、延長期間として、社会内での指導監督に付する
2004	CTC の活性化や、国際協力の一層の強化を図る安保理決議1566採択 FATF「９の特別勧告」 （サミット）「安全かつ容易な海外渡航イニシアティブ」、交通保安分野におけるテロ対策	情報活動改革テロリズム予防法 国家応急対応計画 US-VISIT（入国時に外国人に対する指紋採取と写真撮影の実施・すべての国際旅行者の身元を確認）	対テロリズム戦略５カ年計画 上院上訴委員会「2001年法の外国籍のテロリスト容疑者に関する規定が差別的で欧州人権条約第14条に違反」（現在のテロリズムの脅威は適用除外を正当化できない）

	EU・仏・独	日本
2002	【EU】 欧州理事会「テロ対策のための2002年6月13日の枠組決定」(加盟国のテロ対策を一定の水準以上に引き上げることを目的とし、テロリスト犯罪の定義、テロリスト犯罪に科す刑罰の最低基準等が内容) 【仏】 国内治安指針計画法、司法強化指針計画法 【独】 第2次テロ対策法(「国際協調の思想に反する活動」についての情報収集・通信会社から利用データの提供を受けることを認め、収集情報を他機関に提供する際の要件緩和、危険な外国人の国外追放、機密保持の厳格化) マネーロンダリング対策法(本人確認強化や、疑わしい金融取引に関する情報を一元的に集約する金融情報機関の設置等) 判決の時点では行為者が社会にとって危険であるか否か確定できない場合において、裁判所が、一定の期間保安監置の命令を留保できる制度創設	大阪府安全なまち作り条例(都道府県レベルの最初) 金融機関等本人確認法 テロ資金供与防止条約に基づき公衆等脅迫目的の犯罪行為のための資金の提供等の処罰に関する法律 自衛隊と警察が初の合同図上訓練

補[表4]　世界の治安立法の動向⑥

	国連・サミットなど	米	英
		逮捕者895人(起訴され有罪宣告を受けた者23人) 反テロリズム、犯罪及び安全保障法(国際的なテロリストネットワークの活動を取り締まる。テロリスト資金の取締り強化・外国籍テロリスト容疑者の長期拘束・人種及び宗教に対する憎悪助長の禁止・大量破壊兵器の製造・所持等の禁止・有害物質の管理・航空の安全・通信データ保持の規則(通信サービス事業者が、一定期間利用者の通信データを保持し、国家安全保障の目的で、安全保障、諜報及び法執行を担当する機関へ提供)・身元確認のための警察の権限)	
2002	「テロ対策に関するG8の勧告」「国際犯罪に関するG8の勧告」「テロ対策に関する進捗状況報告」 「交通保安に関するG8協調行動」「大量破壊兵器及び物質の拡散に対するG8グローバル・パートナーシップ」採択	国土安全保障大統領令(国土安全保障勧告システム設立) 国土安全保障国家戦略 国家安全保障戦略 国土安全保障省設立法成立(翌年から業務開始) 大量破壊兵器に対する国家戦略	

	EU・仏・独	日本
1999		盗聴法・組対法 住基法改正(住基ネット導入) 団体規制新法(新破防法) 周辺事態法・国旗国歌法
2000		警察庁「安全・安心まちづくり推進要綱」 少年法改正(刑事処分可能年齢の引下げや被害者への配慮の充実等)
2001	【EU】「2001年行動計画」(犯罪者引渡しを簡素化するための欧州逮捕令状、テロ活動への資金供与が疑われる組織又は個人の追及を目的とする合同捜査団の創設、資金洗浄対策強化) この年末でシェンゲン情報システムに1000万件以上のデータ登録 【仏】 日常安全法 【独】 第1次テロ対策法・結社法改正(宗教的性格を持つ団体もテロ組織とみなされる場合には禁止)	スーパー防犯灯(カメラ付きの防犯灯)の設置始まる テロ特措法 爆弾テロ防止条約に基づく爆取・組対法・感染症予防法・化学兵器禁止法・サリン防止法・細菌兵器禁止等条約実施法・火炎びん処罰法・核物質等規制法・放射線障害防止法改正

補［表4］　世界の治安立法の動向⑤

	国連・サミットなど	米	英
1999	テロ資金供与防止条約 一定の犯罪行為に使用されることを意図して又は知りながら行われる資金の供与、収集を犯罪とし、犯人の処罰、引渡し等につき規定	「今日5500万枚近くの犯罪者記録カードが存在し(10年前は3500万枚)、3000万人が登録」(貧困という監獄)	
2000	越境組織犯罪条約 (国際組織犯罪に対して有効な国際的取り組みの枠組みの創設)	この年までに全州で、性犯罪者情報登録・公表制度(メーガン法)制定・施行(1990年のワシントン州が最初)	テロリズム法 テロリスト組織の指定・非合法化、テロリスト資産の遮断、非常線の配置・爆弾テロ防止条約・テロ資金供与防止条約批准を可能とするための身柄引渡し等の規定(テロリズムの定義「政府(2006年「又は政府間国際機関」を追加)に影響を及ぼし、又は公衆若しくは公衆の一部を恫喝する意図を持ち・政治的、宗教的又は思想的な目的のために行われる・人に対する深刻な暴力・資産に対する深刻な被害・行動を行った者以外の人の生命を危険に晒す等の行動の利用又は脅迫」)
2001	9月12日、テロ攻撃を非難する安保理決議1368採択。同月28日、国連加盟国に対し、金融面を含む包括的な措置の実施を義務づけるとともに、国連テロ対策委員会(CTC)の設置等を規定した安保理決議1373採択 9/19　G8首脳共同声明 FATF「テロ資金供与に関する8の特別勧告」 司法・内務省閣僚級会議ローマグループ・リヨングループの合同決定	大統領令第13224号(テロ組織や特定個人、団体を指定して資産の凍結と、アメリカ国民との間での寄付行為を含む取引行為を禁止) 愛国者法(捜査機関の権限の拡大や国際マネーロンダリングの防止、国境警備、出入国管理、テロ被害者への救済など) この年、成人人口の3.1%にあたる650万人が矯正の監督下(既決・未決の被収容者、仮釈放もしくは保護観察中の者) 2001年9月11日～2005年9月30日、テロリズム法に基づく	

	EU・仏・独	日本
1995	【仏】 安全指針計画法（初めての恒久的な安全政策の原理と指針の提示） 犯罪情報処理システム STIC が認可、警察が集計したあらゆる違反行為関連のデータ（内務省公共自由部局の中央情報データ、パリ市警の前科者情報ファイル、地方警察の捜査情報ファイル、捜査中犯罪情報ファイル）がすべて一箇所に集約	破防法に基づくオウム真理教への解散指定請求
1996		日米安保再定義
1997		日米安保条約新ガイドライン（周辺有事における日米防衛協力のための指針）
1998	【EU】 欧州刑事警察機構（ユーロポール）実働開始 【独】 刑法各則の大改正（傷害、放火、児童に対する性的虐待の各罪の法定刑引き上げなどの改正） 性犯罪や危険な方法による傷害を犯した者について保安監置を言い渡し得る要件を緩和	FATF 議長国（98/7～99/6）

補[表4]　世界の治安立法の動向④

	国連・サミットなど	米	英
1995	テロリズム対策に関するオタワ閣僚宣言、全ての国に対し既存のテロ関連条約を2000年までに締結するよう努力すること、核・化学・生物物質のテロリストによる使用を防止するための措置を追求すること、テロリストから資金を剝奪すること		
1996	(サミット)テロリズムに関する宣言 リヨン・グループ(国際組織犯罪に取り組むG8の上級専門家会合)40の勧告 ローマグループ25の勧告 G7テロリズムに関するパリ閣僚会議がテロリズム根絶のための実践的措置をまとめた「25の勧告」	通信改革法 連邦レベルで、年少者に対する性的犯罪又は誘拐、暴力的な性犯罪で有罪判決を受けた者を対象として、州の指定された法執行機関への住所等情報の登録、及び地域住民への情報公開を義務付け	「公衆の保護—イングランド及びウェールズにおける犯罪に関する政府の戦略」白書。「政府の第一の責務は、法と秩序の維持による国民の保護である。」と宣言
1997	爆弾テロ防止条約 G8がテロについて断固たる姿勢で取り組むとの方針を再認識するとともに人質事件に重点を置いたテロ対策の強化を提唱	クリントン、ゼロトレランス(毅然とした対応)方式導入呼びかけ 海外テロ組織指定始まる	犯罪(量刑)法(Crime (Sentences) Act 1997)。 「大切なのはもはや小さな違反も我々は許容しないということ。ここでの基本的な原則は、路上の野宿者に対して不寛容であることは、そう、正しいことなのです」(ブレア4/10付ガーディアン)
1998	第1回G8司法・内務閣僚級会議(ワシントン)		犯罪及び秩序紊乱法(「第二次大戦以後最も反動的とされる」貧困という監獄)

	ＥＵ・仏・独	日本
1990	【独】 1990年代に入るころから、刑事立法の重罰化の傾向が目立ち始める。	
1991		暴力団対策法
1992	【仏】 1986年法に基づき刑法・刑訴法全面改正	PKO法 麻薬二法（新たな捜査手法の導入とコントロールドデリバリー導入、マネーロンダリング処罰等の規定）
1993	【独】 マネーロンダリング規制法（金融機関等に対し本人確認義務と、疑わしい取引の存在を確認した場合には捜査機関への届出を義務づけ）	
1994		警察法改正（「生活安全警察」の制度化）

補［表4］　世界の治安立法の動向③

	国連・サミットなど	米	英
1990	FATF「資金洗浄に関する40の勧告」		
1991	プラスチック爆弾探知条約	連邦レベルでは、全米で保護観察対象者、指導監督付釈放者、刑事被告人の電子監視を実施。2007年時点で、大半の州が犯罪者に対する電子監視法。近年では、GPSによる性犯罪者の所在追跡を導入	
1992		国防総省による「全情報認知システム」プログラム開発（個人のあらゆる電子的痕跡からテロ活動の証拠を探索するデータマイニング）発覚・翌年中止	初の民営刑務所ウォルズ拘置所開所
1993		西NYで、18歳未満に対して、親または保護者が同伴しない限り、午後10時から朝6時までの外出禁止令制定	
1994	（サミット）国際テロリズム廃絶措置に関する国連宣言	ニューヨークで「割れ窓理論」採用。警察官5000人増員、徹底した徒歩パトロールと軽微な犯罪の取締りを始め、NY迷惑防止条例の積極的な運用 「法執行機関のための通信援助法」（暗号の使用規制、通信事業者に対して通信設備に盗聴可能な仕様を組み込むよう義務づけ、携帯会社に対して発信者の所在地を瞬時に割り出せる標準に統一する） 連邦三振法制定	

	ＥＵ・仏・独	日本
1983		
1984		
1985	【EU】　シェンゲン協定（共通の出入国管理と国境システムのための協定）	
1986	【仏】「テロ対策及び国の安全の侵害に関する法律」（テロを想定した犯罪について規定、それらの犯罪に対しては、特別な司法手続きや刑罰を適用）	
1987		東京都江戸川区新堀の国道14号にＮシステムの実用第１号設置
1988		
1989		麻薬新条約加入 石川県暴騒音規制条例（以後、全国に広がる）

補［表4］　世界の治安立法の動向②

	国連・サミットなど	米	英
1983		アメリカ更生株式会社(CCA)設立 反テロ支援(ATA)プログラム始まる(以後20年間で、152カ国、3万5000人以上に訓練を提供)	
1984	(サミット)国際テロリズムに関する宣言	カリフォルニアでこの年から5年間で9監獄新設(同州で最初の9監獄の開設には100年を要した)、この年から10年で21新設 テキサスのCCAの施設に移民帰化局(INS)の被拘禁者を収容(民営刑務所の初め)	IRA以外の国際テロリズムを取締り対象に
1985			通信傍受法(国家の安全、重大犯罪の防止／発見、国の経済安定を目的に国務大臣の発する令状によって実行される。裁判上、証拠としての使用に制限)
1986	(サミット)国際テロリズムに関する声明		公共秩序法
1987	(サミット)テロリズムに関する声明		
1988	空港不法行為防止議定書(モントリオール条約の補足議定書) 海洋航行不法行為防止条約 大陸棚プラットフォーム不法行為防止議定書 (サミット)政治宣言：テロリズム		
1989	(サミット)政治宣言：テロリズムに関する宣言 経済宣言を受けてマネーロンダリングに関する金融活動作業部会(FATF)設立		

	EU・仏・独	日本
1963		
1965		
1967		
1968		
1970		「航空機の強取等の処罰に関する法律」(ハイジャック処罰法)、東京条約第13条の実施法など制定して東京条約に加入・ハーグ条約批准
1971		
1972	【EU】(EC)国際テロリズムに関する勧告	
1973	【EU】(EC)テロリズムを重大な犯罪と非難する勧告	
1974		航空危険行為等処罰法を制定してモントリオール条約を批准
1975		
1976		
1977	【EU】テロリズムの防止に関するヨーロッパ条約	
1978		
1979		
1980		
1981		
1982		

（2009年3月22日の「戦争と治安管理に反対するシンポジウム4」での話の内容を整理して加筆した。）

補［表4］　世界の治安立法の動向①

	国連・サミットなど	米	英
1963	航空機内の犯罪防止条約（東京条約）		
1965			
1967			
1968		包括的犯罪取締及び街路安全法（盗聴の合法化）	
1970	航空機不法奪取防止条約（ハーグ条約）		
1971	民間航空不法行為防止条約（モントリオール条約）		
1972		警察財団、カンザスシティで「防犯パトロール活動」、ニューアークで「警察官の徒歩パトロール強化」を実施（「割れ窓理論」の端緒）	
1973	国家代表等犯罪防止処罰条約		北アイルランド（緊急措置）法
1974			テロリズム防止（臨時措置）法
1975			
1976			
1977			
1978	（サミット）航空機のハイジャックに関する声明 ローマグループ（各国の情報・治安担当者で構成される対テロ専門家会合）設置		
1979	人質行為防止条約	テロ支援国家指定始まる	
1980	核物質防護条約 （サミット）ハイジャックに関する声明		
1981	（サミット）テロリズムに関する声明		
1982		ウィルソン、ケリング「割れ窓理論」を定式化	

2005	2006	2007	2008	2009	2010～（予測）
					破防法改悪？
				共謀罪廃案	テロ対策基本法？
		ゲートキーパー法			弁護士への拡大？
					盗聴法改悪・刑事訴訟法改悪
				福岡県暴対条例	暴対法改悪（解散規定？）
	「新保安処分」法制審				医療観察法改悪一廃止攻防
受刑者処遇法	刑事被収容者処遇法（未決・死刑）	更生保護法			刑法改悪・保護観察強化
					税・社会保障番号制
		少年法改悪			児童ポルノ法改悪
			裁判員法施行（2009）		
		被害者の刑事訴訟参加（刑訴法改悪）	少年審判参加		
				東京都生活安全条例改悪	インターネットカフェ規制
				足利事件冤罪など	捜査可視化・ダーティーな捜査手法導入？
野宿労働者弾圧	法大弾圧	中大生協争議弾圧	サミット戒厳態勢・弾圧	法大弾圧	APEC戒厳態勢
共産党ビラ配布弾圧 日の丸・君が代弾圧	反基地・沖縄など市民運動弾圧				
	警察庁「治安再生に向けた7項目」				
			「犯罪に強い社会の実現のための行動計画2008」		テロ対策基本法？
スカイマーシャル 旅館業法改悪 旅券法改悪など					
入管法改悪	入管法改悪（テロ指定・生体情報）	雇用対策法（雇用状況報告制）		入管・入管特例法改悪（在留カード・外国人基本台帳）	
			日米軍事情報一般保全協定		日米安保再協議 国家機密法
	教育基本法改悪	改憲手続法			改憲策動は続く 2010.5国民投票法施行 危機管理庁？
	米中間選挙で民主党勝利	参院選で自公惨敗 安倍退陣		オバマ政権誕生 自公政権崩壊・ 鳩山政権誕生	
国連組織犯罪条約発効					

■表 日本の近年の治安法・治安政策の動向

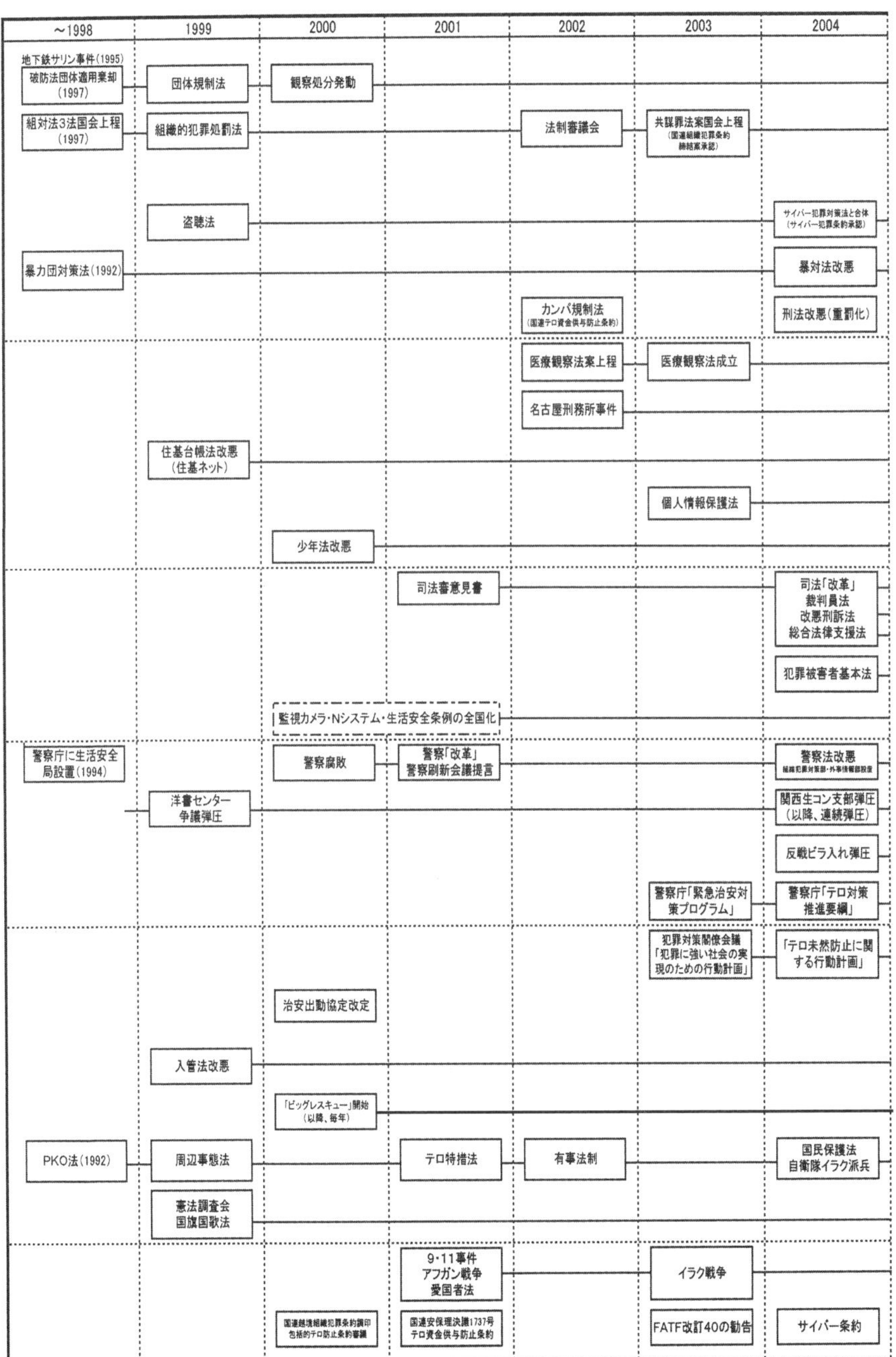

～1998
1999
2000
2001
2002
2003
2004
地下鉄サリン事件(1995)
破防法団体適用棄却(1997)
団体規制法
観察処分発動
組対法3法国会上程(1997)
組織的犯罪処罰法
法制審議会
共謀罪法案国会上程
(国連組織犯罪条約締結案承認)
盗聴法
サイバー犯罪対策法と合体
(サイバー犯罪条約承認)
暴力団対策法(1992)
暴対法改悪
カンパ規制法
(国連テロ資金供与防止条約)
刑法改悪(重罰化)
医療観察法案上程
医療観察法成立
名古屋刑務所事件
住基台帳法改悪
(住基ネット)
個人情報保護法
少年法改悪
司法審意見書
司法「改革」
裁判員法
改悪刑訴法
総合法律支援法
犯罪被害者基本法
監視カメラ・Nシステム・生活安全条例の全国化
警察庁に生活安全局設置(1994)
警察腐敗
警察「改革」
警察刷新会議提言
警察法改悪
組織犯罪対策部・外事情報部設置
洋書センター争議弾圧
関西生コン支部弾圧
(以降、連続弾圧)
反戦ビラ入れ弾圧
警察庁「緊急治安対策プログラム」
警察庁「テロ対策推進要綱」
犯罪対策閣僚会議
「犯罪に強い社会の実現のための行動計画」
「テロ未然防止に関する行動計画」
治安出動協定改定
入管法改悪
「ビッグレスキュー」開始
(以降、毎年)
PKO法(1992)
周辺事態法
テロ特措法
有事法制
国民保護法
自衛隊イラク派兵
憲法調査会
国旗国歌法
9・11事件
アフガン戦争
愛国者法
イラク戦争
国連越境組織犯罪条約調印
包括的テロ防止条約審議
国連安保理決議1737号
テロ資金供与防止条約
FATF改訂40の勧告
サイバー条約

■ 年表 共謀罪闘争① （□は政治・国会などの動き、他は運動関係）

【1994年】11月	□国際組織犯罪に関する世界閣僚会議（ナポリ） 国連組織犯罪条約策動始まる
【1999年】	
8月12日	□組織犯罪処罰法・盗聴法などを徹夜の参院本会議で強行採決
【2000年】	
4月20日	□法務省、共謀罪新設などを検討と「共同通信」が配信
11月15日	□国連総会「国連組織犯罪防止条約」を採択
12月12～15日	□イタリアで「国連条約」署名式、日本政府も調印
【2001年】	
1月23日	□共同行動の申入れに、法務省が「国内法を整備し、条約を批准する」と回答
9月11日	アメリカ中枢同時爆破事件
10月7日	□ブッシュ政権がアフガン戦争開始 以降、愛国者法など治安立法制定
11月8日	日弁連人権擁護大会情宣（奈良）、組対法に反対する全国ネット合宿
	□欧州評議会がサイバー犯罪条約採択
12月14日	□森山法相が「共謀罪法案を03年上程」と記者会見
【2002年】	
6月5日	□公衆等脅迫目的の犯罪行為のための資金の提供等の処罰法成立
8月18日	□政府が03年通常国会で国連条約批准方針を決定
9月3日	□法制審諮問、「国連条約締結に伴う国内法整備の概要」を提出
9月18日	□法制審刑事法部会第1回、霞が関情宣
10月9日	□法制審議会第2回 霞が関情宣
11月1日	□法制審議会第3回 霞が関情宣
11月21日	□法制審議会第4回 霞が関デモ
12月18日	□法制審議会第5回 霞が関デモ、法制審申し入れ
12月21日	「戦争と治安管理に反対するシンポジウムⅠ」（シンポ実行委）
【2003年】	
2月5日	□法制審総会が共謀罪新設を答申 霞ガ関デモ
3月11日	□共謀罪新設など組対法改悪案を閣議決定、国連条約締結承認案と同時に国会上程
3月20日	□ブッシュ政権がイラク侵略戦争開始
3月	共謀罪反対国際共同署名運動開始
4月24日	□衆院本会議が国連条約締結承認
5月9日	共謀罪新設阻止！国連条約批准反対連続行動（国会前⇒集会・デモ）、以降、国会行動が続く
5月14日	□参院本会議が国連条約締結承認
6月5日	国会デモ（国際共同署名運動）
7月17日	国会情宣→マリオン前情宣→「つぶせ！共謀罪、止めろ！戦争への道」集会
9月23日	つぶせ！共謀罪、止めろ！戦争への道Ⅱ集会
9月29日	□国連組織犯罪防止条約が発効
10月5日	山手線全駅情宣

■年表 共謀罪闘争② （□は政治・国会などの動き、他は運動関係）

10月10日	□衆院解散で1回目の共謀罪廃案
11月24日	「群がって悪いか！のさばるな警察！」緊急共同集会（集会実行委）
12月	□「犯罪に強い社会の実現のための行動計画」を決定
【2004年】	
2月20日	□共謀罪とサイバー犯罪対策法を合体した法案を国会に再上程
2月28日	共謀罪新設・強制執行妨害罪重罰化阻止集会（組対法反対全国ネット・全金港合同共催）
3月2日	国会議事堂駅前情宣
4月11日	「群がって悪いか！のさばるな警察！」集会・デモ→首相官邸抗議行動に合流
4月21日	□サイバー犯罪条約強行採決・承認
7月6日	『東京新聞』特報部が共謀罪記事、マスコミが初めて批判
10月3日	一切の治安弾圧を許すな！共謀罪を阻止！全国集会（共同行動、全国ネット、国際共同署名運動、4.11実行委）、山手線全駅情宣
10月15～22日	ワシントン百万人大行進に5名の仲間を派遣
10月20日	台風直撃のなか59時間ハンストなど連続闘争（国会前・日比谷公園）
～22日	ワシントン行動参加の仲間と合流して国会前集会
12月10日	□「テロの未然防止に関する行動計画」を決定
【2005年】	
	『共謀罪と治安管理社会』出版
4月20日	□民主党簗瀬議員が参院代表質問で「共謀罪は内心の自由侵害」と批判
	『「治安国家」拒否宣言』出版
6月	□組対法全国ネット・京都の仲間の請求に国連条約交渉記録を墨塗り開示
6月24日	□衆院法務委で、南野法相が趣旨説明を強行。国会ビラ、傍聴
	刑法学者声明の記者会見
7月12日	□衆院法務委で審議入り、10回も審議中断
12～14日	ハンスト突入・国会行動
7月15日～21日	埼玉県・札幌・仙台・兵庫県弁護士会など、各単位弁護士会会長声明
7月21日	「『共謀罪』に反対する超党派国会議員と市民の集い」が院内集会、国会行動
7月25日	新聞各紙が共謀罪の社説
7月26日	院内集会・記者会見（共謀罪の廃案を求める市民団体共同声明）
7月28日	『共謀罪』の廃案を求める！表現者・言論人の緊急共同声明が院内集会
8月8日	□郵政法案参院否決、小泉首相が衆院を解散。共謀罪が2回目の廃案
10月4日	□共謀罪法案、閣議決定
10月14日	□衆院法務委で共謀罪審議開始（与党質疑）
10月22日	山手線全駅情宣、渋谷デモ（表現者・言論人共同声明の会）
10月28日	□衆院法務委で共謀罪採決出来ず（継続審議）
11月2日	関東学院大学園祭で共謀罪イベント
12月23日	岡山・高梁市議会が意見書採択、以降、全国の市町村で意見書続く

■年表 共謀罪闘争③ （□は政治・国会などの動き、他は運動関係）

【2006年】	
2月14日	□与党が民主党に修正案を提示
3月19日	福岡・天神で情宣（組対法全国ネット一斉情宣～31日）
3月25日	共謀罪・テロ対策法反対京都集会
4月18日	□衆院法務委員会理事会が21日「提案理由説明」28日採決を多数決で決定
4月19日	共謀罪に反対するＮＰＯ・ＮＧＯ共同アピール
4月20日	兵庫県弁護士会「共謀罪の新設に反対する会長声明」
4月21日	□与党のみで法務委開催（共謀罪審議、与党修正案の趣旨説明）
	共同行動の銀座デモをＴＢＳが報道。この頃からマスコミが一斉に反対運動を報道
4月25日	国会前と日比谷公園を結ぶハンスト突入
	憲法と人権の日弁連をめざす会集会
4月26日	日弁連大集会
4月27日	大阪弁護士会が３００名で共謀罪反対昼デモ
	□法務委員会開会。強行採決出来ず
5月8日	□衆院法務委員会で参考人質疑、国会行動
	福岡県弁護士会「共謀罪の新設に反対する会長声明」
5月9日	□衆院法務委（与野党質疑、参考人質疑）、国会行動
5月14日	日本ペンクラブ声明「共謀罪新設法案に反対し与党による強行採決の自制を求める」
5月16日	強行採決阻止！緊急国会前集会（関西生コン支部がバスで参加）
5月17日	共謀罪に反対する超党派国会議員と市民の緊急集会
5月19日	□強行採決めぐり緊迫、与党再々修正案提出、河野衆院議長が、自・公の国会対策委員長に採決先送りを求め、与党が受け入れ
5月28日	□「実務者協議」開始
6月1日	□与党が「民主党案丸呑み」を提案
6月2日	□共謀罪丸飲み詐欺が破綻、民主党審議拒否
6月10日	全国各地で「１億２千万人：共謀の日」行動（国際共同署名運動呼びかけ）
9月30日	共謀罪どう思う！全国意見投票開始
10月2日	あぶないぞ！共謀罪静岡集会
10月22日	一億二千万人共謀の日Ⅱ、秋葉原駅前･立川駅前情宣／シール投票
	銀座歩行者天国パレード、表現者インドカレー集会
	都教委包囲首都圏ネット･共同行動ジョイント新宿デモ
10月23日	一億二千万人共謀の日Ⅱ、秋のピアノの夕べ（国際共同署名運動）
11月22日	□衆院法務委理事会で与党が共謀罪審議入りを主張、以降、激論が続く
11月23日	やめろ教基法改悪！つぶせ共謀罪！ジョイント集会･銀座デモ
12月3日	一億二千万人共謀の日Ⅲ、マリオン前リレートーク
12月15日	□臨時国会閉会（共謀罪継続審議を与党が可決）

■ 年表 共謀罪闘争④ （□は政治・国会などの動き、他は運動関係）

【2007年】	
1月19日	□安倍首相が「今国会で共謀罪制定」発言
1月25日	□通常国会開会、国会行動、機動隊を配置して座り込み・情宣・唄を妨害
1月26日	さらば！共謀罪集会
2月27日	□自民党小委員会が「テロ等謀議罪」案公表
6月9日	都教委包囲首都圏ネット・共同行動ジョイント集会・渋谷デモ
8月 末	□鳩山法相が「サミットまでに成立」と日程を公言
9月24日	共謀ひろばⅠ（法務委模擬劇）
10月20日	共謀の日Ⅴ、秋葉原駅前情宣
【2008年】	
1月24日	□京都府警が「ウイルス作成」別件逮捕
2月22日	□ロス市警が三浦さんを「共謀罪」逮捕
3月20日	共謀ひろばⅡ
4月	□新左翼党派に組対法初適用（組織的詐欺罪）
6月11日	□司法サミットで国連条約未批准を伊・米政府に謝罪。鳩山「臨時国会で成立するように努力」
10月18日	共謀ひろばⅢ
11月17日	□ＦＡＴＦ対日審査報告（マネロン共謀処罰不十分、国連組織犯罪条約未批准と批判）
12月22日	□『犯罪に強い社会の実現のための行動計画2008』を決定
12月25日	□臨時国会閉会、共謀罪継続審議
【2009年】	
3月22日	戦争と治安管理に反対するシンポジウムⅣ（実行委員会）、組対法全国ネット
8月31日	□総選挙で民主党が圧勝、自公政権が崩壊
9月16日	□鳩山民主党連立政権が誕生
9月28日	法務省糾弾！再上程阻止！共謀罪永久廃案！霞が関情宣
10月10日	共謀罪反対闘争勝利報告集会（共同行動）
11月5～6日	日弁連人権擁護大会情宣（和歌山）
12月11日	共謀罪法案の廃案を祝う弁護士と市民の集い（実行表）

足立 昌勝（あだち まさかつ）

1943年東京都生まれ。中央大学卒業後、静岡大学を経て、現在、関東学院大学法学部教授。

主著として、『近代刑法の実像』『国家刑罰権力と近代刑法の原点』『警察監視国家と市民生活』（いずれも、白順社）、『Q＆A心神喪失者等処遇法案—精神医療と刑事司法の危機を招く—』（現代人文社）。監修に、『共謀罪と治安管理社会』（社会評論社）。

さらば！共謀罪—心に手錠はかけられない—

2010年５月20日　初版第１刷発行

編　者：足立昌勝
装　幀：米田光行
発行人：松田健二
発行所：株式会社社会評論社
東京都文京区本郷2-3-10　☎ 03(3814)3861　FAX 03(3818)2808
http://www.shahyo.com
組版：スマイル企画
印刷・製本：技秀堂